CHINA MARITIME TRIAL

中国海事审判 (2015)

钟健平　主编

SPM
南方出版传媒
广东人民出版社
·广州·

图书在版编目（CIP）数据

中国海事审判. 2015／钟健平主编. —广州：广东人民出版社，2017.6
ISBN 978－7－218－11751－5

Ⅰ. ①中… Ⅱ. ①钟… Ⅲ. ①海商法—审判—中国—2015—年刊
Ⅳ. ①D922.294.4－54

中国版本图书馆 CIP 数据核字（2017）第 098142 号

ZHONGGUO HAISHI SHENPAN 2015
中国海事审判（2015）
钟健平 主编

出 版 人：肖风华

责任编辑：陈其伟
装帧设计：彭 力
责任技编：周 杰

出版发行：广东人民出版社
地 址：广州市大沙头四马路 10 号（邮政编码：510102）
电 话：（020）83798714（总编室）
传 真：（020）83780199
网 址：http://www.gdpph.com
印 刷：广东信源彩色印务有限公司
开 本：787mm×1092mm 1/16
印 张：16 插 页：2 字 数：330 千
版 次：2017 年 6 月第 1 版 2017 年 6 月第 1 次印刷
定 价：48.00 元

如发现印装质量问题，影响阅读，请与出版社（020－83795749）联系调换。
售书热线：（020）83793157 83795240

目　录

【审判前沿】

【要素式审判研究】

【年度报告】

【最新司法解释】

CONTENTS

【THE TRIAL FOREFRONT】

【RESEARCH ON TRIAL ACCORDING TO ELEMENTS OF CASES】

【ANNUAL REPORT】

【UPDATED JUDICIAL INTERPRETATIONS】

【审判前沿】

最高人民法院民四庭2014年涉外商事海事审判综述

最高人民法院民四庭

一、审判工作基本情况

2014年，最高人民法院民四庭共新收案件332件，旧存30件，审结案件342件，其中涉外商事案件252件，占74%；海事海商案件90件，占26%。

审结的案件中，二审案件42件，占12%；提审案件14件，占4%；申请再审案件和申诉案件223件，占65%；请示案件63件，占18%。

审结的42件二审案件中，4件发回重审，13件改判，22件维持，3件调解或撤诉。

审结的14件提审案件中，11件改判，3件调解。

审结的223件申请再审案件和申诉案件中，162件驳回再审申请，15件提审，32件指令再审，9件撤诉，5件终结。

上述各类案件中，改判、发回重审、指令再审的案件共64件，占全部审结案件的20%。

二、审判工作主要特点

（一）结案率创新高

全庭结案率达94.48%，同比去年高出1.39%，连续六年保持在90%以上。

（二）收案数量下降

全庭2014年新收和旧存案件共计362件，同比降低16.5%。

（三）审判指导效果明显

二审案件、申请再审案件均有下降，改判、发回重审、指令再审的案件比例保持稳定，全国法院涉外商事海事审判案件整体质量有所提高。

（四）大要案审判成绩突出

指导中威执行案，获中央领导充分肯定，调解华南农大与侨鑫集团纠纷案、指导赛维案调解工作，多名同志立功受奖。

（五）审判公开落实到位

首次邀请外国使节旁听庭审，涉外案件首次当庭宣判，受到国内外广泛好评。全庭公开开庭达90次，应上网裁判文书实现100%上网。

三、典型案件及法律问题

（一）独立保函纠纷法律问题

1. 案例：（2014）民申字第954号格里布瓦尔公司与中材装备公司（原天津水泥设计院）、工商银行天津分行保函欺诈纠纷案

裁判要旨：本案中材装备公司以格里布瓦尔公司的索款行为构成欺诈为由起诉，为保函欺诈纠纷，属因侵权行为提起的诉讼。虽然保函中约定了适用的法律，但根据《中华人民共和国涉外民事关系法律适用法》第四十四条的规定，侵权行为适用侵权行为地法律，本案应适用中华人民共和国法律。

说明：本案所涉保函中约定受国际商会458号出版物《见索即付保函统一规则》约束，并适用新加坡法律。但本案当事人提起的是保函欺诈纠纷，属因侵权行为提起的诉讼，应据此确定准据法。另本案的审理应引起注意的是，保函的独立性决定了其独立于基础合同，并不受基础合同项下双方存在争议的影响，欺诈是独立保函独立性的唯一例外，在对交单人是否存在欺诈性索款的情形进行审查时，有可能涉及基础合同的履行情况，但对审查的限度应恰当把握，应围绕是否存在欺诈性索款的情形进行，不应全面审查基础合同的履行情况。

2. 案例：（2014）民申字第2078号招行科华支行与华川进出口公司、华川格鲁吉亚公司保函纠纷案

裁判要旨：《工程预付款保函》是招行科华支行提供的履约担保，其中载明适用我国法律，因此中华人民共和国法律是处理本案的准据法。我国法律对于独立保函未作出明确规定，原审法院根据担保法进行审理并无不当。《见索即付保函统一规则》只有经当事人明示同意，才能作为合同条款的组成部分，故在本案中不适用。

说明：目前我国法律对于独立保函没有特别规定。关于独立保函的法律适用，

如果当事人有约定应从其约定，如果没有约定，可以如本案情形，依据担保法的规定作出符合行业惯例的判决。

3. 案例：(2013）民申字第71号美特公司与建行闸北支行、建行上海分行及天脉公司担保追偿权纠纷案

裁判要旨：反担保函双方可以变更反担保函规定的生效条件。反担保函申请人明知预付款迟延到账，不符合原先约定的反担保函生效条件，仍然接受了预付款，在长达一年多时间里未提出异议，视为同意反担保函已生效，在使用预付款一年多后提出反担保函未生效有悖于诚实信用原则。

说明：反担保函法律关系主体双方是开立银行和受益人，反担保函双方可以变更反担保函规定的生效条件。因反担保函双方均认为反担保函已生效，实际上取消了反担保函原先规定的生效条件，反担保函因而生效。本案争议实质上不限于反担保函是否生效，而需要进一步确定反担保函的开立银行是否有权向申请人追偿已支付的反担保函项下的款项。反担保函申请人明知预付款迟延到账，不符合原先约定的反担保函生效条件，仍然接受了预付款，在长达一年多时间里未提出异议，视为同意反担保函已生效。反担保函开立银行和申请人之间的权利义务关系由双方签订的《出具保函协议》确定，双方在《出具保函协议》中明确约定：银行对反担保函具有独立判断权，对外赔付无需事先征得申请人同意，申请人承诺不提任何异议。因此，银行有权依据《出具保函协议》向申请人追偿。另外，迟延四天到账也未给申请人造成实质性的负面影响。因此，一审、二审判决申请人向反担保函开立银行偿付垫付的资金及相关利息和费用等，是正确的。

（二）公司意志代表权问题

1. 公司诉讼意志代表权问题

案例：(2014）民四终字第20号中华环保科技集团有限公司与大拇指环保科技集团（福建）有限公司股东出资纠纷案

裁判要旨：工商登记的法定代表人对外具有公示效力，对于股东与公司之间因法定代表人任免产生的内部争议，应以有效的股东会任免决议为准，并在公司内部产生法定代表人变更的法律效果。环保科技公司作为大拇指公司的唯一股东，其作出的任命大拇指公司法定代表人的决议对大拇指公司具有拘束力。新任命的大拇指公司法定代表人明确表示反对大拇指公司提起本案诉讼，因而，本案起诉不能代表大拇指公司的真实意思，应予驳回。

说明：本案涉及公司诉讼意志代表权争议，该争议是公司自治机制失灵、内部矛盾激化在诉讼中的体现，围绕争议所展开的是公司内外各相关主体对各自实体权益的争夺。争议实质是如何认定公司真实意思的问题，首要解决的是谁是代表公司意志的诉讼代表人。我国现行公司法及其司法解释以及外资企业法及其司法解释对

此没有作出明确规定，司法实践中认识不一。公司因拟制人格而产生的意志的表达由两部分组成，即意思的形成和意思的表示。公司股东会或其授权的董事会是公司意志的形成机关，法定代表人则是公司意志的表示机关。本案涉及的是外商独资企业即一人公司的公司意志代表权问题，公司股东行使了公司股东会的职权。当意思形成和意思表示一致时，以法定代表人为公司意志代表人；但当意思形成和意思表示不一致时，则涉及我国法定代表人制度的问题。随着近几年我国公司立法改革，公司法定代表人制度已经向公司自治模式转变，改变了以往立法将公司董事长固定为公司法定代表人的做法，赋予了公司在法定代表人的选任上有一定的自主权。故当公司意思形成和意思表示不一致时，以意思形成机关即股东会（股东）或者其授权的董事会的决议来确定公司意志代表人。公司意志应以股东会（股东）决议为准，法定代表人的变更属于公司意志的变更，股东会（股东）决议新产生的法定代表人是公司诉讼意志代表人。首先，公司法定代表人变更属于公司内部人事关系的变化，应遵从公司内部自治原则，只要公司内部形成了有效的变更决议，就应在公司内部产生法律效力，新选任的法定代表人可以代表公司的意志。其次，公司作为商事主体，要受到商事登记制度的规范，但对法定代表人变更事项进行登记，目的是向社会公示公司代表权的基本状态，属于宣示性登记而非设权性登记，因此股东会（股东）决议变更法定代表人的，即使工商登记未变更，不影响公司内部变更新法定代表人意志的确定。

2. 表见代表在公司为其股东提供担保情形中的判断问题

案例：（2014）民申字第1876号吴文俊与泰州市天利投资发展有限公司等民间借贷保证合同纠纷案

裁判要旨：公司法第十六条第二款规定，公司为公司股东或者实际控制人提供担保的，必须经股东会或者股东大会决议。因法律有明确规定，吴文俊应当知道天利公司为其股东的债务提供担保须经股东会决议，对于是否经股东会决议负有形式审查义务，而其并未要求签约人出具天利公司股东会决议，系未尽形式审查义务，不能被认定为善意第三人，担保合同对天利公司不产生拘束力。

说明：本案系公司意志代表权问题涉及外部纠纷的处理。对于内部纠纷，应以尊重公司章程、股东会（股东）有效决议的效力为原则，股东滥用权利、章程违法除外。如涉及公司以外第三人的外部争议，应基于商事外观主义，以适用表见代表制度为原则，表见代表制度的例外情形除外。本案即为表见代表制度例外情形的适用。

虽然公司法第十六条第二款的规定并非效力性强制性规定，不应因违反该条款而认定合同无效，但该案争议焦点并非担保合同的效力问题，而是在担保合同有效的情况下，法定代表人越权代表行为的后果是否由公司承担。根据合同法第五十条、担保法司法解释第十一条，法定代表人超越权限订立的合同，除相对人知道或者应当知道其超越权限的以外，该代表行为有效，本案债权人对于担保人提供担保是否经公司股东会决议负有形式审查义务，属于应当知道法定代表人超越权限的情形，代表行为无效，对公司不具有拘束力。

本案与2015年第2期《最高人民法院公报》刊登的招商银行股份有限公司大连东港支行与大连振邦氟涂料股份有限公司、大连振邦集团有限公司借款合同纠纷案案情有一定相似之处。不同的是，大连振邦氟涂料股份有限公司法定代表人代表公司订立担保合同时出具了股东会决议，但该决议存在瑕疵，法院认为，该瑕疵必须经过鉴定机关的鉴定方能识别……如若将此全部归属于担保债权人的审查义务范围，未免过于严苛，债权人在完全有理由相信股东会担保决议真实性的情况下，已尽到合理的审查义务，主观上构成善意，大连振邦氟涂料股份有限公司对案涉保证合同应承担担保责任。该案明确了债权人对担保人股东会决议负有审查义务，同时明确了审查义务的范围。

（三）股东代表诉讼问题

案例：（2014）民申字第384号、（2014）民提字第170号（株）圃木园控股与福生公司、张小宝公司、圃园福生公司股东出资纠纷案

裁判要旨：根据公司法规定，股东未履行或者未全面履行出资义务，公司或者其他股东可以请求其向公司依法全面履行出资义务。在一方股东未履行出资义务的情况下，另一方股东本身即享有诉权，不能通过股东代表诉讼起诉，否则将造成股东之间诉讼权利的不平等。福生公司、张小宝公司无权提起本案股东代表诉讼，其起诉应予驳回。

说明：本案纠纷应适用的我国公司法第一百五十二条规定了股东代表诉讼的情形和条件，该条第三款规定，他人侵犯公司合法权益，给公司造成损失的，本条第一款规定的股东可以依照前两款的规定向人民法院提起诉讼，对于“他人”应当作狭义解释，即只有在不能通过其他途径获得救济的情况下，才能适用股东代表诉讼获得救济。股东代表诉讼制度的设置基础在于股东本没有诉权而公司又怠于行使诉权或者因情况紧急可能损害公司利益时，赋予股东代表公司提起诉讼的权利。当股东能够通过自身起诉的途径获得救济时，则不应提起代表诉讼，否则将有悖股东代表诉讼制度的设置意图。赋予一方股东在出资问题上的股东代表诉讼权利没有法律依据。

（四）国际货物买卖合同法律适用问题

案例：（2013）民四终字第35号德国克虏伯公司与中化新加坡公司国际货物买卖合同纠纷案

裁判要旨：本案当事人营业地所在国新加坡和德国均为《联合国国际货物销售合同公约》（以下简称《销售公约》）缔约国，当事人在合同中约定适用美国法律，美国亦为《销售公约》缔约国，当事人未明确排除《销售公约》的适用，本案审理应首先适用《销售公约》。对于审理案件中涉及的问题，《销售公约》没有规定的，例如合同效力问题、所有权转移问题，应当适用当事人选择的美国法律。

说明：本案为国际货物买卖合同纠纷，双方当事人均为外国公司，案件具有涉外因素。《最高人民法院关于适用〈中华人民共和国涉外民事关系法律适用法〉若干问题的解释（一）》第二条规定："涉外民事关系法律适用法实施以前发生的涉外民事关系，人民法院应当根据该涉外民事关系发生时的有关法律规定确定应当适用的法律；当时法律没有规定的，可以参照涉外民事关系法律适用法的规定确定。"案涉《采购合同》签订于2008年4月11日，在《中华人民共和国涉外民事关系法律适用法》实施之前，当事人签订《采购合同》时的《中华人民共和国民法通则》第一百四十五条规定："涉外合同的当事人可以选择处理合同争议所适用的法律，法律另有规定的除外。涉外合同的当事人没有选择的，适用与合同有最密切联系的国家的法律。"本案双方当事人在合同中约定应当根据美国纽约州当时有效的法律订立、管辖和解释，该约定不违反法律规定，应认定有效。由于本案当事人营业地所在国新加坡和德国均为《销售公约》缔约国，美国亦为《销售公约》缔约国，且在一审审理期间双方当事人一致选择适用《销售公约》作为确定其权利义务的依据，并未排除《销售公约》的适用，江苏省高级人民法院适用《销售公约》审理本案是正确的。而对于审理案件中涉及的问题，《销售公约》没有规定的，应当适用当事人选择的美国纽约州法律。《〈联合国国际货物销售合同公约〉判例法摘要汇编》并非《销售公约》的组成部分，不能作为审理本案的法律依据。但在如何准确理解公约相关条款的含义方面，可以作为适当的参考资料。

（五）招投标法关于建设工程必须招投标的规定对合同效力的影响问题

案例：（2013）民四终字第12号剡界岭公与阿尔皮内公司建设总代理协议纠纷案

裁判要旨：本案判决明确了《中华人民共和国招投标法》第三条关于建设工程必须招投标的规定是效力性强制性规定，违反该规定，未经招投标的建设工程服务类合同无效。合同无效后，合同中关于价款的约定亦当然无效，已经实际履行完毕合同义务的当事人应当获得的报酬以司法鉴定的结论为依据予以认定。

说明：本案所涉第一个问题，即关于必须招投标的相关法律规定是效力性强制性规范还是管理性强制性规范，《中华人民共和国招投标法》等法律、行政法规对建设工程的招投标程序进行了规定，对于该规定的性质存在两种观点，一是该规定是效力性强制性规范，未经招投标的合同无效；二是该规定是管理性强制性规范，未经招投标的合同仍然有效。最高人民法院《关于审理建设工程施工合同纠纷案件适用法律问题的解释》第一条明确将上述必须招投标的相关规定理解为效力性强制性规定。本案判决也进一步明确了广州海事法院目前还仍然坚持关于必须招投标的规定是效力性强制性规定、未经招投标的合同无效的观点。

第二个问题，合同无效之后的责任处理问题。一种观点认为，参照《最高人民法院关于审理建设工程施工合同纠纷案件适用法律问题的解释》第二条的规定，未经招投标的合同虽然无效，但已经实际履行，合同中关于报酬的约定仍然作为有效对待，即当事人应当获得的报酬仍以约定为准。另一种观点认为，既然合同无效，合同中关于报酬的约定亦当然无效，不能再根据该约定确定报酬，应以司法鉴定结论为准确定报酬。本案判决明确采取了第二种观点，即合同无效，合同中关于报酬的约定亦无效，当事人应当获得的报酬以司法鉴定结论为依据予以认定。

（六）阴阳合同的法律效力判断问题

1. 案例：（2014）民四终字第19号西汇公司与银资公司及西部控股公司、西部控股奥什分公司企业借贷合同纠纷案

裁判要旨：工商登记机关登记的公司章程记载的双方出资额和经公证的出资协议约定的双方应出资额不一致。一审法院认为，公司章程签订在后，构成对出资协议的变更，银资公司因垫付出资与西汇公司构成借款关系，西汇公司应返还借款。二审综合相关证据，认定出资协议约定的出资额是当事人真实意思表示，银资公司垫付出资是对出资协议的履行行为，改判驳回银资公司要求西汇公司返还借款的诉讼请求。

说明：本案经过公证的出资协议和工商登记机关登记的公司章程实为当事人关于出资的阴阳合同，阴阳合同问题在审判实践中较为常见。当事人签订两份合同，一份用于办理审批或过户，另一份当事人留存用于实际履行，对于两份合同的效力以及以哪份合同作为判断当事人权利义务内容的依据，存在较大争议。我们认为，阴阳合同属于民法上的“通谋虚伪意思表示”，如能认定阳合同的条款不是当事人真实意思表示，该条款无效或不成立。但这不意味着代表当事人真实意思表示的阴合同必然有效，因为合同是否有效还取决于法律的生效要件。当事人运用阴阳合同多少有逃避法律监管的目的，此时要看逃避的规定是否为效力性强制性规定。例如阴合同为支付赌博款而设，因违反刑法以及公序良俗也是无效的。但如果房地产买卖中当事人为逃避税收而签订“阴阳合同”，阴合同的价格条款应认定有效，逃税问题应由行政部门做相应处罚。在外商投资企业股权转让合同问题上，根据《最高人民法院关于审理外商投资企业纠纷案件若干问题的规定（一）》第二条规定，非重大或实质性变更不以未经批准而认定无效，参照这一精神，外商投资企业股权转让发生价格条款的阴阳合同冲突时，如外商投资企业股权转让事项本身已得到批准，

则转让合同的生效要件已经满足，此时如能确定阴合同的价格条款是当事人真实意思表示的，应当以阴合同为确定转让价款的依据。

2. 案例：（2014）民四终字第33号王秀群、天九公司与农产品公司及白沙洲公司股权转让合同纠纷案

裁判要旨：当事人就股权转让签订了两份协议，其中一份用于实际履行，另一份仅用于向审批机关报批。一方要求确认用于报批的协议无效。本院依照合同法第五十二条第二项、第三项的规定，认定该协议无效。

说明：本案股权转让系外国投资者并购境内企业，农产品公司以发行可换股票据方式支付部分转让价款，实质上是外国投资者以股权作为支付手段并购境内公司，即“股权并购”。商务部等部门联合发布的《关于外国投资者并购境内企业的规定》对“股权并购”的文件申报与程序有更严格的要求。当事人串通签订用于报批的协议，目的是规避必要的较为严格的行政审批要求，破坏了国家对外商投资、对外投资的监管秩序和外汇管理秩序，属于双方恶意串通，损害国家利益，也属于以合法形式掩盖规避更严格审批要求的非法目的，应依照合同法第五十二条第二项、第三项的规定，认定该协议无效。

（七）代收代付服务性质的认定问题

案例：（2014）民四终字第24号张颉与海蓝公司及军利公司、邓莹、金卫国、江海津、佳达公司信用支付服务合同纠纷案

裁判要旨：根据快钱公司的工商登记资料，快钱公司是金融类企业，其经营范围包括“代收代付服务”，且已获中国人民银行支付机构许可。从本案有关事实看，快钱公司与军利公司签订《BSP业务代收代付服务协议》，目的是由快钱公司提供融资服务，但这并未超出快钱公司的合法经营范围，不属于非法借贷行为。《BSP业务代收代付服务协议》是双方当事人的真实意思表示，不违反我国法律、行政法规的规定，应当认定有效。

说明：根据本案《BSP业务代收代付服务协议》的约定，快钱公司为军利公司提供的“代收代付服务”，是指快钱公司对军利公司指定的收款账户即BSP账户审核并认可的情况下，按照军利公司的要求，在约定的3亿元额度范围内替军利公司先行向该指定的收款账户代付相应款项，之后再由军利公司按照快钱公司的要求在约定的还款日之前向快钱公司偿还相应款项。BSP系开账与结算计划（Billing & Settlement Plan）的简称，是国际航空运输协会根据航空公司及其销售代理人的需要设立的清算和结算账目的销售结算系统，我国于1995年年初经中国民用航空总局批准后设立中国BSP系统并于1997年正式运行。军利公司作为机票销售代理人根据该系统的要求在中国工商银行设立了专用账户，用于与相关航空公司之间的机票交易结算。根据该系统要求，该专用账户内的资金入账后，军利公司不能随意支配，而

是被该系统自动根据账期及账单等信息将相关款项划转给各航空公司，即所谓“只能进、不能出”。《BSP 业务代收代付服务协议》是双方当事人的真实意思表示，并未超出快钱公司的合法经营范围，不属于非法借贷行为，应认定有效。

（八）新类型案件：第三人撤销之诉

案例：（2014）民四终字第 46 号马鸿鲁与杨宁俊、白金伟第三人撤销之诉案

裁判要旨：马鸿鲁没有参加诉讼系因其本人的原因造成，其提起第三人撤销之诉不符合《中华人民共和国民事诉讼法》第五十六条规定的条件，应予驳回。

说明：第三人撤销之诉是新修改的民事诉讼法规定的一项新的诉讼。民诉法第五十六条第三款规定，前两款规定的第三人（有独立请求权和无独立请求权第三人），因不能归责于本人的事由未参加诉讼，但有证据证明发生法律效力的判决、裁定、调解书的部分或者全部内容错误，损害其民事权益的，可以自知道或者应当知道其民事权益受到损害之日起六个月内，向作出该判决、裁定、调解书的人民法院提起诉讼。人民法院经审理，诉讼请求成立的，应当改变或者撤销原判决、裁定、调解书；诉讼请求不成立的，驳回诉讼请求。该条款规定了提起第三人撤销之诉的条件及处理结果。本案第三人在知道原诉的情况下，没有证据证明曾向法院申请参加诉讼，因此不符合“因不能归责于本人的事由未参加诉讼”这一条件，应驳回起诉。同时考虑到，第三人被驳回起诉后仍然有救济的途径，其一，可以在其胜诉的案件中申请强制执行；其二，可以在其请求撤销的判决执行过程中，根据民诉法第二百二十七条规定，作为案外人提出异议，如果异议被驳回还可以申请再审。广州海事法院裁定驳回上诉，维持海南省高级人民法院的一审裁定。

（九）破产程序终结后个别债权人主张债权的问题

案例：（2014）民申字第 1693 号海南金厦公司与农行深圳分行、北京永峰土地整理有限公司、深圳市方正东讯科技有限公司、深圳市海鸿能源发展有限公司、中企国能实业集团有限公司、深圳市中化金山石油化工有限公司、深圳市深港产学研创业投资有限公司、北京同晟时代投资管理有限公司股东出资纠纷案

裁判要旨：破产程序终结后个别债权人可根据普通民事诉讼程序向虚假出资、抽逃出资的股东主张债权。

说明：在案涉深圳市北大中基科技有限公司破产程序中，清算组已发现该公司的部分股东存在虚假出资、抽逃出资的情形，考虑到向股东提起追偿之诉需要各债权人按比例垫付诉讼费用问题，过半数的债权人不同意追索。债权人会议的该项决定对全体债权人均有约束力，任何债权人不得要求清算组在破产程序中追索瑕疵出资股东的责任，也无权在破产程序终结后再行要求清算组追索。但是，债权人会议并没有免除债务人债务的职权，其有关不在破产程序中追索公司瑕疵出资股东责任

的决定，亦无免除债务人债务的意思，不妨碍愿意追索的债权人在破产程序终结后根据普通民事诉讼程序向虚假出资、抽逃出资的股东主张债权。

（十）海事赔偿责任限制问题

案例：（2014）民提字第191号仁科公司与罗泾油库船舶触碰损害责任纠纷案

裁判要旨：船舶触碰码头引起的码头残骸清除打捞费用为限制性海事赔偿请求。

说明：海商法第二百零七条第一款第一项规定，对港口工程、港池、航道和助航设施造成的损坏，以及由此引起的相应损失的赔偿请求，责任人均可以依照限制赔偿责任。海商法立法时充分吸收了《1976年海事赔偿责任限制公约》的规定，但在第二百零七条规定限制性海事请求时，没有将公约允许保留的两项请求规定为限制海事请求，即将公约规定的有关沉没、遇难、搁浅或被弃船舶（包括船上的任何物件）的起浮、清除、毁坏或使之变为无害的索赔；有关船上货物的清除、毁坏或使之变为无害的索赔排除在限制性债权的范围之外。海商法做出这种规定的目的是保护航道安全、海洋环境等公共利益。这在国务院法制办向人大常委会提请审议海商法时做的说明里有充分体现。为了进一步澄清司法实践中对此问题的误解，责任限制司法解释第十七条第一款规定：海商法第二百零七条规定的可以限制赔偿责任的海事赔偿请求不包括因沉没、遇难、搁浅或者被弃船舶的起浮、清除、拆毁或者使之无害提起的索赔，或者因船上货物的清除、拆毁或者使之无害提起的索赔。该条规定对非限制性海事赔偿请求的范围作出了明确规定。

从上述法律和司法解释的规定的文字上看，可以得出如下结论：船舶触碰码头引起码头打捞、清除、拆毁费用等损失，应当属于海商法第二百零七条第一款第一项规定的限制性海事请求中“对港口工程造成的损坏以及由此引起的相应损失的赔偿请求”。上述赔偿请求不属于海商法立法时未吸收的公约规定的两项海事请求和责任限制司法解释第十七条第一款规定的范围。海商法立法时未吸收的公约规定的两项海事请求和责任限制司法解释第十七条第一款规定的范围仅仅限于“沉没、遇难、搁浅或者被弃船舶”和“船上货物”这两类物体的清除、打捞等费用，而不涉及码头和其他港口工程。在没有新的法律规定和司法解释的情况下，只能按照现有法律规定的文意解释。故广州海事法院再审判决认为码头残骸清除打捞费用应属于限制性债权并不违反相关法律及司法解释的规定。

（十一）运单法律关系中承运人的确定问题

案例：（2014）民申字第1969号瑞生公司与汇鼎公司及洋浦公司、捷福公司水路货物运输合同纠纷案

裁判要旨：涉案运单由瑞生公司向汇鼎公司签发，运单载明托运人为汇鼎公司，且运单右上角载明：“承运人与托运人、收货人之间的权利、义务和责任界限适用

《国内水路货物运输规则》及运价、规费的有关规定。”据此，可以认定涉案运单系汇鼎公司与瑞生公司双方成立实际水路货物运输关系的证明，汇鼎公司可以据此起诉瑞生公司。

说明：沿海、内河货物运输中普遍存在多层货运的现象，因其间涉及多个运输合同或者航次租船合同，又涉及运输船舶实际签发的运单，其纠纷引起的法律问题比较复杂。本案托运货物的货主在已经与出租人签订航次租船合同的情况下，没有选择依据该租船合同起诉出租人，而是跨过多个连环合同，直接凭借运单以运输合同关系起诉最终实际运输的船东。对于能否以运单提起运输合同之诉，一直存在分歧。由于沿海、内河运输所适用的合同法中并无实际承运人的概念，而交通部颁布的《国内水路货物运输规则》的效力级别又不够，相应的法律依据比较薄弱。但是，考虑到为尽量减少当事人的讼累，从确认运单合同效力有利于促进效率出发，也为了避免由于中间环节多为皮包公司而导致货主的权利无法得到保障，最终对案件的处理结果认可了货主凭运单向实际运输船舶索赔的权利，但实际运输船舶依然可以依据其与上家签订的运输合同或者航次租船合同确定的权利义务进行抗辩。

（十二）劳务派遣关系法律适用问题

案例：（2014）民申字第763号金远公司与远洋公司、龙山船厂、王美金、张兴旺、陈荷香、王奕辉海上人身损害赔偿纠纷案

裁判要旨：劳动合同法关于劳务派遣的规定不适用于境内用人单位、劳动者与境外用工单位形成的劳务派遣关系。

说明：根据劳动合同法第二条规定，该法适用于中华人民共和国境内的企业与劳动者形成的劳动关系。因此，劳动合同法所调整的劳务派遣关系应为境内用人单位、用工单位和劳动者三方之间的关系。本案金远公司为注册地在圣文森特和格林纳丁斯的外国法人，其与远洋公司和王良军之间的法律关系不属于劳动合同法所调整的劳务派遣关系，故金远公司主张适用劳动合同法第九十二条的规定确定其法律地位缺乏法律依据。

在全国涉外商事海事审判庭长座谈会上的讲话（节选）

（2016 年 4 月 7 日）

张勇健①

近年以来，各高级人民法院陆续反映了审判实践中遇到的一些新问题，通过调研我们也不断发现了一些新情况。下面，我做一点回应，谈一下我们的倾向性意见，供审判实践参考。

（一）关于涉外商事审判实践中的问题

第一，关于诚实信用原则。

各级法院在案件审理中要高度重视诚实信用原则的适用，坚持“任何人不得从其违法行为中获利”的原则，积极制裁恶意违约行为，注重保护守约方的合法权益，依法支持守约方关于实际履行合同的诉讼请求。合同形式虽存在瑕疵或设定有生效条件，一方履行大部分义务，对方当事人接受或未提异议，而又主张合同无效或未生效的，不予支持。在仲裁的司法审查案件中，也应贯彻诚信原则，仲裁裁决作出后，申请仲裁的一方当事人，以仲裁协议无效为由申请撤销涉外仲裁裁决或申请拒绝承认与执行外国仲裁裁决的，不予支持。

第二，关于司法互惠。

民事诉讼法司法解释第五百四十四条规定，没有互惠关系的，人民法院裁定驳回关于承认和执行外国法院的判决、裁定的申请。过去我们对互惠把握比较严格，承认和执行外国法院判决、裁定的事例十分罕见，客观上不利于保护中外当事人的合法权益，已经不适应构建开放型经济新体制的新要求。新的对外改革开放发展的

---

① 张勇健，最高人民法院审委会委员、民四庭庭长。

形势要求我们做出改变。

当前，世界经济相互融合，越来越多的国家开始逐步放弃互惠要求，或者将互惠要求限制在一些特定的领域。而我国重要贸易伙伴美国、加拿大、英国、日本等均未与我国缔结或者共同参加关于相互承认与执行法院判决的国际条约，亦不存在互惠关系。为进一步平等保护中外当事人合法权益，及时维护我国“走出去”企业的利益，我们认为，在我国与相关国家之间没有双边或共同缔结的国际条约的情况下，可以考虑首先启动互惠。在审查时，需考虑以下四个因素：（1）该判决是终局的；（2）作出裁判的法院有管辖权；（3）当事人经合法传唤；（4）承认和执行该国判决、裁定不违反我国公共利益。

有两个方面的问题需要注意：一是为全面掌握相关国家的事实互惠和互惠意向，各级法院知悉有关生效判决已为外国法院承认与执行的，应及时层报最高法院，以便我们及时掌握并向全国法院做出通报。二是在承认与执行外国法院裁判时，如当事人已经举证证明或者受案法院知悉有关国家的法院曾承认或执行我国法院裁判时，应根据互惠原则，依法予以承认与执行。在无法确定是否存在互惠关系的情况下，可以层报最高法院，通过外交途径，告知对方我国司法机关正考虑先行给予互惠，请对方予以表态，如对方有互惠意向，我方可先行启动互惠。

第三，关于阴阳合同的合同价格。

当前实践中，由于“三资”企业的股权或出资转让存在审批的要求，当事人出于避税等各种考虑，出现了经审批的合同与实际履行的合同约定价格不一致的情况，即所谓“阴阳合同”或“黑白合同”。

对此，我们的基本观点是：经审批的合同与实际履行的合同约定的价格不一致时，如行政机关明确表示审批不影响合同效力或未明确表示异议，当事人主张按照实际履行的合同支付约定的较高价格的，应予支持。合同已经履行完毕，当事人主张解除合同或确认合同无效的，应不予支持。能够认定当事人以虚伪意思表示规避税收或者其他法律义务的，人民法院应向有关行政机关提出司法建议，由有关行政机关予以处罚，亦可考虑探索对此种违法行为直接行使司法处罚权。

第四，关于域外证据。

涉外案件中，经常遇到大量域外证据。实践中，对未予公证认证的证据是否能作为证据提交，以及如何采信，存在争议，影响了涉外案件的审判质量。《第二次全国涉外商事海事审判工作会议纪要》对此虽做了明确，但认识仍未统一。实践中还有不少法院提出了域外判决、裁定的证据效力问题。在此，就相关的证据采信规则，一并进一步明确。

1. 除非涉及主体资格和身份关系的证据，“域外证据无论是否已办理公证认证手续，人民法院均应组织质证，并结合质证意见审核认定证据的真实性与证明力”，不能仅以未公证认证而直接否定其证据效力。

2. 域外判决、裁定的真实性和法律效力，应由使用该域外判决、裁定作为证据的当事人举证证明。在能证实域外判决、裁定真实性和法律效力的情况下，对于当事人曾自认的事实，以及域外判决、裁定所载明的事实，除非有相反证据足以推翻，当事人无须举证证明。

第五，关于外国法律的查明和适用。

为解决外国法律查明和适用的问题，最高人民法院已经采取了许多举措，包括依托中国政法大学建立了外国法查明中心、依托西南政法大学建立了东盟法律查明中心、依托深圳前海建立了港澳台和外国法律查明中心，当前还正在抓紧研究外国法查明的具体细则。但当前，查明与适用外国法的情况仍不乐观。

在查明和适用外国法律时，要注意把握以下原则：当事人约定适用外国法，在人民法院指定的合理期限内无正当理由未提供该外国法律的，适用中国法；办案法院了解查明途径的可以告知当事人，从而有利于当事人提供相关法律；根据冲突法应当适用外国法的，人民法院应当依职权查明外国法。未根据《最高人民法院关于适用〈中华人民共和国涉外民事关系法律适用法〉若干问题的解释（一）》第十七条规定的合理途径予以查明的，不得简单地以未能查明为由适用中国法。

第六，关于外商投资企业股权转让纠纷案件的处理。

《最高人民法院关于审理外商投资企业纠纷案件若干问题的规定（一）》实施以来，较好地解决了未经批准的外商投资企业股权转让合同的效力、隐名投资权益的保护、优先购买权行使等问题。但同时也存在涉及外商投资企业股权变更的判项与外商投资企业有关行政规章的规定需进一步协调的问题。商务部门亦反映，近年来因协助执行法院外商投资企业纠纷案件判决，相关行政复议和诉讼案件时有发生，给商务主管部门依法行政带来困扰。最高法院、商务部和工商总局正在就加强涉及外商投资企业投资者股权变更的生效法律文书执行事宜，协商制定联合通知。

商务主管部门对于外商投资企业的股权变更，需要实质审查投资者资格以及产业政策是否符合外商投资法律法规的要求，人民法院不能替代审批机关进行实质审查。因此，人民法院在有关判项中不应直接判令确认外商投资企业股东身份及股权，或判令变更外商投资企业股权，而应判令义务人协助办理外商投资企业股权变更的外资审批以及相应的工商登记手续。为保障判项的可执行性，判项中还应进一步明确义务人逾期不办理外资审批的相关报批手续的，权利人有权自行申请办理报批。

但是，《最高人民法院关于审理外商投资企业纠纷案件若干问题的规定（一）》第十四条关于隐名投资的问题作出了特殊的规定，即法院可以直接确认股东身份，但前提是诉讼期间外商投资企业审批机关同意将实际投资者变更为股东。然而，在实践中，仍然存在操作层面的许多问题，在联合通知出台之前，如果隐名投资情形完全符合司法解释第十四条规定的情形，可以判决直接确权。联合通知出台后则应按新规定处理。

第七，关于独立保函的止付程序。

在我国企业“走出去”过程中，尤其是境外工程承包、跨境货物买卖等领域，由银行对外开立独立保函担保我国企业履约的情况比较普遍。人民法院裁定止付独立保函项下的款项的标准如果把握不严，不仅会损害我国银行业的整体声誉，而且将破坏独立保函的运行机制。《最高人民法院关于审理独立保函纠纷案件若干问题的规定》即将出台，大家要组织认真学习，正确使用。

各级人民法院应当高度重视独立保函纠纷案件的审理，严格坚持独立保函的独立性原则，切实规范独立保函的止付程序。独立保函是附单据条件的付款承诺，遵循独立性原则，独立保函法律关系独立于开立申请关系和基础合同法律关系。只要受益人提交的单据表面符合独立保函的要求，开立银行就必须独立承担付款义务，受益人请求付款时无需证明债务人是否违反基础合同的约定。除有欺诈情形外，人民法院不得止付独立保函项下的款项。独立保函的止付程序，不同于一般的保全程序，人民法院不仅要审查申请人提供的担保，而且必须审查申请人提交的证据是否能够初步证明受益人存在欺诈或明知其没有付款请求权，仍滥用独立保函的单据付款机制请求付款。裁定止付的，必须在裁定中说明具体的止付理由。另外，在工作分工方面，一些法院有不同做法，将止付申请的审查放在立案庭。我们认为，止付审查不是一般的程序问题，涉及实体的认定，应当由专门业务庭办理。

第八，关于外国法人破产管理人的诉讼主体资格。

在涉外民商事诉讼中，有的外国法人已经被外国法院裁判进入破产程序或者重整程序，或者因公司僵局被法院裁判接管，或者因其他特别程序，外国法院指定或者委任了破产管理人或者接管人。如何确认管理人、接管人的诉讼代表资格，存在争议。

对此，我们倾向于认为，人民法院无需首先承认有关外国法院判决或者裁定，再确定诉讼主体的代表资格。应当根据我国《中华人民共和国涉外民事关系法律适用法》第十四条的规定，适用该法人登记地国的法律，径行确认外国法院指定或者委任的破产管理人、接管人是否具有代表资格。

第九，关于投资者与东道国政府投资争端解决机制。

随着我国开放型经济新体制的深入发展，以及“一带一路”战略的持续推进，我国与投资仲裁机制的联系必将更加紧密。一些国家的现实案例，提醒我们，涉中国投资争端案件在未来或会出现。前不久的海南会议上，贺荣副院长对此做了专门强调，并提出了相关的几个具体要求。

在这个问题上，各级法院必须高度重视，要充分认识投资仲裁机制可能对涉外商事海事审判带来的重大影响。我们在审判中的任何失误，都可能损害国家的声誉，给国家造成重大损失，对此，要有清醒的意识，要有针对性地改善我们的工作。要注意程序正义，严格依法办理相关程序事项，全面贯彻落实立案登记制，及时告知当事人有关诉讼权利，充分听取当事人意见；要遵循不间断原则，依法积极、及时审理涉外案件，确因境外送达、委托等事项导致诉讼延宕的，要向当事人做好说明工作；要在裁判说理中注意运用公正、自由、平等、诚信、理性、秩序以及合同严守、禁止反言等国际公认的法律价值理念和法律原则，通俗、简洁、全面、严谨地论证说理，增强裁判的说服力，努力实现案结事了；要妥善保存相关档案材料，对可能引发投资争端的，积极做好预判，以帮助国家应对可能在境外提起的投资仲裁。

（二）关于海事海商审判实践中的问题

第一，关于破产衍生海事纠纷的管辖。

依据今年3月1日开始施行的海事法院受案范围的规定，海事法院受理案件的范围有了大幅度的增加，从原有的63项海事案件类型增加至108项。这是根据形势发展和实践的需要，为了充分发挥海事法院的职能作用，积极行使国家海洋司法管辖权，服务保障海洋强国战略作出的调整。自该规定实施以来，各海事法院的收案数量和案件类型都有了较大的变化。但同时也应当注意，对于不属于该司法解释规定范围的案件，不能扩大解释、盲目受理。近年来，随着航运市场的低迷，很多大型航运及造船企业面临破产或者重组。依照破产法第二十一条和破产法司法解释（二）第四十七条第三款的规定，人民法院受理破产申请后，所有有关债务人的民事诉讼案件，包括海事纠纷案件，原则上只能由受理破产申请的法院集中管辖，海事法院不应直接受理有关债务人的海事纠纷案件；如果有些海事纠纷确实案情比较复杂、影响较大或者专业技术性较强，受理破产申请的人民法院认为其难以审理的，可以依照民诉法第三十七条第一款的规定报请上级人民法院指定海事法院管辖。

第二，关于海上保险合同纠纷中第三者直接起诉责任保险人的问题。

在审理海事案件时，既要充分注意特别规定优于一般规定适用的原则，也要全面考虑特别规定与一般规定的衔接，全面理解法律规定的本意，准确适用法律。

（1）法律适用。对于第三人能否直诉责任保险人，海诉法第九十七条作出了规定，但是该规定仅限于因船舶造成油污损害引起的赔偿请求；对于其他非因油污损害引起的海上保险合同纠纷，在海商法和海诉法没有规定的情形下，应当依据保险法第六十五条的规定，认定第三人是否可以直接起诉责任保险人。

（2）诉讼时效。根据海商法第二百六十四条的规定，海上保险合同赔偿请求权的时效应当自保险事故发生之日起算。实践中第三者依据海上保险合同直接向责任保险人请求赔偿时，应当如何认定海商法规定的“保险事故发生之日”，存在不同的理解。有观点认为，应当以引发纠纷的海上事故发生之日确定为时效起算点。我们认为，在海商法对责任保险并无特别规定的情形下，依照保险法第六十五条的规定，责任保险“是指以被保险人对第三者依法应负的赔偿责任为保险标的的保险”。因此，将被保险人责任确定之日作为此类纠纷时效的起算之日，才符合法律规定和法理，也有利于保护被保险人和第三者的合法权益。

第三，关于海上货物运输合同无单放货纠纷的举证责任。

海上货物运输合同无单放货纠纷在海事案件中占了很大比例。随着无单放货司法解释的施行，很多长期存在的争议和问题已经得到解决。但是，我们发现有些法院在处理此类纠纷时，仍然存在举证责任分配不当、证据认定标准不一的问题，有必要再予以明确。

根据谁主张谁举证的基本原则，提单持有人依据无单放货司法解释第三条的规定，向承运人主张无单放货损失赔偿的，应当提供证据证明其为合法的正本提单持有人、承运人未凭正本提单交付货物以及其因此遭受的损失。

提单持有人应当提供初步证据证明承运人未凭正本提单交付货物，仅凭持有正本提单并不能视为其已完成举证义务。提单持有人提供证据证明装载涉案货物的集装箱已经重新投入使用或流转，或者提单记载应当整箱交付的货物已经被拆箱，均可以认定为承运人初步证明了无单放货的事实。针对提单持有人提供的初步证据，承运人抗辩货物并未被交付的，应当举证证明货物仍然处于其控制之下，否则应当承担举证不能的不利后果，对无单放货造成的损失承担赔偿责任。对于承运人提交的证明货物依然处于其控制之下的证据，法院应当严格审查，准确判断其证明力。

第四，关于提单持有人的诉讼选择。

对按照航次租船合同运输的货物签发的提单，提单持有人同时也是航次租船合同承租人的，其可以选择依据航次租船合同向出租人主张权利，也可以选择依据提单关系向承运人和实际承运人主张权利。提单持有人选择航次租船合同之诉的，航次租船合同的出租人和承租人的权利义务适用海商法第四章有关海上货物运输合同承运人和托运人权利义务的规定。实际承运人并非航次租船合同法律关系的当事方，航次租船合同的承租人就航次租船合同向实际承运人提出赔偿请求的，人民法院不予支持。提单持有人选择提单关系之诉的，承运人与该提单持有人之间的权利义务关系依然适用航次租船合同中的约定。

第五，关于承运人对大宗散装货物短重的责任承担。

随着我国建设国际航运中心步伐的加快，散装货物运输量不断增加。大宗散装货物进出口运输中因货物短少而引起的纠纷，在海上货物运输合同货损货差纠纷中占到很大的比重。准确认定承运人对其责任期间货物短少的赔偿责任，要在严格依法的同时，充分考虑航运实践，尊重行业惯例。油类、大豆、铁矿粉等大宗散装货物因在运输过程中的自然损耗、在装卸过程中的散落残漏以及在装卸两港水尺计重等的计量允差，都可能会导致运输货物的重量与提单记载的重量不符，出现短少。只要承运人已经尽到谨慎管货的义务，对于因合理的损耗允差造成的货物短少，承运人可以免责。有关合理损耗允差的标准，可以参照有关行业惯例予以确定。对于是否属于合理损耗允差以及相关标准，承运人应当承担举证责任。

第六，关于渔船“船证不符”情形下的权利保护。

为了保护近海渔业资源，促进海洋渔业的可持续发展，我国对近海捕捞渔船的更新和主机马力实施“双控”制度。但是很多渔民在经济利益的驱动下，在原船出售后保留船舶证书和捕捞许可证，然后购买新船，导致新购渔船的主机型号、功率与证书记载均不相符，俗称“套牌船”。这种“套牌船”在运营过程中，因他人侵权行为受损，该船的权利人能否请求侵权人承担侵权责任，司法实践中存在不同的认识。我们认为，只要该船的权利人能够提供证据证明其对该船享有民事权益，人民法院就应当对侵权人是否承担侵权责任进行审理，不能以“船证不符”为由驳回原告的诉讼请求。对于“船证不符”情形下的相关行政管理问题，人民法院可向船舶登记机关提出相应的司法建议。

第七，关于养殖损害赔偿的责任承担。

养殖损害赔偿纠纷多涉及自然人，具有事实认定困难、证据采信标准不统一以及赔偿数额难以认定等特点。各地法院在审理此类纠纷时应当注意合理分配举证责任、加强对证据的审核认定、规范鉴定程序。

因船舶碰撞或者触碰、环境污染造成海上及通海可航水域养殖设施、养殖物受到损害的，被侵权人可以请求侵权人赔偿其由此造成的养殖设施损失、养殖物损失以及相应的收入损失，但养殖未经相关行政主管部门许可的，对收入损失请求不予支持。养殖设施损失和收入损失的计算标准可以依照或者参照油污司法解释中的相关规定。

对于养殖物损失，被侵权人应当举证证明受损养殖物的数量及损失发生时养殖物的市场价格。被侵权人仅举证证明其投入的养殖鱼苗等成本的，人民法院可以根据其成本通过合理计算认定损失。

被侵权人擅自在港区、航道进行养殖，或未依法采取安全设施，对养殖损害的发生有过错的，可以减轻或者免除侵权人的赔偿责任。

（三）关于仲裁司法审查中的问题

仲裁司法审查是涉外商事海事审判的重要工作，也是国际社会以及中外当事人所关切的重要问题。人民法院四五改革纲要明确民四庭为仲裁司法审查改革的牵头单位。我们今年将就一些重点问题制定司法解释，统一司法审查理念、程序、规则与标准。在此主要强调以下几个问题：

第一，在仲裁协议效力的认定上，我们应该秉持更加宽松的态度，充分尊重当事人意思自治，尽可能维持仲裁协议效力。

在确认仲裁协议效力之诉的案件中，当事人没有选择仲裁协议适用的法律的，根据涉外民事法律关系适用法的规定，应适用仲裁机构所在地法或仲裁地法。两者结果不一致的，只要根据仲裁机构所在地法或者仲裁地法之一，涉外仲裁协议有效的，应确认仲裁协议有效。从而尽可能尊重当事人的选择，支持涉外仲裁和国际仲裁。为提高仲裁司法审查的效率，还要进一步明确，确认仲裁协议效力的裁定送达即生效，不能上诉。

在承认和执行外国仲裁裁决的司法审查案件中，要严格按照《纽约公约》第五条第一款（甲）项之规定，仅限于该仲裁协议依当事人约定的准据法系属无效，或未约定准据法时，依裁决地所在国法系属无效，方能以仲裁协议无效为由拒绝承认及执行有关仲裁裁决。

但如果当事人已经向人民法院提起确认仲裁协议效力之诉，人民法院做出了仲裁协议无效之裁决的，人民法院可以拒绝承认与执行。不过，此时拒绝承认与执行所依据的并非仲裁协议无效，而是《纽约公约》第五条第二款规定的公共政策保留。

第二，在仲裁的临时措施上，人民法院要严格依照民事诉讼法之规定，尽量予以支持，并及时对证据保全、财产保全、行为保全的申请作出裁定。

第三，要正确对待涉外及国际仲裁。这是我国全面对外开放的政策所决定的。当前自贸区的一些仲裁机构正在比照国际仲裁机构进行创新和探索，一些做法虽没有法律依据，但在不违反我国法律和公共利益的情况下，人民法院在司法审查时应予以积极支持。

除此之外，当前，我们正在就一些新情况、新问题进行深入调研和论证，并将就裁决国籍认定、仲裁协议的形式、或裁或审的条款效力等等司法审查中的具体法律适用问题尽快出台司法解释予以统一规范。

【要素式审判研究】

广州海事法院推行要素式审判的实践

钟健平①

要素式审判是指针对某类能够提炼、概括出固定要素的案件，在庭前引导当事人及其诉讼代理人填写诉讼要素表，庭审时围绕要素表同步进行法庭调查和辩论，法官针对争议要素进行审理并制作规范化的要素式裁判文书的审判方法。2014 年以来，广州海事法院深入贯彻最高人民法院提出的海事审判精品战略，积极探索海事审判方式改革，努力在全院推行要素式审判。2014 年，广州海事法院率先在海事庭开展海上人身损害赔偿案件的要素式审判。2015 年以来，又陆续开展了海事赔偿责任限制基金等六类案件的要素式审判。要素式审判推行三年，运行效果良好，审判质效得以较大提升。

一、推行要素式审判的必要性

2013 年 11 月，党的十八届三中全会通过《中共中央关于全面深化改革若干重大问题的决定》，对深化司法体制改革作了全面部署。2014 年 10 月，党的十八届四中全会通过《中共中央关于全面推进依法治国若干重大问题的决定》，对深化司法体制改革进行了顶层设计。本轮司法改革倡导“让审理者裁判，由裁判者负责”，对入额法官的业务能力提出更高要求，亟待通过审判方式改革为法官员额制和司法责任制的全面实施提供准备。2013 年，广东省高级人民法院下发《关于推行民事裁

① 钟健平，时任广州海事法院党组书记、院长；现任广东省高级人民法院党组成员、副院长。

判文书改革，促进办案标准化和庭审规范化的实施意见》，倡导推进要素式审判方法，将其作为统一裁判尺度、实现繁简分流的重要抓手。在此背景下，广州海事法院推行要素式审判具有以下几个方面的必要性：

（一）统一裁判尺度需要要素式审判提供标尺

“类似案件类似审判”是司法裁判的基本原则，裁判尺度统一事关司法权威与公信力，事关人民群众对公平正义的直观感受和内心信仰。在当前海事审判中，裁判尺度不统一的问题较为突出：一是海事法院内部如各审判庭之间、本部与派出法庭之间裁判尺度不尽统一；二是各海事法院之间裁判尺度不尽统一；三是海事审判各审级之间裁判尺度不尽统一。要素式审判使类似案件的处理从立案、庭审到裁判都围绕特定要素和审判操作规程进行，对法官的审判思维与裁判方法形成软约束，促使法官对类似案件作出类似裁判。要素式审判是广州海事法院为统一全院裁判尺度所作的初步尝试，希望能为各海事法院之间、海事审判各审级之间裁判尺度的统一提供参考。

（二）明确当事人预期需要要素式审判提供指引

解决纠纷与确立规则是海事审判的基本功能，我们不应忽视司法裁判对规范市场行为、建构社会秩序的导向作用。在海事审判中，当事人因诉讼预期不明确而非理性选择诉讼请求的现象较为突出。例如，在海上人身损害、船舶污染损害等案件中，有的案件当事人因各种因素的影响而漫天要价，判决结果往往与当事人的请求差距较大。在要素式审判中，法官在立案阶段指引当事人填写诉讼要素表，使其在填表的过程中结合自身掌握的证据，逐步固定诉讼请求，使其诉讼预期自然回归至合理区间，防止或减少因诉讼预期差距过大而产生对法院生效裁判的不服，进而提高司法裁判的可接受性。

（三）指导年轻法官需要要素式审判提供教案

年轻法官在广州海事法院占一定比例，他们与资深法官相比，审判经验还较为欠缺。要素式审判对类型化案件的裁判要点与庭审流程进行了系统提炼，有助于年轻法官在短时间内熟悉和掌握某一类案件的审理思路与裁判方法，从而达到事半功倍的效果。要素式审判所形成的操作意见及诉讼要素表，实际上就是法官审理案件的庭审提纲，法官只要对照所列举的项目逐项审理即可。年轻法官可根据个案对其增减删改、自由裁量，使其更加符合个案的具体情况。可见，要素式审判有利于年轻法官审判思维的养成，使其具备自主裁判、自担其责的业务能力。

（四）实现案件繁简分流需要要素式审判提供渠道

近年来，海事案件的增长幅度较大，“入额法官”指标不高，“案多人少”的矛盾突出。要素式审判在实现案件的繁简分流、提高审判效率方面存在一定的优势。

要素式审判要求法官在立案时指导当事人填写诉讼要素表，立案法官依据案件的诉讼请求、事实及证据材料等初步判断案件能否适用小额诉讼程序或简易程序，减少一些不必要的普通程序引起的诉讼拖延。在庭审中，法官仅对争议要素进行重点审查，引导当事人围绕争议要素进行举证质证、法庭调查和辩论，防止面面俱到，从而提高庭审效率。在裁判时，法官可以根据案件情况制作要素式、令状式或表格式裁判文书，进而简化裁判文书的制作过程。

（五）参与国际规则创制需要要素式审判提供蓝本

2016年，最高人民法院提出要加强国际海事司法中心建设，这意味着我国要逐步增强自身在国际海事规则制定中的话语权和影响力。目前，我国是世界上受理海事案件最多、设立海事裁判机构最齐全的国家。可以预见，我国海事司法正在逐步影响国际规则的形成与创制。要素式审判是对我国海事审判实践经验的有效提炼，总结了当前审判中的一些疑难问题及其解决路径，充分体现了我国海事法官的思维方法与集体智慧，为我国参与国际规则创制提供了弥足珍贵的蓝本和参照。要素式审判有助于我国海事法官形成裁判共识，以统一的口径在国际社会上发声，形成一定的合力，进而增强我国在国际规则制定中的话语权。

二、推进要素式审判的具体做法

（一）可行性论证

推行要素式审判需要一定的客观条件。经过我们的调查研究，广州海事法院已具备推行要素式审判的基本条件：

（1）受理的案件具有区域类型化特点。广州海事法院本部三个审判庭及四个派出法庭所受理的案件具有明显的类型化特征。例如，海事庭以船舶碰撞、海上人身损害纠纷为主；深圳法庭以货运代理合同纠纷、海上货物运输合同纠纷为主；湛江法庭以船员劳务合同纠纷为主。受理案件的区域性类型化特点，使各法庭就本区域常见的类型化案件积累了一定的审判经验，充分了解这类案件的基本特征、法律关系、关键要素及容易出现的问题，具备归纳相应类型案件基本要素的条件，为推行要素式审判提供了实践依据。

（2）已具备统一的立案标准。广州海事法院一直注重加强立案的规范化管理，确保全院立案工作的统一性。立案登记制改革启动后，广州海事法院制定了《广州海事法院立案登记操作规程》，要求本部立案庭与派出法庭立案窗口以统一的标准立案。统一立案标准后，当事人无论是在本部起诉还是任一派出法庭起诉，在案件的诉讼请求、证据材料及诉讼预期等方面，类似案件将受到相似的立案指引。有了立案阶段的统一指引，法官收到类似案件的证据材料后，总结当事人的争议焦点，就更具备类型化特征，为要素式审判的推行奠定了良好基础。

（3）推行要素式审判具有合法性。要素式审判作为一种创新的审判方法，是对以往民事诉讼中法官、当事人、书记员“一问一答一记录”模式及职权主义理念的改革，其在立案指引、庭审推进、裁判文书制作等方面均有所突破。但要素式审判在现行法律制度中并非无章可循，其存在具有合法性。例如，诉讼要素表系一方当事人填写的关于己方的内容，具有“当事人自认”的法律效果，依据最高人民法院《关于民事诉讼证据的若干规定》第八条及新民事诉讼法司法解释第九十二条，其可以经审查后作为认定案件事实的依据。新民事诉讼法司法解释赋予了证据交换、庭前会议等庭前程序的合法性地位，契合要素式审判以做强庭前程序来简化庭审程序的目的，完全符合民事诉讼繁简分流、优化司法资源配置的价值取向。

（二）要素式审判方式的调研

要素式审判方式建立在对类型化案件的系统分析、提炼和总结的基础上，因而对相当数量的案件的调查研究是非常必要的，一般分为以下几个步骤：

（1）选取案件并搭建案例库。各审判庭选取一类较为常见、具备一定收案规模的案件作为要素式审判的调研课题进行立项，成立由庭长、资深法官、年轻法官等组成的课题组，加强对该类案件的调研。课题组全面收集广州海事法院建院以来所受理的此类案件、其他海事法院受理的类似案件及上级法院审理的类似案件，分别按照案号、案由、诉讼请求、事实、理由、裁判要点等搭建一个案例数据库，以形成要素式审判调研的基础资料。在案例库的基础上，通过认真分析，遴选出若干典型案例作为进一步分析的样本资料。

（2）在分析案例库的基础上撰写调研报告。课题组接下来对收集的案例进行分析并撰写调研报告，总结此类案件的审理概况、基本特点、审理难度、存在的突出问题及原因，并对当前审理中的争议问题进行归纳，进一步提炼审理此类案件的基本要素，尝试提出相应的解决思路。例如，海事庭的海上人身损害纠纷课题组就对广州海事法院近十年受理的案件进行归纳，提炼出了此类案件的五大基本要素和每一类要素中的若干要素点。比如，损害赔偿认定标准这类要素中，就包含了医疗费、误工费、护理费、交通费、伙食费、营养费、残疾赔偿金、被抚养人生活费、死亡赔偿金、精神损害抚慰金等10个要素点。

（3）在调研报告的基础上形成操作意见。调研报告是对基本要素形成的分析和论证。在此基础上，课题组还需将调研报告转化成对审判具有指导意义的操作规程。在转化的过程中，需对一些基本要素的表述严格按照法律法规、司法解释等规范性文件进行界定并注明法律依据。界定标准的作用，一是有利于立案法官指引诉讼当事人根据诉讼请求收集、提供证据，法官依次审查判断证据，审查起诉是否符合立案条件，准确立案；二是有利于承办法官紧紧围绕案件的法律关系，厘清庭审思路，防止漏查、漏审、漏判；三是操作意见已经系统地对相关法律规定进行了整合，可作为承办法官在适用法律时的参考。

（4）在操作意见的基础上提炼诉讼要素表。这是要素式审判调研的最后一个步骤。诉讼要素表是对操作意见中基本要素的罗列，在当事人起诉时，便于法官指引当事人依次填写，并且根据所选择的要素项目提供相应的证据材料。要素表的作用有三：其一，对当事人有诉讼指引作用，有利于当事人更好地主张权利，依法举证、质证、辩论。其二，有利于庭审效率的提高，法官无需调查无争议的要素，可以直接调查争议要素。其三，对法官尤其是年轻法官也是一种指引，要素表本身也是庭审提纲，可以节省法官庭前阅卷的时间，有利于法官准确把握庭审调查的内容和节奏。

（三）要素式审判方式的实施

在基本要素的提炼完成后，需在个案中实施要素式审判方式，充分发挥操作意见及要素表的指引作用。要素式审判方式的实施涵盖立案、庭审、裁判等阶段。

（1）立案阶段。将类型化案件的基本要素制作统一的诉讼要素表，放置立案庭、各派出法庭立案窗口，指导前来起诉的当事人填写要素表，按照相关标准提出诉讼请求，提供相应的证据材料。如果当事人没有提供或收集证据的，可根据要素表的要求，建议当事人收集证据后再起诉。立案法官要充分向当事人释明填写要素表所产生的法律后果，引导当事人充分咨询协商、深思熟虑后填写。在法官员额制改革实施后，可以考虑将此项工作交由法官助理完成，即由法官助理指引当事人阅读、填写要素表、召开庭前会议或证据交换、梳理出案件有争议的问题和无争议的问题，进而加强庭前调解。这可以充分发挥司法辅助人员的作用，减轻法官的事务性工作负担，提高开庭效率，实现法官减负、庭审提速。

（2）庭审阶段。要素式庭审是指根据案件的基本要素并结合诉讼请求确定庭审顺序，围绕争议要素同步进行法庭调查和辩论的庭审模式。双方当事人均已提交要素表的，不再严格区分法庭调查与法庭辩论阶段，而是按照案件争议要素逐项进行审理，对无争议的要素不再进行审查，法庭直接予以确认并记入笔录。若当事人未在开庭前填写要素表，法官在庭审时亦可以要素表所列的基本要素为线索，逐项征询各方当事人的意见，引导当事人围绕争议要素进行举证和质证。要素式庭审有利于厘清审判思路，规范庭审程序，防止漏查、漏审、漏判，即使是年轻法官，也能及时抓住庭审要点，稳妥有序地推进庭审进程，有效查明案件事实。要素式审判的案件，一般应做到一步到庭，开庭后五天之内合议，做到快审快结。

（3）裁判阶段。法官依据要素表列明的要素逐项查明案件的要件法律事实，并对个案存在的特殊情况进行适当补充，再通过操作意见寻找适当的法条及裁量标准。依照广东省高级人民法院发布的《关于推行民事裁判文书改革，促进办案标准化和庭审规范化的实施意见》，可以尝试采用要素式、令状式、表格式等简易文书样式制作裁判文书。此类文书不再按照传统的裁判文书格式分开陈述原告诉称、被告辩称、本院查明和本院认为部分，而是围绕着具体的案件要素、陈述当事人意见、证据和法院认定的理由及裁判依据，进而实现文书制作的简化。

（四）要素式审判的组织与保障

要素式审判是对传统审判方式的改革，为充分调动审判人员的积极性，必须要加强要素式审判的组织推进，提供充分的制度保障。

（1）作为审判重要工作来抓。广州海事法院高度重视要素式审判，将其作为年度工作要点积极部署推进，以院长办公会等形式集体研究解决要素式审判推进中的问题。主管副院长统筹要素式审判的调研工作，甚至亲自作为课题组负责人指导基本要素的提炼。各审判庭庭长和负责人是推行要素式审判方式的第一责任人，指导或参与要素式审判调研，推动要素式审判方式在本部门的实施。

（2）由研究室组织推进。充分发挥研究室的职能作用，具体组织要素式审判的推进。研究室制定出推进方案，并通过定期督导、下庭检查、召开汇报会等形式将要素式审判分阶段推进，建立问题发现、反馈、分析和解决机制。研究室充分利用《中国海事审判》编辑部这一平台，多次召开编审会议，统一要素式审判调研的选题、构成、格式等，使要素式审判的调研成果具备较高的质量水准。

（3）邀请上级法院法官把关。在各课题组初步完成调研报告、操作意见和要素表之后，及时将上述成果报送广东省高级人民法院民四庭和最高人民法院民四庭，征求他们的意见和建议，并根据回馈意见认真修改完善相关成果。广州海事法院在2016年1月、8月两次邀请最高人民法院、广东省高级人民法院资深法官到广州海事法院，就有争议的问题进行充分研讨，使操作意见和要素表更具科学性、合理性和合法性。

（4）分阶段分步骤推行。先行在海事庭开展海上人身损害赔偿案件的要素式审判，在取得预期效果后，组织立案庭、海商庭及四个派出法庭各选定一个类型化案件开展要素式审判调研。在要素式审判调研报告较为成熟、操作意见及要素表论证充分的基础上，进行要素式审判方式的实施工作，即分阶段分步骤推行，不急于求成。

三、要素式审判的运行成效和应用前景

（一）要素式审判运行的初步成效

广州海事法院目前已完成了七类案件的要素式审判调研，分别是：海事庭负责的海上人身损害赔偿纠纷案件，海商庭负责的海事赔偿责任限制基金案件，立案庭负责的债权登记与确权诉讼案件，深圳法庭负责的货运代理代垫费用纠纷案件，珠海法庭负责的集装箱超期使用费纠纷案件，汕头法庭负责的因船舶买卖引起的船舶权属纠纷案件，湛江法庭负责的船员劳务合同纠纷案件。其中，海上人身损害赔偿

纠纷案件的要素式审判已于2014年11月在全院推行，取得了一些初步效果，主要表现在以下方面：

（1）当事人的诉讼预期更加合理。当事人通过参与诉讼指引、填写要素表、庭前会议和庭审程序，对诉讼目的和风险有了合理的心理预期，进一步增强了司法裁判的可接受性。在要素式审判推行以来，广州海事法院没有再发生因当事人对海上人身损害赔偿结果不服的上访事件，该类案件的上诉率减少，服判息诉率增加。

（2）审判权的运行更加符合法官员额制改革后的要求。要素式审判针对员额制改革后法官数额减少而案件数量仍不断增加的现实，使法官从大量事务性工作中解放出来，使其专司庭审和裁判，将诉讼指引、庭前会议、证据交换等庭前程序交由法官助理负责，实现了法官与司法辅助人员的合理分工，使审判权的运行更加科学，权责更加清晰明确，审判资源配置得以优化。

（3）审判独立得以充分保障。要素式审判统一了广州海事法院就某类案件的裁判尺度，形成了较为科学的审理案件的操作规程及要素表，提升了法官的裁判技艺，促使法官尤其是年轻法官有信心、有能力独立作出裁判，确保了“让审理者裁判、由裁判者负责”。要素式审判促使上下级法院之间就某类疑难案件而非个案展开研讨，以求达成裁判共识，在不违反审级独立原则的前提下最大限度地统一裁判尺度，是上下级法院之间沟通协调机制的创新。

（二）要素式审判的运用前景

2016年9月，最高人民法院发布《关于进一步推进案件繁简分流优化司法资源配置的若干意见》，提出要“推进民事庭审方式改革。对于案件要素与审理要点相对集中的民事案件，可以根据相关要素并结合诉讼请求确定庭审顺序，围绕有争议的要素同步进行法庭调查和法庭辩论”，实质上肯定了要素式庭审方式。该意见亦肯定了要素式裁判文书的合理性，认为“其他简单案件可以使用令状式、要素式、表格式等简式裁判文书，简化说理”。这充分表明要素式审判已经成为最高人民法院司法指导文件所倡导的审判方式，其在民事审判中具有广阔的运用前景。然而，要素式审判主要是对某类案件的审判规律、思维与方法的总结，并非“放之四海而皆准”。法官在适用要素式审判方式时不应机械式地照搬照抄，而应根据个案情况适当使用或补充修正，通过行使自由裁量权使个案的裁判更加符合法律规定及社会公正。

基于此，广州海事法院将继续开展要素式审判的相关调研，争取今后成熟一个推出一个。对广州海事法院近期完成的海事赔偿责任限制基金等六类案件的要素式审判调研，广州海事法院下一步将会在全院推行，及时总结实施过程中的问题和经验，不断完善相关操作意见和要素表，并将实施效果及时反馈至广东省高级人民法院、最高人民法院，作为上级法院制定相关司法解释或司法指导文件的参考依据，以期为海事审判方式改革作出一定的贡献。

关于审理海上人身损害赔偿纠纷案件的调研报告

詹思敏　徐元平　吴贵宁　周田甜　邓非非[①]

本调研报告以2003年至2013年广州海事法院海上人身损害赔偿案件[②]的审理情况为样本，通过分析审理该类案件的困境和原因，提出对策和建议，旨在规范案件审理方式、统一裁判尺度，提高海上人身损害赔偿案件的审判质效。

一、广州海事法院审理海上人身损害赔偿案件的基本情况和特点

（一）基本情况[③]

2003年至2013年，全院受理海上人身损害赔偿案件共211件，占一审案件总数的2.7%，占一审侵权案件总数的18.7%。其中，以判决方式结案119件，调解方式结案67件；涉及的案件类型约20种，主要有船舶碰撞、船员工伤、港口作业等；案件标的总额达508485260.5元；平均审理周期为137.3天。

（二）特点

1. 案件数量不多但案情较为复杂

---

① 詹思敏，广州海事法院副院长；徐元平，广州海事法院海事庭庭长；吴贵宁，广州海事法院审判员；周田甜、邓非非，广州海事法院法官助理。

② 本文所指的海上人身损害赔偿案件均指海上、通海水域人身损害赔偿案件，为表述简洁，统一简称海上人身损害赔偿案件。

③ 统计数据截至2013年12月20日。2013年有8宗案件仍未审结，故数据略有出入。

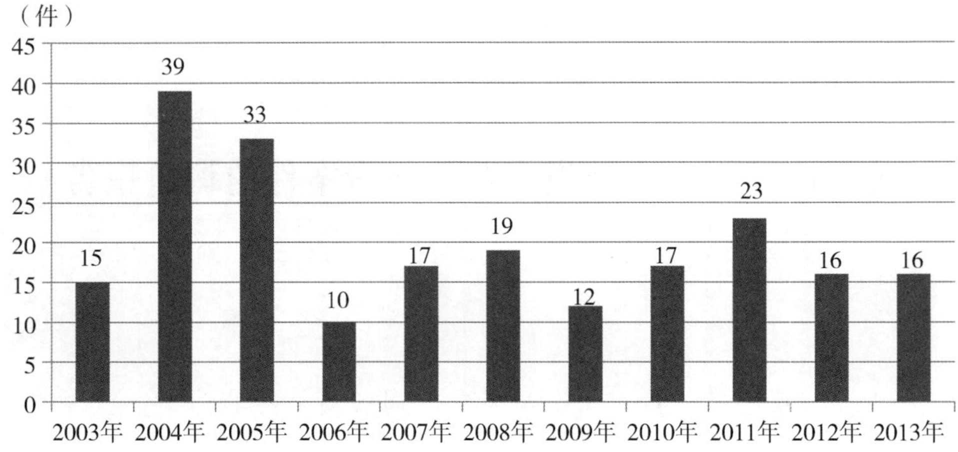

图 1　海上人身损害赔偿案件数量（2003—2013 年）

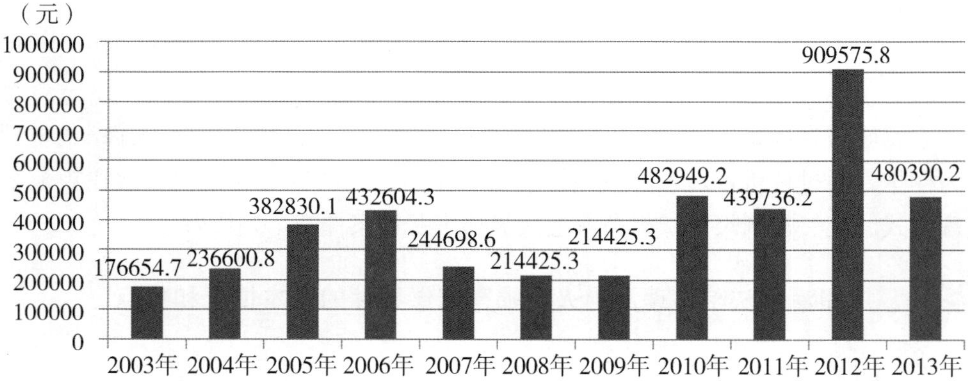

图 2　海上人身损害赔偿案件平均标的额（2003—2013 年）

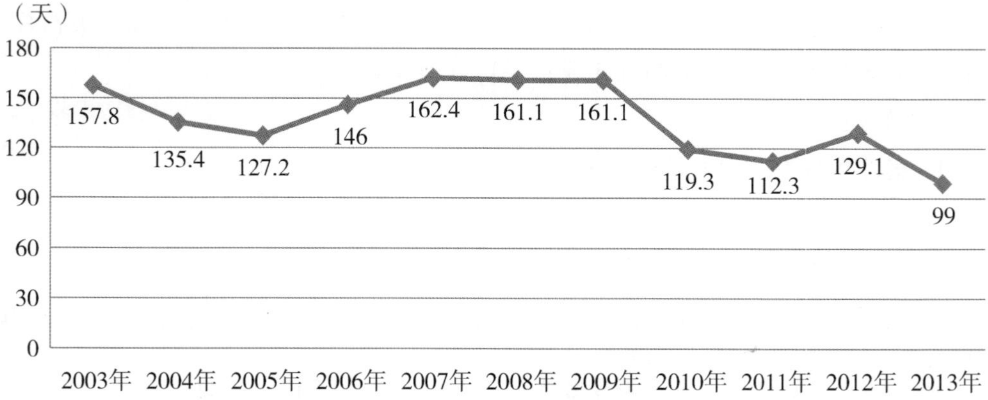

图 3　海上人身损害赔偿案件平均审理周期（2003—2013 年）

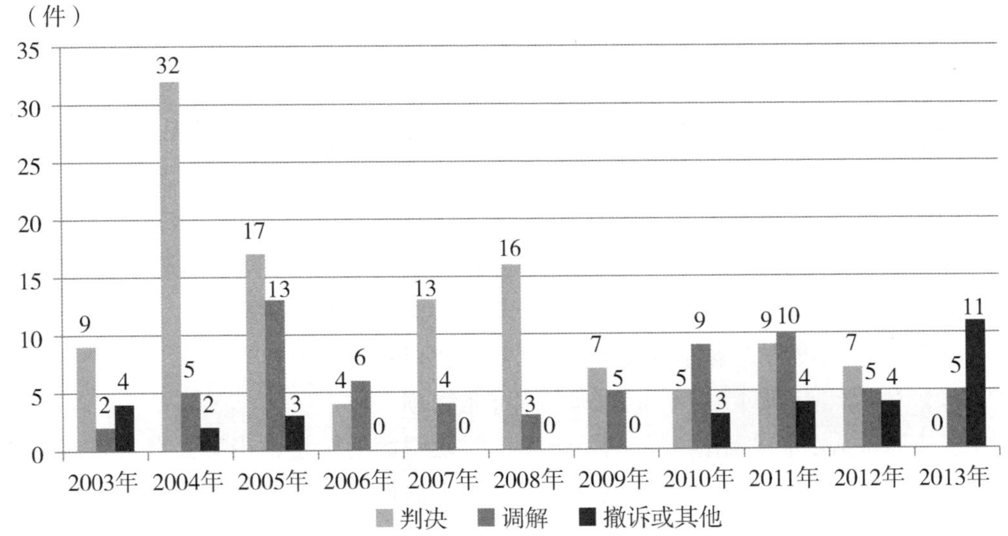

图 4　海上人身损害赔偿案件结案方式比较（2003—2013 年）

从以上图分析可见，2003 年以来全院受理的海上人身损害赔偿案件总数不多，占一审案件总数的比重并不大。但从案件性质来看，案情都比较复杂，主要表现为：

（1）当事人人数众多。由于可以提起诉讼的赔偿权利人不仅包括受害人，还包括受害人的近亲属以及被扶养人，因此原告少则 1 人，多则 9 人。有的涉案船舶为多人共有，一旦发生事故，多名共有人均有可能承担赔偿责任，从而列为共同被告，因此被告人数有时也多达近 10 人。

（2）案件标的额较大。从图 2 可以看出，近十年全院受理的海上人身损害赔偿案件年平均标的额均不少于 10 万元，最高达 90 多万元。

2. 案件类型多样化

由于引起海上人身损害的原因各有不同，原、被告之间的法律关系也各异，因此，海上人身损害赔偿案件的类型呈现多样化的形态，例如船舶碰撞引起的人身损害、船舶爆炸引起的人身损害、因船员工伤引起的人身损害、旅客运输引起的人身损害、港口作业引起的人身损害等等。

3. 审理周期较长

根据图 3 显示，2003 年以来全院海上人身损害赔偿案件的平均审理周期居高不下，集中在三个月到六个月之间。案件的复杂导致审理周期较长，而审理周期长则会降低审判效率，也不利于当事人诉讼权益的快速实现。

4. 多数以判决结案

从图 4 可以看出，全院审理的海上人身损害赔偿案件在结案方式上主要以判决为主，能够调解或撤诉的案件不多。主要是因为该类案件错综复杂，当事人双方分歧较大，且在进入诉讼之前大多数已经经过行政主管部门调处，可调解的空间很小，只能通过判决结案。

二、审理海上人身损害赔偿案件的困境及原因分析

（一）困境

从目前的审判实践来看，该类案件常常从立案时便成为烫手山芋，审理起来难度较大，往往会占用大量司法资源，却未能收到良好的法律效果。

1. 从法院角度看，案件多数较为复杂，审理难度大

（1）争议焦点相对集中，但处理起来非常繁琐。

解决海上人身损害赔偿案件的关键在于赔偿费用的确定，当事人双方争议的焦点多围绕赔偿费用的认定与计算展开。但是由于赔偿费用的项目繁多，每一项费用的证据、计算标准或方法都可能成为争议焦点，因此处理起来十分繁琐，需要一一列出并逐个进行认定。双方当事人分歧很大的一些项目，还需要在审理过程中进行鉴定。

（2）当事人提交的书面证据少且效力低，难以认定。

海上人身损害赔偿案件的当事人多为渔民、船员等，文化程度较低，法律意识薄弱，收集和保存证据的能力有限，往往都不能提供书面证据。即使提交证据，也多数为当事人陈述和证人证言，没有规范的形式，也没有书证或物证作为支撑和印证，证据效力不高，很难予以认定。

（3）案件敏感且矛盾分歧大，不易调解。

由于该类案件涉及人身伤亡，受害者亲属的情绪较为激动，有些甚至会聚集多人来法院“讨说法”，极易引发群体性事件。当事人双方的矛盾分歧也很大，常常产生对立情绪，处理不当便会引起不稳定因素。而大多数人身伤亡案件都是经过行政主管部门调处无果后才起诉至法院的，因此庭外和解或法庭调解的可能性微乎其微。

2. 从当事人角度看，诉讼的法律效果不理想

（1）原告诉讼请求获得支持的比例较小。

《最高人民法院关于审理人身损害赔偿案件适用法律若干问题的解释》根据受害者户籍的不同区分了城镇和农村两种赔偿标准，两者差距达几倍之多。为获得尽可能多的赔偿费用，原告的诉讼请求常常以赔偿数额高的标准计算，且容易扩大赔偿费用的范围。然而，在证据支撑不足的情况下，法院能够认定的赔偿费用有限，往往不能满足原告索赔的数额，因此导致原告诉讼请求获得支持的比例较小。

（2）赔偿义务人的赔付能力较低。

从全院近十年的审判实践来看，海上人身损害赔偿案件的被告七成以上为个体工商户，大多数是渔船船主。他们往往为购买、经营船舶倾尽家产，海事事故发生后，维持生计的船舶沉没，对于受害者的经济索赔，基本都没有偿付能力。剩下近三成的被告大多为从事国内沿海或内河运输的航运企业，虽然经济状况比个体工商户要好一些，但赔付能力也较为一般。

（3）受害人的救济方式单一且滞后。

除少部分工伤赔偿案件的受害人可以得到工伤保险救济以外，大多数海上人身损害赔偿案件的受害人都没有投保人身意外险，不能得到保险救济。特别是因渔船出海捕捞引起的人身伤亡，船主往往没有为出海的雇工购买人身意外事故保险的意识，一旦出现意外事故，受害人只能通过诉讼获得赔偿，无法从保险公司或社会保障机构得到及时救济。

（二）原因分析

1. 客观原因——涉及人身伤亡，法理情理难平衡

如上文所述，涉及人身伤亡的案件，受害人亲属的情绪大多都比较激动，出于对受害人的补偿心理，以及受“人命关天”朴素思想的影响，都会提出巨额的经济赔偿请求。在情理上，这些要求都是可以理解的。但是从法律角度看，侵权案件损害赔偿的范围和数额都有严格规定，且对原告的举证要求较高，受害人最后能获得的赔偿往往是有限的，远远达不到索赔的数额。法院在审理这类案件时，只能在法律允许的范围内尽最大可能平衡法理与情理之间的矛盾，但是无法从根本上解决这一矛盾。

2. 主观原因——法律适用不明晰，裁判尺度不统一

虽然《中华人民共和国民法通则》《中华人民共和国侵权责任法》和《最高人民法院关于审理人身损害赔偿案件适用法律若干问题的解释》对因侵权引起的人身损害案件如何适用法律有详细的规定，但在审判实践中，仍然存在很多不明晰的地方，从而导致同类案件却有不同的审理结果，裁判尺度不统一。具体表现如下：

（1）案由的选择比较混乱。

如前文所述，全院审理的海上人身损害赔偿案件的类型多样化，由此确定的案由也较为混乱。在2008年最高人民法院颁布《民事案件案由规定》以前，常用的案由大多是根据事故的原因和案件类型确定的，分类过于细散，① 用语不够统一，②

---

① 例如2007年的案由中，除了海上人身伤亡损害赔偿纠纷外，还有海上作业人身伤亡损害赔偿纠纷、水上人身和财产损害赔偿纠纷、船舶碰撞挖沙设施人身伤亡赔偿纠纷、船舶碰撞人身损害赔偿纠纷。

② 例如2005年的案由中，关于工伤事故纠纷，既有水上工伤事故损害赔偿纠纷，也有水上工伤事故赔偿纠纷，两者含义相同，但是用语不统一，造成同样案件不同案由的情况。

类型化程度不高。《民事案件案由规定》施行以后，案由的确定相对统一，主要采用三类：由船舶碰撞事故引起的人身伤亡案件定为船舶碰撞损害责任纠纷，基于劳动合同引起的船员工伤案件定为船员劳务合同纠纷，其余的人身伤亡案件定为海上人身损害赔偿纠纷。但是在实践中，仍然会出现案由不统一的现象，最突出的便是船员工伤案件，在是否构成工伤不确定的情况下，很难把握究竟是船员劳务合同纠纷还是海上人身损害赔偿纠纷。

（2）诉讼主体的确定存在争议。

从全院的审判实践来看，往往因为在确定诉讼主体时遇到一些问题，导致案件审理起来十分棘手。例如，受害人死亡时，继承人的顺序和范围由《中华人民共和国继承法》和《中华人民共和国婚姻法》确定，作为受害人继承人参加诉讼的原告也按《中华人民共和国继承法》规定的顺序列明。但在实践中，常常出现部分原告不愿参加诉讼的情况。在这种情况下，法院是否主动追加原告？如何追加原告？被告难确定的问题主要表现为侵权人在事故中下落不明，其继承人不愿宣告其死亡的情况。有人认为应由其他利害关系人先申请宣告死亡，然后对其继承人提起诉讼；有人则认为可将侵权人列为被告先行判决，执行时扣除其家庭成员的财产后先行支付。

（3）归责原则和承担责任的方式不够具体。

我国法律和司法解释对侵权行为的归责原则与责任方式作出了详细的规定，但存在一些冲突和矛盾。海上人身损害赔偿案件有其特殊性，在归责原则与责任方式上如何适用法律需要进一步明确。实践中，常常遇到以下两个典型问题：一个是工伤保险赔偿与人身损害赔偿竞合的问题。劳动者因第三人的侵权行为发生工伤事故，受到人身损害的，对用人单位请求工伤保险赔偿后，是否还有权向第三人主张人身损害赔偿？有观点认为，如果劳动者通过工伤保险已完全赔偿其损失，便不应向第三人主张侵权之诉。另一种观点认为，国家设立工伤保险制度的目的在于保障劳动者因工作遭受事故伤害或患职业病的职工获得医疗救济和经济补偿，即使用人单位已经给予劳动者工伤保险赔偿，也不能因此免除侵权人的赔偿责任。两种观点都有各自的道理，而法律并没有对这一问题的归责原则作出规定，实践中也无统一的标准。另一个是适用补偿责任原则的案件类型、依据和标准的问题。补偿责任原则的法律规定比较分散，适用上也不明确。从审判实践来看，主要有两类：一是雇佣关系中的船员在受雇期间因不明原因伤亡的，雇主承担补偿责任。二是合伙成员在从事合伙事务中发生伤亡，其他合伙人无过错的，承担补偿责任。但是补偿责任的具体标准和数额并没有明确的规定。

（4）损害赔偿的标准不统一。

尽管《最高人民法院关于审理人身损害赔偿案件适用法律若干问题的解释》第十七条至第三十五条对损害赔偿的认定标准和计算方法作出了相关规定，但在适用上仍然存在许多矛盾与空白。

关于医疗费的问题。大多数海上人身损害赔偿案件的被告都会对医疗费的必要性和合理性提出质疑，并要求原告提供医疗机构的处方、用药清单等证据。原告无法提供时，法院很难认定。另外，实践中还存在受害人没有必要的情况下选择到外地治疗，导致医疗费超出合理额度的情况。法院对于医疗费是否超出合理额度以及超出数额的认定也没有统一的标准。

关于误工费的问题。误工时间主要依据医疗机构出具的证明来认定。若出具的证明对病休时间的建议是非连续的，对间隔的时间是否计算在误工时间内，原被告双方的分歧较大。对于因伤致残的受害人，当医疗机构出具的病休证明时间与定残日不一致时，原被告双方对误工时间的分歧也很大。这些情况，法院在认定时都没有统一的标准。

关于护理费的问题。原被告双方对护理费的分歧主要表现为医院出具的收款凭证中已包含护理费项目时，原告是否有权另行请求护理费。另外，对于因伤致残的受害人，定残后如何确定护理费用，法律没有明确规定。

关于住宿费和伙食费的问题。《最高人民法院关于审理人身损害赔偿案件适用法律若干问题的解释》第二十三条第二款规定，受害人确有必要到外地治疗，因客观原因不能住院，受害人本人及其陪护人员实际发生的住宿费和伙食费，其合理部分应予赔偿。对于该规定中的“确有必要”“客观原因”和“合理部分”如何理解、举证和认定，在实践中也没有统一的标准。

关于营养费的问题。《最高人民法院关于审理人身损害赔偿案件适用法律若干问题的解释》第二十四条对营养费的规定不够具体，在实践中过于依靠自由裁量，没有统一的尺度。“医疗机构的意见”应由谁来出具？其证据效力如何？医院拒绝提供意见的情况下如何确定营养费？这些问题都需要进一步明确。

关于丧葬费的问题。对于受害人失踪后被宣告死亡，但尸体没有找到的情况，赔偿权利人是否可以主张丧葬费？一种观点认为尸体没有找到，便没有发生丧葬的事实，故无权请求丧葬费；另一种观点则认为根据风俗习惯，丧葬并不以找到尸体为必要条件，可以请求丧葬费。对此目前还没有统一的做法。

关于伤残鉴定的问题。在我国，不同的行政主管机关针对伤残人员身份或原因的不同，制定了多种不同的伤残鉴定标准，但在民事诉讼中，没有统一或制定的鉴定标准。当事人在诉讼时往往会选择较低的鉴定标准进行伤残评定，而该鉴定标准不一定符合索赔所需的要求，给案件审理增加了很大的难度。伤残鉴定费由谁承担也存在不同的意见，法院并无统一的标准。

关于被扶养人生活费的问题。成年被扶养人的范围限定为丧失劳动能力且无其他生活来源，“丧失劳动能力”如何认定在司法实践中存在分歧，关于年龄标准，主要有达到法定退休年龄和达到60周岁两种不同观点。而生活费标准中的居民消费支出究竟是按扶养人还是被扶养人认定，也没有统一的标准。

关于残疾赔偿金和死亡赔偿金计算标准的问题。人身损害赔偿计算标准分为城镇居民和农村居民两种，但实践中如何界定城镇居民和农村居民，并没有明确规定。另外，受害人户口所在地和经常居住地分别为农村和城镇时，按何种标准计算，也需要进一步明确。

关于精神损害抚慰金的问题。《最高人民法院关于确定民事侵权精神损害赔偿责任若干问题的解释》对精神损害抚慰金的法律适用作出了规定。精神损害赔偿的一个重要条件是“因侵权致人精神损害且造成严重后果”，但“造成严重后果”的认定并没有统一的标准。赔偿数额的确定因素虽然较为明确，但具体数额以及计算标准都没有规定。

三、如何审理海上人身损害赔偿案件的对策和建议

（一）加强对当事人的诉讼指引和风险告知

由于大多数海上人身损害赔偿纠纷的受害人为渔民、船员等，文化程度较低，法律意识薄弱，在诉前对其做好诉讼指引、法律释明和风险告知工作，可以减少其在案件审理过程中的困惑和不解，从而更配合法院进行诉讼活动，也更能接受最终的审理结果。

1. 指引原告选择最有利的受诉法院

对于多个法院都有管辖权的案件，法院在决定是否受理时，应综合考虑是否存在劳动合同关系、赔偿的计算标准、调查取证的难易程度、是否方便当事人诉讼等因素，指引原告到对其最为有利的法院起诉。

2. 引导原告选择合理诉因

海上人身损害事故存在侵权与合同竞合情形的，原告可以选择对其有利的诉因进行诉讼。法院在立案时应当对原告做好诉讼指引、法律释明和风险告知工作，引导其选择合理诉因。原告拒不选择的，按侵权案件处理。

3. 引导原告提出合理的诉讼请求

法院在审查原告起诉时，应初步审查其诉讼请求是否符合法律规定的赔偿范围，数额是否合理。对于超出赔偿范围或请求数额明显不合理的，法院应向其释明相关法律规定，并建议其调整诉讼请求。原告拒不调整、坚持起诉的，应告知其相应的诉讼风险，并做好笔录。

（二）明确法律适用，统一裁判尺度

1. 严格界定海上人身损害赔偿案件的受理范围

界定案件的受理范围是审理类型化案件的第一个步骤，也是关键的步骤。从海

上人身损害赔偿案件的定义，我们可以归纳出该类案件的外延，结合案由规定，我们认为，海上人身损害赔偿纠纷案件是指船舶在海上或通海水域航行、作业以及在港口作业过程中因受害人的生命、健康等权利受到损害所引起的海事赔偿纠纷案件，具体包括以下纠纷：

（1）船舶在海上或通海水域航行、作业（含捕捞作业）过程中发生碰撞而引起的人身损害赔偿纠纷；

（2）船舶触碰码头、设施等引起的人身损害赔偿纠纷；

（3）船舶建造、修理、拆解作业引起的人身损害赔偿纠纷；

（4）港口作业及建设工程引起的人身损害赔偿纠纷；

（5）其他因船舶在海上或通海水域航行、作业以及港口作业引起的人身损害赔偿纠纷。①

海上人身损害赔偿纠纷案件均按人身损害责任纠纷确定案由。

因工伤事故遭受人身损害，受害人或者其近亲属向法院起诉请求船东或者劳务派遣单位承担民事赔偿责任的，属于《工伤保险条例》调整的劳动关系和工伤保险范围，应当告知其按《工伤保险条例》的规定处理，不属于海上人身损害赔偿纠纷。

2. 明确各类海上人身损害赔偿案件的诉讼主体

（1）关于原告。

海上人身损害赔偿案件的原告即“赔偿权利人”，包括在上述所列纠纷中遭受人身损害的受害人、依法由受害人承担扶养义务的被扶养人以及死亡受害人的近亲属。

受害人死亡的，依其法定继承顺序确定原告。应当参加诉讼的法定继承人未参加诉讼的，法院应当通知其参加诉讼。已明确表示放弃实体权利的，可不予追加；既不愿意参加诉讼，又不放弃实体权利的，仍应追加为共同原告，其不参加诉讼不影响法院对案件的审理和依法作出裁判。

受害人在海难事故中下落不明，经有关机关证明该受害人不可能生存的，应当按照《中华人民共和国民事诉讼法》第一百八十四条第一款和《中华人民共和国海事诉讼特别程序法》第九条的规定宣告死亡。未经宣告死亡的，相应的海上人身损害赔偿纠纷不予受理。

（2）关于被告。

海上人身损害赔偿纠纷案件的被告即“赔偿义务人”，是指因自己或者他人的海上侵权行为以及其他致害原因依法应当承担民事责任的自然人、法人或者其他

---

① 第（3）、（4）、（5）项参照《最高人民法院民事案件案由规定理解与适用》第317页关于确定“海上、通海水域人身损害责任纠纷”案由应当注意的问题。

组织。

为作为船舶所有人或船舶经营人的自然人提供劳务而遭受海上人身损害的，应当将该自然人列为被告；损害是因第三人造成的，应当将该第三人列为被告；损害是因上述自然人与第三人共同造成的，可以将该自然人与该第三人列为共同被告。

因在挂靠经营的船舶发生人身损害事故而起诉船舶实际所有人的，可以将该船舶的被挂靠企业列为共同被告。

侵权人在海事事故中死亡的，应当将其财产继承人列为被告；部分财产继承人放弃继承的，不列为共同被告；所有继承人均放弃继承或没有继承人的，应当将其财产保管人列为被告。

侵权人在海难事故中下落不明，经有关机关证明该公民不可能生存的，应当指引利害关系人按照《中华人民共和国民事诉讼法》第一百八十四条第一款和《中华人民共和国海事诉讼特别程序法》第九条的规定申请宣告死亡。如利害关系人均不申请宣告死亡的，对受害人提起的海上人身损害赔偿纠纷应当予以受理。

3. 细化归责原则和承担责任的方式

涉及海船的船舶碰撞造成人身损害，适用《中华人民共和国海商法》确定责任，即由于一船过失造成的，由有过失的船舶承担赔偿责任；碰撞船舶互有过失的，各船舶负连带赔偿责任。一船连带支付的赔偿超过《中华人民共和国海商法》第一百六十九条规定的比例的，有权向其他有过失的船舶追偿。

不涉及海船的船舶碰撞造成人身损害，不适用《中华人民共和国海商法》，适用《中华人民共和国侵权责任法》。

因船舶营运中的侵权行为造成他人人身损害的，船东承担赔偿责任。由劳务派遣单位派遣到船上工作的船员在船上工作期间造成他人损害的，由接受劳务派遣的船东承担侵权责任；劳务派遣单位有过错的，承担相应的补充责任。

为作为船舶所有人或船舶经营人的自然人提供劳务而造成他人损害的，由接受劳务一方的该自然人承担侵权责任。提供劳务一方因劳务自己受到损害的，根据双方各自的过错承担相应的责任。

非从事海上旅客运输的承运人擅自载客造成人身伤亡，以合同起诉的，按无效海上旅客运输合同处理；以侵权起诉的，按侵权法律关系处理。

4. 准确限定损害赔偿的范围

损害赔偿的范围依照《中华人民共和国侵权责任法》第十六条、《最高人民法院关于审理人身损害赔偿案件适用法律若干问题的解释》第十七条和第十八条的规定确定。

因工伤事故遭受人身损害的受害人依据《工伤保险条例》在工伤保险范围内得

到赔偿后，向造成其损害的第三人主张侵权赔偿责任的，应当予以支持。

工伤保险经办机构依据《工伤保险条例》已向受害人进行赔付的，用人单位再向负有侵权责任的第三人追偿的，不予支持。应当参加工伤保险而未依法参加的用人单位，依据《工伤保险条例》向受害人进行赔付后，再向负有侵权责任的第三人追偿的，不予支持。

5. 统一损害赔偿的认定标准

损害赔偿的认定标准和计算方法依照《最高人民法院关于审理人身损害赔偿案件适用法律若干问题的解释》第十七条至第三十五条的规定确定。

（1）医疗费。

医疗费根据医疗机构出具的医药费、住院费等收款凭证，结合病历和诊断证明等相关证据确定。赔偿权利人应在起诉时向法院提交上述证据，因特殊原因无法提交的，法院应出具补充诉讼材料通知书，指引当事人向医疗机构调取。

医疗费以受害人遭受人身损害而就医治疗的费用为限，治疗与遭受人身损害无关的伤病所产生的医疗费，不予赔偿。受害人因遭受人身损害引起其他伤病复发或诱发其他伤病而就医治疗的，应当先由专业部门进行鉴定，根据鉴定结果以及侵权行为与损害结果之间的因果关系确定是否予以赔偿。

医疗费应计算至受害人伤病治愈，对于受害人治愈后仍继续进行不必要的诊治而产生的医疗费，不予赔偿。受害人是否治愈，应当根据医疗机构的诊断证明或法医鉴定结论认定。

受害人在治疗过程中转院的，应提供原诊医院的转院建议。擅自转院导致医疗费用超出合理额度的，超出部分不予赔偿。对于该部分医疗费用的数额，应当结合现有证据综合认定；确实无法认定的，在合理范围内适当扣除部分医疗费。

赔偿义务人对治疗的必要性和合理性有异议的，应当承担相应的举证责任。

（2）误工费。

误工费根据受害人的误工时间和收入状况确定。受害人在误工期间仍有收入来源的，在计算误工费时应对该部分收入予以扣减。

误工时间根据受害人接受治疗的医疗机构出具的证明确定。经证明的误工时间不合理的，法院可以根据公安部《人体损伤医疗时限参考标准》予以调整。

受害人因伤致残持续误工的，误工时间可以计算至定残日前一天。有证据证明受害人故意拖延定残时间的，法院可以对误工时间进行调整。确因受害人的原因在出院后迟延进行伤残鉴定的，其误工时间应酌定为出院后一至两个月，最长不宜超过三个月。

对于因误工导致的收入减少，赔偿权利人应当承担相应的举证责任。受害人为高收入人群的，应提交最近三年的完税证明。受害人单位出具收入证明的，还须提供工资收入是否存在扣发情况的证据。受害人已超过法定退休年龄的，其误工费应当根据实际发放的工资收入酌情确定。受害人无固定收入且不能举证证明其最近三年平均收入状况的，其误工费参照广东省相同或相近行业上一年度职工的平均工资计算。

（3）护理费。

护理费根据护理人员的收入状况和护理人数、护理期限确定。医疗机构出具的收款凭证中包含护理费项目的，应当列入医疗费，不作为护理费予以认定。

护理期限一般计算至受害人出院之日，出院后需要继续护理的，赔偿权利人应当提供医疗机构出具的需护证明。

护理人员有收入的，护理费参照误工费的规定计算；护理人员收入过高的，法院可以参照当地护工从事同等级别护理的劳务报酬标准予以调整。

（4）交通费和伙食费。

交通费根据受害人及其必要的陪护人员因就医或者转院治疗实际发生的费用计算。交通费应当以正式票据为凭；有关凭据应当与就医地点、时间、人数、次数相符合。

受害人死亡的，其亲属为办理丧葬事宜支出的交通费，也应当以正式票据为凭；办理丧葬事宜亲属人数过多、时间过长的，应当予以调整。

住院伙食补助费按广东省国家机关一般工作人员的出差伙食补助标准计算。

受害人确有必要到外地治疗的，须提供原诊医院的转院建议；未能提供原诊医院的转院建议擅自转院的，因此增加的交通费、住宿费和伙食费不予支持。

（5）营养费。

受害人按照医疗机构的要求购买营养品实际支出的营养费，赔偿权利人应当提供医疗机构出具的证明。提供证据的，应当予以赔偿；无法提供的，法院根据受害人的病情确定。出院后的营养费根据医嘱确定，医嘱未注明需要购买营养品的，营养费不予支持。

（6）残疾赔偿金。

残疾赔偿金的计算公式如下：

60 周岁以下的残疾赔偿金 = 伤残等级（一级伤残按 100% 计算，伤残每低一级减 10%）× 广东省上一年度城镇居民人均可支配收入或农村居民人均纯收入 ×20 年

60 周岁以上的残疾赔偿金 = 伤残等级（一级伤残按 100% 计算，伤残每低一级减 10%）× 广东省上一年度城镇居民人均可支配收入或农村居民人均纯收入 × ［20 年 –（实际年龄 –60 周岁）］

75 周岁以上的残疾赔偿金 = 伤残等级（一级伤残按 100% 计算，伤残每低一级减 10%）× 广东省上一年度城镇居民人均可支配收入或农村居民人均纯收入 ×5 年

上述公式关于年龄的确定均计算至日。

伤残等级鉴定应参照《道路交通事故受伤人员伤残评定》的标准进行。

残疾赔偿金数额的计算标准根据受害人的户籍类型确定。受害人的户口在农村，但有证据证明发生海上人身伤亡事故时已在城镇连续居住一年以上、且有固定收入的，在计算赔偿数额时按城镇居民的标准对待。

（7）残疾辅助器具费。

残疾辅助器具费按照普通适用器具的合理费用标准计算。伤情有特殊需要的，可以参照辅助器具配制机构的意见确定相应的合理费用标准。辅助器具的更换周期和赔偿期限参照配制机构的意见确定。

（8）丧葬费。

丧葬费按照广东省上一年度职工月平均工资标准，以六个月总额计算。

受害人失踪后被宣告死亡，但尸体没有找到的，赔偿权利人可根据当地风俗习惯请求丧葬费。

（9）死亡赔偿金。

死亡赔偿金的计算公式如下：

60周岁以下的死亡赔偿金 = 广东省上一年度城镇居民人均可支配收入或农村居民人均纯收入 ×20年

60周岁以上的死亡赔偿金 = 广东省上一年度城镇居民人均可支配收入或农村居民人均纯收入 ×［20年 －（实际年龄 －60周岁）］

75周岁以上的死亡赔偿金 = 广东省上一年度城镇居民人均可支配收入或农村居民人均纯收入 ×5年

上述公式关于年龄的确定均计算至日。

死亡赔偿金数额的计算标准根据受害人的户籍类型确定。受害人的户口在农村，但有证据证明发生海上人身伤亡事故时已在城镇连续居住一年以上、且有固定收入的，在计算赔偿数额时按城镇居民的标准对待。

因同一海事事故造成多人死亡的，可以以相同数额确定死亡赔偿金，原则上就高不就低，按照个体赔偿数额较高的标准确定死亡赔偿金数额。

（10）被扶养人生活费。

受害人因伤致残的，被扶养人生活费根据受害人丧失劳动能力程度或者伤残等级，按照广东省上一年度城镇居民人均消费性支出或农村居民人均年生活消费支出标准计算，具体计算公式如下：

未成年被扶养人生活费 = 受害人伤残等级（一级伤残按100%计算，伤残每低一级减10%）× 广东省上一年度城镇居民人均消费性支出或农村居民人均年生活消费支出 ×（18周岁 － 实际年龄）

成年被扶养人生活费 = 受害人伤残等级（一级伤残按 100% 计算，伤残每低一级减 10%）× 广东省上一年度城镇居民人均消费性支出或农村居民人均年生活消费支出 ×20 年

60 周岁以上被扶养人生活费 = 受害人伤残等级（一级伤残按 100% 计算，伤残每低一级减 10%）× 广东省上一年度城镇居民人均消费性支出或农村居民人均年生活消费支出 × ［20 年 –（实际年龄 –60 周岁）］

75 周岁以上被扶养人生活费 = 受害人伤残等级（一级伤残按 100% 计算，伤残每低一级减 10%）× 广东省上一年度城镇居民人均消费性支出或农村居民人均年生活消费支出 ×5 年

受害人死亡的，被扶养人生活费参照上述公式计算，受害人伤残等级不计入在内。

上述公式关于年龄的确定均计算至日。

被扶养人生活费的计算标准按照受害人的户籍类型确定。被扶养人生活费数额的计算标准根据被扶养人的户口所在地确定。

被扶养人有数人的，年赔偿总额累计不超过上一年度城镇居民人均消费性支出额或者农村居民人均年生活消费支出额。

受害人的成年近亲属达到法定退休年龄的，视为丧失劳动能力；没有证据证明有其他生活来源的，应当认定为受害人的被扶养人。未达到法定退休年龄的成年近亲属主张被扶养人生活费的，应当向法院提交丧失劳动能力且无其他生活来源的证据。

被扶养人生活费应当计入受害人的残疾赔偿金或死亡赔偿金。

（11）精神损害抚慰金。

因侵权行为致人残疾或者死亡的，视为致人精神损害且造成严重后果，受害人或者死者近亲属在请求残疾赔偿金或者死亡赔偿金的同时一并请求赔偿精神损害抚慰金的，法院应当支持。对于其他损害情形是否致人精神损害且造成严重后果，法院应根据实际情况从严把握。

精神损害抚慰金应当根据以下因素确定合理的赔偿数额：①能否对受害人或者死者近亲属所受的精神损害起到实际抚慰作用；②能否对侵权人起到制裁作用；③能否对社会产生警示和引导作用；④考虑赔偿义务人的实际给付能力；⑤考虑我省的平均生活水平。原则上限于五级以上伤残并依伤残等级计算赔偿数额，赔偿数额随伤残等级的增加而递增，一般每级不超过 1 万元，多级伤残的按最高伤残等级计算，最高一般不超过 5 万元；受害人死亡的，一般不超过 5 万元。

（12）其他。

为自然人所有或经营的船舶提供劳务而受到人身损害，该自然人无过错的，赔偿权利人可向该自然人主张一定的经济补偿，补偿的范围为医疗费或适当的死亡补

偿费，一般不超过5万元。

合伙成员为合伙人的共同利益在经济活动中遭受伤害或不慎死亡的，受害人或死者近亲属可向其他合伙人主张一定的经济补偿，补偿费用一般不超过5万元。[①]

赔偿义务人先行垫付医疗费等部分费用的，赔偿权利人不得再主张对垫付费用的赔偿请求。

6. 确定各类案件的时效

因涉及海船的船舶碰撞造成人身损害要求赔偿的请求权，时效期间为二年，自碰撞事故发生之日起计算。

因海上旅客运输造成人身损害要求赔偿的请求权，时效期间为二年，自旅客离船或者应当离船之日起计算；有关旅客死亡的请求权，发生在运送期间的，自旅客应当离船之日起计算；因运送期间内的伤害而导致旅客离船后死亡的，自旅客死亡之日起计算，但是此期限自离船之日起不得超过三年。

因其他海事事故造成人身损害要求赔偿的请求权，时效期间为一年。伤害明显的，从受伤害之日起算；伤害当时未发现，后经检查确诊并能证明是由海事事故造成的，从确诊之日起算；受伤后死亡的，从死亡之日起算。

海上人身损害赔偿案件虽然数量不多，但案件敏感度较高，涉及的案件类型范围广，法律关系复杂，在审理时亦存在法律适用不明晰、裁判尺度不统一等问题。本调研报告在剖析问题和总结经验的基础上，提出了一些浅显的建议，希望能够起到抛砖引玉的作用，促进全院尽快形成审理海上人身损害赔偿案件的统一标准和原则。

---

① 参照《最高人民法院关于个人合伙成员在从事经营活动中不慎死亡其他成员应否承担民事责任问题的批复》。

关于审理海上人身损害赔偿纠纷案件若干问题的意见

（课题组建议稿）

为依法规范和统一审判标准和尺度，实现类型化案件的要素式审判，提高当事人对裁判结果的预期，更加便利当事人进行诉讼，根据相关法律、法规和最高人民法院的有关司法解释，结合审判实践，对广州海事法院审理海上人身损害赔偿案提出以下意见：

一、案件范围

1. 本意见所称的“海上人身损害赔偿纠纷案件”，是指船舶在海上或通海水域航行、作业以及在港口作业过程中因受害人的生命、健康等权利受到侵害所引起的海事赔偿纠纷案件，具体包括以下纠纷：

（1）船舶在海上或通海水域航行、作业（含捕捞作业）过程中发生碰撞而引起的人身损害赔偿纠纷；

（2）船舶触碰码头、设施等引起的人身损害赔偿纠纷；

（3）船舶建造、修理、拆解作业引起的人身损害赔偿纠纷；

（4）港口作业及建设工程引起的人身损害赔偿纠纷；

（5）其他因船舶在海上或通海水域航行、作业以及港口作业引起的人身损害赔偿纠纷。

2. 海上人身损害赔偿纠纷案件均按人身损害责任纠纷确定案由。

3. 因工伤事故遭受人身损害，受害人或者其近亲属向广州海事法院起诉请求船东或者劳务派遣单位承担民事赔偿责任的，属于《工伤保险条例》调整的劳动关系和工伤保险范围，应当告知其按《工伤保险条例》的规定处理，不属于海上人身损害赔偿纠纷。

二、诉讼主体

（一）原告

4. 海上人身损害赔偿纠纷案件的原告即“赔偿权利人”，指本意见第 1 条所列纠纷中遭受人身损害的受害人、依法由受害人承担扶养义务的被扶养人以及死亡受害人的近亲属。

5. 受害人死亡的，依其法定继承顺序确定原告。应当参加诉讼的继承人未参加诉讼的，法院应当通知其参加诉讼。已明确表示放弃实体权利的，可不予追加；既不愿意参加诉讼，又不放弃实体权利的，仍应当追加为共同原告，其不参加诉讼不影响法院对案件的审理和依法作出裁判。

6. 受害人在海难事故中下落不明，经有关机关证明该受害人不可能生存的，应当按照《中华人民共和国民事诉讼法》第一百八十四条第一款和《中华人民共和国海事诉讼特别程序法》第九条的规定宣告死亡。未经宣告死亡的，相应的海上人身损害赔偿纠纷不予受理。

（二）被告

7. 海上人身损害赔偿纠纷案件的被告即“赔偿义务人”，指本意见第 1 条所列纠纷中因自己或者他人的海上侵权行为以及其他致害原因依法应当承担民事责任的自然人、法人或者其他组织。

8. 为作为船舶所有人或船舶经营人的自然人提供劳务而遭受海上人身损害的，应当将该自然人列为被告；损害是因第三人造成的，应当将该第三人列为被告；损害是因上述自然人与第三人共同造成的，可以将该自然人与该第三人列为共同被告。

9. 因在挂靠经营的船舶发生人身损害事故而起诉船舶实际所有人的，可以将该船舶的被挂靠企业列为共同被告。

10. 侵权人在海事事故中死亡的，应当将其财产继承人列为被告；部分财产继承人放弃继承的，不列为共同被告；所有继承人均放弃继承或没有继承人的，应当将其财产保管人列为被告。

受遗赠的参照前款执行。

11. 侵权人在海难事故中下落不明，经有关机关证明该公民不可能生存的，应当指引利害关系人按照《中华人民共和国民事诉讼法》第一百八十四条第一款和《中华人民共和国海事诉讼特别程序法》第九条的规定申请宣告死亡。如利害关系人均不申请宣告死亡的，对受害人提起的海上人身损害赔偿纠纷应当予以受理。

三、归责原则和承担责任的方式

12. 涉及海船的船舶碰撞造成人身损害，适用《中华人民共和国海商法》确定责任，即由于一船过失造成的，由有过失的船舶承担赔偿责任；碰撞船舶互有过失的，各船舶负连带赔偿责任。一船连带支付的赔偿超过《中华人民共和国海商法》第一百六十九条规定的比例的，有权向其他有过失的船舶追偿。

不涉及海船的船舶碰撞造成人身损害，不适用《中华人民共和国海商法》，适用《中华人民共和国侵权责任法》。

13. 二人以上实施危及他人人身安全的行为，其中一人或者数人的行为造成他人人身损害，能够确定具体侵权人的，由侵权人承担责任；不能确定具体侵权人的，行为人承担连带责任。

14. 二人以上分别实施侵权行为造成同一损害，每个人的侵权行为都足以造成全部损害的，行为人承担连带责任。

15. 二人以上分别实施侵权行为造成同一损害，能够确定责任大小的，各自承担相应的责任；难以确定责任大小的，平均承担赔偿责任。

16. 受害人对损害的发生也有过错的，可以减轻侵权人的责任。受害人和侵权人对损害的发生都没有过错的，可以根据实际情况由双方分担损失。

17. 因不可抗力造成他人损害的，不承担责任。

18. 由劳务派遣单位派遣到船上工作的船员在船上工作期间造成他人损害的，由接受劳务派遣的船东承担侵权责任；劳务派遣单位有过错的，承担相应的补充责任。

19. 为作为船舶所有人或船舶经营人的自然人提供劳务而造成他人损害的，由接受劳务一方的该自然人承担侵权责任。提供劳务一方因劳务自己受到损害的，根据双方各自的过错承担相应的责任。

20. 非从事海上旅客运输的承运人擅自载客造成人身伤亡，以合同起诉的，按无效海上旅客运输合同处理；以侵权起诉的，按侵权法律关系处理。

21. 承担侵权责任的方式主要有：（1）停止侵害；（2）排除妨碍；（3）消除危险；（4）赔偿损失；（5）赔礼道歉；（6）消除影响、恢复名誉。以上承担侵权责任的方式，可以单独适用，也可以合并适用。

四、损害赔偿范围

22. 损害赔偿的范围依照《中华人民共和国侵权责任法》第十六条、《最高人民法院关于审理人身损害赔偿案件适用法律若干问题的解释》第十七条和第十八条的规定确定。

23. 因工伤事故遭受人身损害的受害人依据《工伤保险条例》在工伤保险范围内得到赔偿后，向造成其损害的第三人主张侵权赔偿责任的，应当予以支持。

24. 工伤保险经办机构依据《工伤保险条例》已向受害人进行赔付的，用人单位再向负有侵权责任的第三人追偿的，不予支持。应当参加工伤保险而未依法参加的用人单位，依据《工伤保险条例》向受害人进行赔付后，再向负有侵权责任的第三人追偿的，不予支持。

25. 受害人因伤致残而申请伤残鉴定的费用，赔偿义务人应当予以赔偿。

五、损害赔偿标准

26. 损害赔偿的认定标准和计算方法依照《最高人民法院关于审理人身损害赔偿案件适用法律若干问题的解释》第十七条至第三十五条的规定确定。

（一）医疗费

27. 医疗费根据医疗机构出具的医药费、住院费等收款凭证，结合病历和诊断证明等相关证据确定。赔偿权利人应当在起诉时向法院提交上述证据，因特殊原因无法提交的，法院应当出具补充诉讼材料通知书，指引当事人向医疗机构调取。

28. 医疗费以受害人遭受人身损害而就医治疗的费用为限，治疗与遭受人身损害无关的伤病所产生的医疗费，不予赔偿。受害人因遭受人身损害引起其他伤病复发或诱发其他伤病而就医治疗的，应当先由专业部门进行鉴定，根据鉴定结果以及侵权行为与损害结果之间的因果关系确定是否予以赔偿。

29. 医疗费应当计算至受害人伤病治愈，对于受害人治愈后仍继续进行不必要的诊治而产生的医疗费，不予赔偿。受害人是否治愈，应当根据医疗机构的诊断证明或法医鉴定结论认定。

30. 受害人在治疗过程中转院的，应当提供原诊医院的转院建议。擅自转院导致医疗费用超出合理额度的，超出部分不予赔偿。对于该部分医疗费用的数额，应当结合现有证据综合认定；确实无法认定的，在合理范围内适当扣除部分医疗费。

31. 赔偿义务人对治疗的必要性和合理性有异议的，应当承担相应的举证责任。

（二）误工费

32. 误工费根据受害人的误工时间和收入状况确定。受害人在误工期间仍有收入来源的，在计算误工费时应对该部分收入予以扣减。

33. 误工时间根据受害人接受治疗的医疗机构出具的证明确定。经证明的误工时间不合理的，法院可以根据公安部《人体损伤医疗时限参考标准》予以调整。

34. 受害人因伤致残持续误工的，误工时间可以计算至定残日前一天。有证据证明受害人故意拖延定残时间的，法院可以对误工时间进行调整。确因受害人的原因在出院后迟延进行伤残鉴定的，其误工时间应当酌定为出院后一至两个月，最长不宜超过三个月。

35. 对于因误工导致的收入减少，赔偿权利人应当承担相应的举证责任。受害人为高收入人群的，应当提交最近三年的完税证明（或其他能够证明收入的证据）。受害人单位出具收入证明的，还须提供工资收入是否存在扣发情况的证据。受害人已超过法定退休年龄的，其误工费应当根据实际发放的工资收入酌情确定。受害人无固定收入且不能举证证明其最近三年平均收入状况的，其误工费参照广东省相同或相近行业上一年度职工的平均工资计算。

（三）护理费

36. 护理费根据护理人员的收入状况和护理人数、护理期限确定。医疗机构出具的收款凭证中包含护理费项目的，应当列入医疗费，不作为护理费予以认定。

37. 护理期限一般计算至受害人出院之日，出院后需要继续护理的，赔偿权利人应当提供医疗机构出具的需护证明。

38. 护理人员有收入的，护理费参照误工费的规定计算；护理人员收入过高的，法院可以参照当地护工从事同等级别护理的劳务报酬标准予以调整。

（四）交通费、住宿费和住院伙食补助费

39. 交通费根据受害人及其必要的陪护人员因就医或者转院治疗实际发生的费用计算。交通费应当以正式票据为凭；有关凭据应当与就医地点、时间、人数、次数相符合。

40. 受害人死亡的，其亲属为办理丧葬事宜支出的交通费，也应当以正式票据为凭；办理丧葬事宜的亲属人数过多、时间过长的，应当予以调整。

41. 住院伙食补助费按广东省国家机关一般工作人员的出差伙食补助标准计算。

42. 受害人确有必要到外地治疗的，须提供原诊医院的转院建议；未能提供原诊医院的转院建议擅自转院的，因此增加的交通费、住宿费和伙食费一般不予支持。

（五）营养费

43. 受害人按照医疗机构的要求购买营养品实际支出的营养费，赔偿权利人应当提供医疗机构出具的证明。提供证据的，应当予以赔偿；无法提供的，法院根据受害人的病情确定。出院后的营养费根据医嘱确定，医嘱未注明需要购买营养品的，营养费不予支持。

（六）残疾赔偿金

44. 残疾赔偿金的计算公式如下：

60 周岁以下的残疾赔偿金 = 伤残等级（一级伤残按 100% 计算，伤残每低一级

减10%）×广东省上一年度城镇居民人均可支配收入或农村居民人均纯收入×20年

60周岁以上的残疾赔偿金=伤残等级（一级伤残按100%计算，伤残每低一级减10%）×广东省上一年度城镇居民人均可支配收入或农村居民人均纯收入×［20年－（实际年龄－60周岁）］

75周岁以上的残疾赔偿金=伤残等级（一级伤残按100%计算，伤残每低一级减10%）×广东省上一年度城镇居民人均可支配收入或农村居民人均纯收入×5年

上述公式关于年龄的确定均计算至日。

45. 伤残等级鉴定应当参照《道路交通事故受伤人员伤残评定》的标准进行。

46. 残疾赔偿金数额的计算标准根据受害人的户籍类型确定。受害人的户口在农村，但有证据证明发生海上人身伤亡事故时已在城镇连续居住一年以上、且有固定收入的，在计算赔偿数额时按城镇居民的标准对待。

（七）残疾辅助器具费

47. 残疾辅助器具费按照普通适用器具的合理费用标准计算。伤情有特殊需要的，可以参照辅助器具配制机构的意见确定相应的合理费用标准。

48. 辅助器具的更换周期和赔偿期限参照配制机构的意见确定。

（八）丧葬费

49. 丧葬费按照广东省上一年度职工月平均工资标准，以六个月总额计算。

50. 受害人失踪后被宣告死亡，但尸体没有找到的，赔偿权利人可根据当地风俗习惯请求丧葬费，丧葬费标准根据第49条确定。

（九）死亡赔偿金

51. 死亡赔偿金的计算公式如下：

60周岁以下的死亡赔偿金=广东省上一年度城镇居民人均可支配收入或农村居民人均纯收入×20年

60周岁以上的死亡赔偿金=广东省上一年度城镇居民人均可支配收入或农村居民人均纯收入×［20年－（实际年龄－60周岁）］

75周岁以上的死亡赔偿金=广东省上一年度城镇居民人均可支配收入或农村居民人均纯收入×5年

上述公式关于年龄的确定均计算至日。

52. 死亡赔偿金数额的计算标准根据受害人的户籍类型确定。受害人的户口在农村，但有证据证明发生海上人身伤亡事故时已在城镇连续居住一年以上、且有固定收入的，在计算赔偿数额时按城镇居民的标准对待。

53. 因同一海事事故造成多人死亡的，可以以相同数额确定死亡赔偿金，原则上就高不就低，按照个体赔偿数额较高的标准确定死亡赔偿金数额。

（十）被扶养人生活费

54. 受害人因伤致残的，被扶养人生活费根据受害人丧失劳动能力程度或者伤残等级，按照广东省上一年度城镇居民人均消费性支出或农村居民人均年生活消费支出标准计算，具体计算公式如下：

未成年被扶养人生活费 = 受害人伤残等级（一级伤残按100%计算，伤残每低一级减10%）×广东省上一年度城镇居民人均消费性支出或农村居民人均年生活消费支出×（18周岁 - 实际年龄）

成年被扶养人生活费 = 受害人伤残等级（一级伤残按100%计算，伤残每低一级减10%）×广东省上一年度城镇居民人均消费性支出或农村居民人均年生活消费支出×20年

60周岁以上被扶养人生活费 = 受害人伤残等级（一级伤残按100%计算，伤残每低一级减10%）×广东省上一年度城镇居民人均消费性支出或农村居民人均年生活消费支出×［20年 - （实际年龄 - 60周岁）］

75周岁以上被扶养人生活费 = 受害人伤残等级（一级伤残按100%计算，伤残每低一级减10%）×广东省上一年度城镇居民人均消费性支出或农村居民人均年生活消费支出×5年

受害人死亡的，被扶养人生活费参照上述公式计算，受害人伤残等级不计入在内。

上述公式关于年龄的确定均计算至日。

55. 被扶养人生活费的计算标准按照受害人的户籍类型确定。

56. 被扶养人有数人的，年赔偿总额累计不超过上一年度城镇居民人均消费性支出额或者农村居民人均年生活消费支出额。

57. 受害人的成年近亲属达到法定退休年龄的，视为丧失劳动能力；没有证据证明有其他生活来源的，应当认定为受害人的被扶养人。未达到法定退休年龄的成年近亲属主张被扶养人生活费的，应当向法院提交丧失劳动能力且无其他生活来源的证据。

58. 被扶养人生活费应当计入受害人的残疾赔偿金或死亡赔偿金。

（十一）精神损害抚慰金

59. 因侵权行为致人残疾或者死亡的，视为致人精神损害且造成严重后果，受害人或者死者近亲属在请求残疾赔偿金或者死亡赔偿金的同时一并请求赔偿精神损害抚慰金的，法院应当支持。对于其他损害情形是否致人精神损害且造成严重后果，法院应当根据实际情况从严把握。

60. 精神损害抚慰金应当根据以下因素确定合理的赔偿数额：（1）能否对受害

人或者死者近亲属所受的精神损害起到实际抚慰作用；（2）能否对侵权人起到制裁作用；（3）能否对社会产生警示和引导作用；（4）考虑赔偿义务人的实际给付能力；（5）考虑我省的平均生活水平。原则上限于五级以上伤残并依伤残等级计算赔偿数额，赔偿数额随伤残等级的增加而递增，一般每级不超过1万元，多级伤残的按最高伤残等级计算，最高一般不超过5万元；受害人死亡的，一般不超过5万元。

（十二）其他

61. 为自然人所有或经营的船舶提供劳务而受到人身损害，该自然人无过错的，赔偿权利人可向该自然人主张一定的经济补偿，补偿的范围为医疗费或适当的死亡补偿费，一般不超过5万元。

62. 合伙成员为合伙人的共同利益在经济活动中遭受伤害或不慎死亡的，受害人或死者近亲属可向其他合伙人主张一定的经济补偿，补偿费用一般不超过5万元。

63. 赔偿义务人先行垫付医疗费等部分费用的，赔偿权利人不得再主张对垫付费用的赔偿请求。

六、时效

64. 因涉及海船的船舶碰撞造成人身损害要求赔偿的请求权，时效期间为二年，自碰撞事故发生之日起计算。

65. 因海上旅客运输造成人身损害要求赔偿的请求权，时效期间为二年，自旅客离船或者应当离船之日起计算；有关旅客死亡的请求权，发生在运送期间的，自旅客应当离船之日起计算；因运送期间内的伤害而导致旅客离船后死亡的，自旅客死亡之日起计算，但是此期限自离船之日起不得超过三年。

66. 因其他海事事故造成人身损害要求赔偿的请求权，时效期间为一年。伤害明显的，从受伤害之日起算；伤害当时未发现，后经检查确诊并能证明是由海事事故造成的，从确诊之日起算；受伤后死亡的，从死亡之日起算。

七、其他

67. 海上人身损害事故存在侵权与合同竞合情形的，原告可以选择对其有利的诉因进行诉讼。法院在立案时应当对原告做好诉讼指引、法律释明和风险告知工作，引导其选择合理诉因，原告拒不选择的，按侵权案件处理。

68. 对于多个法院都有管辖权的案件，法院在决定是否受理时，应当综合考虑是否存在劳动合同关系、赔偿的计算标准、调查取证的难易程度、是否方便当事人诉讼等因素，指引原告到对其最为有利的法院起诉。

69. 法院在审查原告起诉时，应当严格审查其诉讼请求是否符合法律规定的赔偿范围，数额是否合理。对于超出赔偿范围或请求数额明显不合理的，法院应当向其释明相关法律规定，并建议其调整诉讼请求。原告拒不调整、坚持起诉的，应当告知其相应的诉讼风险，并做好笔录。

70. 审理因船舶碰撞造成的国内海上人身损害赔偿案件，应当在立案之日起六个月内审结，适用简易程序审理的，应当在立案之日起三个月内审结。

71. 本意见在实施过程中，如发现与法律法规、司法解释和上级法院的意见相冲突的，以后者为准。

72. 本意见由广州海事法院审判委员会负责解释。

海上人身损害赔偿纠纷案件要素表

表格说明：（1）由原告如实填写，承办法官参照表格内容审理案件。

（2）表格中有“证据编号”的项目须附证据，并将证据进行编号。

表格一：受害人信息

受伤□　　残疾□　　死亡□

<table>
<tr><td rowspan="3">身份</td><td colspan="3">船舶所有人□</td><td colspan="3">船舶经营人□</td><td colspan="2">船员□</td></tr>
<tr><td colspan="3">旅客□</td><td colspan="3">个人雇工□</td><td colspan="2"></td></tr>
<tr><td colspan="8">其他身份□
详细：</td></tr>
<tr><td rowspan="11">人口信息</td><td colspan="2">姓名</td><td>年龄</td><td>出生日期</td><td>婚否</td><td colspan="3">身份证号</td></tr>
<tr><td colspan="2"></td><td></td><td></td><td></td><td colspan="3"></td></tr>
<tr><td colspan="2">户籍类型</td><td>户籍所在地</td><td>经常居住地</td><td>联系方式</td><td colspan="3">详细住址</td></tr>
<tr><td colspan="2">城镇□
农村□</td><td></td><td></td><td></td><td colspan="3"></td></tr>
<tr><td colspan="8">家庭成员关系（直系亲属及其他被扶养人）</td></tr>
<tr><td>关系</td><td>姓名</td><td>年龄</td><td>出生年月</td><td>居住地址</td><td>联系电话</td><td>工作情况</td><td>是否丧失劳动能力</td></tr>
<tr><td></td><td></td><td></td><td></td><td></td><td></td><td></td><td></td></tr>
<tr><td></td><td></td><td></td><td></td><td></td><td></td><td></td><td></td></tr>
<tr><td></td><td></td><td></td><td></td><td></td><td></td><td></td><td></td></tr>
<tr><td></td><td></td><td></td><td></td><td></td><td></td><td></td><td></td></tr>
<tr><td></td><td></td><td></td><td></td><td></td><td></td><td></td><td></td></tr>
</table>

续表

<table>
<tr><td rowspan="6">伤残情况</td><td colspan="8">受伤□
具体伤情：</td></tr>
<tr><td rowspan="5">残疾□</td><td rowspan="3">是否申请伤残鉴定</td><td rowspan="2">是□</td><td colspan="3">鉴定机构</td><td colspan="2">费用</td></tr>
<tr><td colspan="3"></td><td colspan="2"></td></tr>
<tr><td>否□</td><td colspan="5">请先进行伤残鉴定后起诉</td></tr>
<tr><td rowspan="2">伤残等级</td><td>一级□</td><td>二级□</td><td>三级□</td><td>四级□</td><td colspan="2">五级□</td></tr>
<tr><td>六级□</td><td>七级□</td><td>八级□</td><td>九级□</td><td colspan="2">十级□</td></tr>
<tr><td rowspan="5">死亡情况</td><td rowspan="2">死亡□</td><td>死亡时间</td><td>死亡地点</td><td colspan="2">死亡原因</td><td colspan="3">尸体是否火化</td></tr>
<tr><td></td><td></td><td colspan="2"></td><td colspan="3"></td></tr>
<tr><td rowspan="3">下落不明□</td><td rowspan="3">是否申请宣告死亡</td><td rowspan="2">是□（需要提交宣告死亡判决书）</td><td>申请宣告时间</td><td>申请人</td><td>与死者关系</td><td>案号</td><td>宣告死亡日期</td></tr>
<tr><td></td><td></td><td></td><td></td><td></td></tr>
<tr><td>否□</td><td colspan="5">建议先申请宣告死亡后起诉</td></tr>
</table>

填表人：　　　　　　　　　　　　填表时间：

表格二：原告信息

人数：

<table>
<tr><td>姓名</td><td>与受害人的关系</td><td>年龄</td><td>出生日期</td><td>性别</td><td>身份证号</td></tr>
<tr><td rowspan="3"></td><td rowspan="3"></td><td></td><td></td><td></td><td></td></tr>
<tr><td>户籍类型</td><td>户籍所在地址</td><td>经常居住地址</td><td>联系方式</td></tr>
<tr><td>城镇□
农村□</td><td></td><td></td><td></td></tr>
<tr><td>姓名</td><td>与受害人的关系</td><td>年龄</td><td>出生日期</td><td>性别</td><td>身份证号</td></tr>
<tr><td rowspan="3"></td><td rowspan="3"></td><td></td><td></td><td></td><td></td></tr>
<tr><td>户籍类型</td><td>户籍所在地址</td><td>经常居住地址</td><td>联系方式</td></tr>
<tr><td>城镇□
农村□</td><td></td><td></td><td></td></tr>
</table>

续表

姓名	与受害人的关系	年龄	出生日期	性别	身份证号
		户籍类型	户籍所在地址	经常居住地址	联系方式
		城镇□ 农村□			
姓名	与受害人的关系	年龄	出生日期	性别	身份证号
		户籍类型	户籍所在地址	经常居住地址	联系方式
		城镇□ 农村□			
姓名	与受害人的关系	年龄	出生日期	性别	身份证号
		户籍类型	户籍所在地址	经常居住地址	联系方式
		城镇□ 农村□			

填表人：　　　　　　　　　　　填表时间：

表格三：被告信息

人数：

<table>
<tr><td>姓名</td><td>年龄</td><td>性别</td><td>出生日期</td><td colspan="2">身份证号</td><td>住址</td></tr>
<tr><td rowspan="8">（自然人）</td><td></td><td></td><td></td><td colspan="2"></td><td></td></tr>
<tr><td rowspan="7">身份</td><td colspan="2">船舶所有人□</td><td colspan="2">船舶承租人□</td><td>港口经营人□</td></tr>
<tr><td colspan="2">船舶经营人□</td><td colspan="2">船舶合伙人□</td><td></td></tr>
<tr><td colspan="5">其他□　注明：</td></tr>
<tr><td colspan="2" rowspan="2">侵权人死亡□</td><td colspan="3">财产继承人□</td></tr>
<tr><td colspan="3">财产保管人□</td></tr>
<tr><td colspan="5">侵权人下落不明□（宣告死亡后再起诉）</td></tr>
</table>

续表

<table>
<tr><td>姓名</td><td>年龄</td><td>性别</td><td colspan="2">出生日期</td><td colspan="2">身份证号</td><td>住址</td></tr>
<tr><td rowspan="7">（自然人）</td><td></td><td></td><td colspan="2"></td><td colspan="2"></td><td></td></tr>
<tr><td rowspan="6">身份</td><td colspan="2">船舶所有人□</td><td colspan="2">船舶承租人□</td><td colspan="2">港口经营人□</td></tr>
<tr><td colspan="2">船舶经营人□</td><td colspan="2">船舶合伙人□</td><td colspan="2"></td></tr>
<tr><td colspan="6">其他□　注明：</td></tr>
<tr><td colspan="2" rowspan="2">侵权人死亡□</td><td colspan="4">财产继承人□</td></tr>
<tr><td colspan="4">财产保管人□</td></tr>
<tr><td colspan="6">侵权人下落不明□（宣告死亡后再起诉）</td></tr>
<tr><td>名称</td><td colspan="2">法定代表人
姓名及职务</td><td colspan="2">联系电话</td><td colspan="2">住所</td><td>办公地址</td></tr>
<tr><td rowspan="7">（法人）</td><td colspan="2"></td><td colspan="2"></td><td colspan="2"></td><td></td></tr>
<tr><td rowspan="6">身份</td><td colspan="2">船舶所有人□</td><td colspan="2">船舶承租人□</td><td colspan="2">港口经营人□</td></tr>
<tr><td colspan="2">船舶经营人□</td><td colspan="2">船舶合伙人□</td><td colspan="2"></td></tr>
<tr><td colspan="6">其他□　注明：</td></tr>
<tr><td colspan="2" rowspan="2">侵权人死亡□</td><td colspan="4">财产继承人□</td></tr>
<tr><td colspan="4">财产保管人□</td></tr>
<tr><td colspan="6">侵权人下落不明□（宣告死亡后再起诉）</td></tr>
<tr><td>名称</td><td colspan="2">法定代表人
姓名及职务</td><td colspan="2">联系电话</td><td colspan="2">住所</td><td>办公地址</td></tr>
<tr><td rowspan="7">（法人）</td><td colspan="2"></td><td colspan="2"></td><td colspan="2"></td><td></td></tr>
<tr><td rowspan="6">身份</td><td colspan="2">船舶所有人□</td><td colspan="2">船舶承租人□</td><td colspan="2">港口经营人□</td></tr>
<tr><td colspan="2">船舶经营人□</td><td colspan="2">船舶合伙人□</td><td colspan="2"></td></tr>
<tr><td colspan="6">其他□　注明：</td></tr>
<tr><td colspan="2" rowspan="2">侵权人死亡□</td><td colspan="4">财产继承人□</td></tr>
<tr><td colspan="4">财产保管人□</td></tr>
<tr><td colspan="6">侵权人下落不明□（宣告死亡后再起诉）</td></tr>
</table>

填表人：　　　　　　　　　　　　　　填表时间：

表格四：损害赔偿范围及数额（受伤）

<table>
<tr><th>请求事项及数额</th><th colspan="5">相关情况及证据要求</th></tr>
<tr><td rowspan="6">医疗费□
金额：　　元</td><td rowspan="3">收款凭证□
证据编号：</td><td>医药费□</td><td rowspan="3">病历□
证据编号：</td><td rowspan="3">诊断证明□
证据编号：</td><td rowspan="3">其他□
说明：
证据编号：</td></tr>
<tr><td>住院费□</td></tr>
<tr><td>其他□</td></tr>
<tr><td>已治愈□</td><td colspan="4">治愈时间：
须提供医疗机构的诊断证明或法医鉴定结论
证据编号：</td></tr>
<tr><td>未治愈□</td><td colspan="4">按一审法庭辩论终结前实际发生的数额计算</td></tr>
<tr><td>转院治疗□</td><td colspan="4">须提供原诊医院的转院建议
证据编号：</td></tr>
<tr><td rowspan="11">误工费□
金额：　　元</td><td rowspan="4">误工时间</td><td colspan="4">一般□
须提供受害人接受治疗的医疗机构出具的证明
证据编号：</td></tr>
<tr><td rowspan="3">因伤致残持续误工□</td><td>定残日</td><td colspan="2">误工时长</td></tr>
<tr><td></td><td colspan="2"></td></tr>
<tr><td colspan="3">出院后迟延进行伤残鉴定□
原因：
证据编号：</td></tr>
<tr><td rowspan="7">收入状况</td><td rowspan="5">有固定收入□</td><td>数额</td><td colspan="2">证据</td></tr>
<tr><td></td><td colspan="2">证据编号：</td></tr>
<tr><td colspan="3">高收入人群□
须提交最近三年的完税证明
证据编号：</td></tr>
<tr><td colspan="3">受害人单位出具收入证明□
须提供工资收入是否存在扣发情况的证据
证据编号：</td></tr>
<tr><td colspan="3">超过法定退休年龄□
实际发放的工资：
证据编号：</td></tr>
<tr><td rowspan="2">无固定收入□</td><td colspan="3">近三年平均收入□：
证据编号：</td></tr>
<tr><td colspan="3">广州市相同行业上一年度职工平均工资□：</td></tr>
</table>

续表

<table>
<tr><th>请求事项及数额</th><th colspan="4">相关情况及证据要求</th></tr>
<tr><td rowspan="6">护理费□
金额：　　元</td><td>护理人数</td><td>一人□
多人□</td><td colspan="2">须提供医疗机构或鉴定机构明确意见
证据编号：</td></tr>
<tr><td rowspan="5">护理人员收入</td><td rowspan="3">有收入□</td><td colspan="2">有固定收入□：
证据编号：</td></tr>
<tr><td rowspan="2">无固定收入□</td><td>近三年平均收入□：
证据编号：</td></tr>
<tr><td>广州市相同行业上一年度职工平均工资□：</td></tr>
<tr><td rowspan="2">无收入□
雇佣护工□</td><td colspan="2">当地护工从事同等级别护理的劳务报酬标准</td></tr>
<tr><td colspan="2"></td></tr>
</table>

<table>
<tr><td rowspan="4">交通费□
金额：　　元
证据编号：</td><td>姓名</td><td>时间</td><td>往返地点</td><td>次数</td></tr>
<tr><td></td><td></td><td></td><td></td></tr>
<tr><td></td><td></td><td></td><td></td></tr>
<tr><td></td><td></td><td></td><td></td></tr>
<tr><td rowspan="4">住宿费□
金额：　　元
证据编号：</td><td>姓名</td><td>天数</td><td colspan="2">标准</td></tr>
<tr><td></td><td></td><td colspan="2"></td></tr>
<tr><td></td><td></td><td colspan="2"></td></tr>
<tr><td></td><td></td><td colspan="2"></td></tr>
<tr><td rowspan="4">伙食费□
金额：　　元
证据编号：</td><td>姓名</td><td>天数</td><td colspan="2">标准</td></tr>
<tr><td></td><td></td><td colspan="2">100</td></tr>
<tr><td></td><td></td><td colspan="2"></td></tr>
<tr><td></td><td></td><td colspan="2"></td></tr>
<tr><td rowspan="2">住院伙食补助费□
金额：　　元
证据编号：</td><td>住院天数</td><td colspan="3">广州市国家机关一般工作人员出差伙食补助标准</td></tr>
<tr><td></td><td colspan="3">100</td></tr>
<tr><td rowspan="3">营养费□
金额：　　元
证据编号：</td><td colspan="4">医疗机构意见□</td></tr>
<tr><td colspan="4">住院□
住院期间：</td></tr>
<tr><td colspan="4">出院后的医嘱□</td></tr>
</table>

填表人：　　　　　　　　填表时间：

表格五：损害赔偿范围及数额（因伤致残）

请求事项及数额	相关情况及证据要求		
	年龄	计算公式	金额
残疾赔偿金□	60 岁以下□	伤残等级（一级伤残按 100% 计算，伤残每低一级减 10%）×广东省上一年度城镇居民人均可支配收入或农村居民人均纯收入 ×20 年	
	60 周岁以上 75 周岁以下□	伤残等级（一级伤残按 100% 计算，伤残每低一级减 10%）×广东省上一年度城镇居民人均可支配收入或农村居民人均纯收入 ×［20 年 －（实际年龄 －60 周岁）］	
	75 周岁以上□	伤残等级（一级伤残按 100% 计算，伤残每低一级减 10%）×广东省上一年度城镇居民人均可支配收入或农村居民人均纯收入 ×5 年	
被扶养人生活费□	18 周岁以下□	伤残等级（一级伤残按 100% 计算，伤残每低一级减 10%）×广东省上一年度城镇居民人均消费性支出或农村居民人均年生活消费支出 ×（18 周岁 －实际年龄）	
	18 周岁以上 60 周岁以下□	伤残等级（一级伤残按 100% 计算，伤残每低一级减 10%）×广东省上一年度城镇居民人均消费性支出或农村居民人均年生活消费支出 ×20 年	
	60 周岁以上 75 周岁以下□	伤残等级（一级伤残按 100% 计算，伤残每低一级减 10%）×广东省上一年度城镇居民人均消费性支出或农村居民人均年生活消费支出 ×［20 年 －（实际年龄 －60 周岁）］	
	75 周岁以上□	伤残等级（一级伤残按 100% 计算，伤残每低一级减 10%）×广东省上一年度城镇居民人均消费性支出或农村居民人均年生活消费支出 ×5 年	

残疾辅助器具费□ 金额：　　元 证据编号：	器具名称	用途	价格	数量	辅助器具配制机构的意见
					伤情是否有特殊需要：
					更换周期：
					赔偿期限：

续表

请求事项及数额	相关情况及证据要求
康复费□ 金额：　　元 证据编号：	证据说明：
护理费□ 金额：　　元 证据编号：	证据说明：
后续治疗费□ 金额：　　元 证据编号：	证据说明：
精神损害抚慰金□ 金额：　　元	参考标准：限于五级以上伤残并依伤残等级计算，每级不超过1万元，最高不超过5万元。

填表人：　　　　　　　　　　　　填表时间：

表格六：损害赔偿范围及数额（死亡）

请求事项及数额	相关情况及证据要求		
	年龄	计算公式	金额
死亡赔偿金□	60岁以下□	广东省上一年度城镇居民人均可支配收入或农村居民人均纯收入×20年	
	60周岁以上75周岁以下□	广东省上一年度城镇居民人均可支配收入或农村居民人均纯收入×［20年－（实际年龄－60周岁）］	
	75周岁以上□	广东省上一年度城镇居民人均可支配收入或农村居民人均纯收入×5年	
被扶养人生活费□	18周岁以下□	广东省上一年度城镇居民人均消费性支出或农村居民人均年生活消费支出×（18周岁－实际年龄）	
	18周岁以上60周岁以下□	广东省上一年度城镇居民人均消费性支出或农村居民人均年生活消费支出×20年	
	60周岁以上75周岁以下□	广东省上一年度城镇居民人均消费性支出或农村居民人均年生活消费支出×［20年－（实际年龄－60周岁）］	

续表

<table>
<tr><td>请求事项及数额</td><td colspan="5">相关情况及证据要求</td></tr>
<tr><td rowspan="2">被扶养人
生活费□</td><td>年龄</td><td colspan="3">计算公式</td><td>金额</td></tr>
<tr><td>75 周岁以上□</td><td colspan="3">广东省上一年度城镇居民人均消费性支出或农村居民人均年生活消费支出 ×5 年</td><td></td></tr>
<tr><td>丧葬费□</td><td>—</td><td colspan="3">广东省上一年度职工月平均工资 ×6 个月</td><td></td></tr>
<tr><td>精神损害
抚慰金□</td><td>—</td><td colspan="3">参考标准：不超过 5 万元</td><td></td></tr>
<tr><td rowspan="12">办理丧葬事宜
支出的费用□</td><td rowspan="4">交通费□
金额：　　元
证据编号：</td><td>亲属姓名</td><td>办理事宜</td><td>往返地点</td><td>次数</td></tr>
<tr><td></td><td></td><td></td><td></td></tr>
<tr><td></td><td></td><td></td><td></td></tr>
<tr><td></td><td></td><td></td><td></td></tr>
<tr><td rowspan="4">住宿费□
金额：　　元
证据编号：</td><td>亲属姓名</td><td>天数</td><td colspan="2">标准</td></tr>
<tr><td></td><td></td><td colspan="2"></td></tr>
<tr><td></td><td></td><td colspan="2"></td></tr>
<tr><td></td><td></td><td colspan="2"></td></tr>
<tr><td rowspan="4">误工费□
金额：　　元
证据编号：</td><td>亲属姓名</td><td>误工时间</td><td colspan="2">收入状况</td></tr>
<tr><td></td><td></td><td colspan="2"></td></tr>
<tr><td></td><td></td><td colspan="2"></td></tr>
<tr><td></td><td></td><td colspan="2"></td></tr>
</table>

填表人：　　　　　　　　　　　　填表时间：

关于审理海上货物运输合同下集装箱超期使用费纠纷案件的调研报告

黄伟青　邓宇锋　罗　春　邓非非[①]

集装箱超期使用费，又称滞箱费、滞柜费、集装箱延滞费，是指为加速集装箱的周转，降低集装箱运输的成本，集装箱使用者因迟延履行归还集装箱义务而应向集装箱提供者负担的延误费用。

近年来，随着海上货物运输业的不断发展，集装箱运输方式逐渐取代了件杂货运输方式，占据国际贸易的主体货运量，大量与集装箱有关的法律问题随之产生。集装箱超期使用费法律问题就是其中之一。在航运实务中，承运人往往在其运价本、官方网站上公布各个港口集装箱的免费使用期（以下简称免费期）及集装箱超期使用费标准，该标准一般是规定一定的免费期后，分阶段阶梯式收费，拖得越久费用越高。该类型案件的双方当事人往往因为对高额的超期使用费是否合理存在争议从而诉至法院。

在审判实践中，集装箱超期使用费的法律性质为何，各个海事法院判法不一，至于如何计算，如何调整，更是五花八门。就广州海事法院的情况来看，各审判部门之间也没有统一的尺度，易引发当事人疑问，不利于维护海事审判公信力。

一、广州海事法院审理的集装箱超期使用费纠纷概况及特点

广州海事法院早在2000年就受理过集装箱超期使用费纠纷，近几年来呈快速增

① 黄伟青，广州海事法院副院长；邓宇锋，广州海事法院立案庭庭长；罗春，广州海事法院海事行政庭审判员；邓非非，广州海事法院法官助理。

长的趋势，2010 年至 2014 年，广州海事法院审结此类纠纷案共 363 件。

通过分析，此类案件主要呈现以下特点：

（1）案件分布不均匀。363 件案件中，大部分案件都集中在深圳法庭，达到 240 件，占 66.11%；其他庭室 123 件，占 33.89%。

（2）系列案件多。以 2012 年为例，共受理此类纠纷案 194 件，其中属系列案件的 174 件，占 89.69%。

（3）调解撤诉率高。2010 年至 2012 年三年审理的 234 件案件中，通过调解和当事人主动撤诉结案的 202 件，占 86.32%；判决结案 32 件，占 13.68%。调解撤诉率高与系列案多有关。

（4）案由不一。集装箱超期使用费纠纷多数产生于海上货物运输合同，363 件案件中有 209 件属于此类，占 57.57%；货运代理合同下集装箱超期使用费纠纷 94 件，占 25.89%；集装箱租赁合同下集装箱超期使用费纠纷 57 件，占 15.70%。有 1 件产生于多式联运合同下，有 2 件产生于通海水域货物运输合同下。

二、集装箱超期使用费纠纷审判实践中的突出问题及原因分析

集装箱超期使用费纠纷主要产生在三类合同下：集装箱租赁合同、货运代理合同、海上货物运输合同。集装箱租赁合同下，有关使用和归还的权利义务关系都在租赁合同中约定，没有约定的可以通过合同解释规则，或者根据《中华人民共和国合同法》（以下简称《合同法》）有关规定予以确定。货运代理合同纠纷下，受托人向承运人垫付了集装箱超期使用费后，向委托人索赔。这类纠纷涉及的集装箱超期使用费问题，实际上是在作为委托事项的货物运输过程中产生的。法官主要围绕垫付的集装箱超期使用费是否为完成委托事项的必要费用以及垫付的费用是否合理进行审查。海上货物运输合同下，在承运人的责任期间内，集装箱是船舶的一部分，在承运人责任期间外，通常被认为是货物的外包装。货主提取集装箱是提取货物的必要条件，集装箱与货物具有不可分离性，使用集装箱的行为是提货行为的延伸。在这种情况下，集装箱超期使用费的产生源于海上货物运输合同，当事人之间的权利义务围绕海上货物运输合同的集装箱使用展开，目的是保证海上货物运输合同顺利履行，因此，集装箱超期使用费在产生、内容、目的上都无法脱离海上货物运输合同，没有形成一个独立于海上货物运输合同下集装箱租赁合同。所以，海上货物运输合同下集装箱超期使用费纠纷具有不同于集装箱租赁合同纠纷的特殊性，而且，如果解决了海上货物运输合同下集装箱超期使用费问题，认定货运代理合同代垫的集装箱超期使用费的合理性也就有了依据。因此，本文主要针对海上货物运输合同下集装箱超期使用费纠纷的法律问题进行论述。

（一）法律用语不统一

广州海事法院对集装箱超期使用费的法律用语不统一，很多情况下都直接以当事人起诉时的名称来表述，有的案件中称集装箱滞期费，[①] 有的案件中称滞箱费[②]或者滞柜费[③]，绝大部分案件称集装箱超期使用费。

法律用语的不统一，不利于这类法律问题的规范性表述，容易引人误解。

（二）案由不统一

在最高人民法院公布《民事案件案由规定》（2011年修订）（以下简称《案由规定》）之前，海上货物运输合同下集装箱超期使用费纠纷的案由一直不统一，有的定海上货物运输合同货物交付纠纷，[④] 有的定集装箱超期使用费及堆存费纠纷，[⑤] 如果既有集装箱超期使用费纠纷又有诸如货损货差纠纷的，定集装箱使用费及损害赔偿纠纷，[⑥] 等等，不一而足。《案由规定》公布之后，集装箱超期使用费纠纷的案由主要看产生于哪类运输合同下，有的定海上货物运输合同纠纷，[⑦] 有的定通海水域货物运输合同纠纷，[⑧] 有的定多式联运合同纠纷。[⑨]

（三）法律性质认识不统一

集装箱超期使用费的法律性质对法律适用有着必要的指导意义。我国司法界对集装箱超期使用费性质的认识不一，归纳起来主要有三种：损失赔偿说、违约金说和租金说。

第一种观点，集装箱超期使用费是违约损失赔偿责任的一种表现形式。在2012年全国海事审判工作会议上，时任最高人民法院民四庭庭长刘贵祥在总结讲话中指出："集装箱超期使用费属于集装箱租用合同或者运输合同一方当事人迟延履行归还集装箱的义务所造成的违约损失，一般为提供集装箱的一方当事人因丧失正常使用集装箱的预期可得利益损失和向第三人主张租用涉案集装箱的成本损失。"广州海事法院的审判实践多数意见认为，集装箱超期使用费是责任人违反海上货物运输合同附随义务的损失赔偿责任。[⑩] 理由：承运人将其集装箱提供给货主装货，只是

---

① 参见广州海事法院（2009）广海法初字第465号案。
② 参见广州海事法院（2011）广海法初字第522号案。
③ 参见广州海事法院（2011）广海法初字第461号案。
④ 参见广州海事法院（2008）广海法初字第115号案。
⑤ 参见广州海事法院（2008）广海法初字第174号案。
⑥ 参见广州海事法院（2004）广海法初字第284号案。
⑦ 参见广州海事法院（2012）广海法初字第555－558号案。
⑧ 参见广州海事法院（2011）广海法初字第741号案。
⑨ 参见广州海事法院（2012）广海法初字第165号案。
⑩ 参见广州海事法院（2004）广海法初字第284号案、广州海事法院（2011）广海法初字第741号案、广州海事法院（2011）广海法初字第522号案。

出于顺利完成其在海上货物运输合同下义务的考虑，这时托运人或者收货人使用承运人的集装箱也是为了保证运输合同的顺利履行。根据海上货物运输合同对双方权利义务的约定，在承运人责任期间外，承运人提供集装箱供托运人或者收货人使用，托运人或者收货人负有及时归还集装箱的义务。因此，在承运人完成运输合同项下的运输义务后，托运人或收货人再占用集装箱显然是不合理的，应当归还集装箱并支付超期使用费，这也是托运人或收货人依据运输合同应承担的附随义务，违反了该义务，应该承担损失赔偿责任。

第二种观点，集装箱超期使用费的法律性质是违约金。上海市高级人民法院《关于海上货物运输合同集装箱超期使用费纠纷案件审理实务的解答（三）》明确集装箱超期使用费符合违约金的特征，属具有惩罚性的特殊违约金。上海海事法院也持此观点，并认为集装箱超期使用费的性质为违约金已经通过审判实践的积累取得了共识。①

第三种观点，租金说将货方使用集装箱的行为看作是船货双方形成了不同于海上货物运输关系的集装箱使用关系，此时集装箱超期使用费就视为租金。持这种观点的法院通常会按照当事人约定的集装箱超期使用费率或市场价格乘以实际用箱时间来计算集装箱超期使用费。②

（四）当事人认识不一

通过认真研究案例样本，我们发现，关于集装箱超期使用费有权主张的主体和应当承担责任的主体在司法实践中的标准并不一致。

关于有权收取集装箱超期使用费的主体，这里面存在一些问题，比如：非承运人的集装箱所有权人是否可以索赔集装箱超期使用费；实际承运人可否提起诉讼主张集装箱超期使用费；当承运人有过错（比如倒签提单）时，提单持有人与承运人就损失赔偿问题反复磋商未果，导致货物迟延提取或无人提取并产生巨额的集装箱超期使用费，对此，提单持有人是否应承担赔偿责任？这些问题都亟待统一认识。

关于承担集装箱超期使用费的责任主体，应由托运人和收货人分别承担责任的情形是什么，各个海事法院的判决没有一致的意见。

（五）赔偿数额确定方法不一

集装箱超期使用费数额的确定应依据超期使用的期限和超期使用费的计算标准核定。但就具体计算标准、是否调整以及调整限额等问题，司法实践呈现多样化。

1. 计算标准不统一

---

① 参见谢晨、季刚、方懿、王寰瑾、唐沁：《集装箱超期使用费相关实践问题研究》，上海海事法院《调研与参考》2015 年第 1 期，第 27 页。

② 参见大连海事法院（2014）大海商初字第 34 号民事判决书。

在目前的审判实践中，各海事法院及其上诉审高级人民法院对于集装箱超期使用费的计算标准相对比较一致，比如，大连、宁波、厦门、上海和广州海事法院都认为，集装箱超期使用费应按照当事人的约定或承运人网站公开的费率或市场价格为标准计算。但对于承运人网站公开的集装箱超期使用费率是否当然视为承运人与货方之间的约定，以及何为市场价格，各个法院的观点出现分歧。

时任最高人民法院民四庭庭长刘贵祥在2012年全国海事审判工作会议上的总结讲话中认为："如果集装箱的提供者与使用人之间没有明确约定集装箱超期使用费标准，集装箱提供者主张集装箱超期使用费的，应当举证证明集装箱使用费的同期市场价（有关市场主体普遍采用的价格）；如果集装箱的提供者举证证明其网上发布的有关集装箱超期使用费标准与同期市场价大致相当，也可以采纳其网上发布的集装箱超期使用费标准。"大连海事法院有判决认为①：承运人虽然在其网站上发布了集装箱超期使用费率，但在涉案提单及到货通知等文件中未明示集装箱超期使用费率的情况下，不能当然视为承运人与货方之间关于集装箱超期使用费率的约定。依据《合同法》第六十一条的规定，集装箱超期使用费免费期及集装箱超期使用费费率按交易习惯确定。鉴于承运人、收货人双方对计算标准没有明确约定，也未达成补充协议，根据《合同法》第六十二条第（2）项的规定，以订立（运输）合同时履行地的（超期使用费的）市场价格②作为计算标准，按实际用箱时间（除非货方举证证明涉案货物在海关监管期间内承运人有其他合理方式减少集装箱被占用时间③）计算超期使用费。厦门海事法院认为，承运人在网上发布的有关集装箱超期使用费标准，除非双方明确约定采用该标准或提前告知，否则不能当然视为其与集装箱使用人之间的约定；如果没有明确约定或提前告知，则根据《合同法》第六十一条及第六十二条之规定，按照交易习惯、市场价格确定。承运人举证的其他航运公司的普遍标准，与承运人网上发布的大致相当，厦门海事法院采纳了承运人网上发布的标准。但对于市场价格的认定也有不同意见。福建省高级人民法院在广州市泰洲进出口贸易股份有限公司与厦门日之初股份有限公司海上货物运输合同纠纷上诉案中④认为："虽然承运人网上发布的标准与其他航运公司发布的标准大致相当，

---

① 参见大连海事法院（2008）大海商外初字第8号案民事判决，辽宁省高级人民法院（2009）辽民三终字第62号判决予以维持。

② 该案中，承运人提供了马士基航运有限公司、阳明海运股份有限公司、商船三井公司、中外运集装箱运输有限公司、中海集装箱运输股份有限公司网站公示的同期集装箱滞箱费费率。大连海事法院认为，该市场价高于原告承运人主张的滞箱费率，故本案可以采用原告承运人网站发布的滞箱费率作为计收滞箱费的市场价。

③ 参见大连海事法院（2014）大海商初字第34号民事判决书。

④ 参见福建省高级人民法院（2013）闽民终字第1072号案。该案涉集装箱于2011年8月6日装船，2011年11月15日到达目的港堆场，运费为1858.85美元，考虑到运费尚包括其他航运成本，福建省高级人民法院酌定案涉集装箱超期使用费为120元/天。

但从其内容分析，该标准明显带有惩罚性质，而非集装箱使用费的同期市场价。在各方当事人均未能举证证明集装箱使用费的同期市场价的情况下，对于集装箱超期使用费的确定应参照案涉货物的运费来确定案涉集装箱的预期可得利益，并结合运输期间使用集装箱的时间进行认定。”

宁波海事法院审判实践观点：承运人收取集装箱滞期费，在航运实践中属惯例。若是向收货人主张，[①] 计算标准以承运人在网站上公布的标准为准，因为计算标准在网上公布的做法符合集装箱运输的行业惯例，也切合承运人无法与收货人协商订立集装箱超期使用费协议的实际；若是向托运人主张，则同时要以通知托运人为条件。[②] 计算标准或者采用双方交易习惯或行业习惯来确定费率。[③]

青岛海事法院审判实践观点：双方没有就集装箱超期使用费进行约定，且承运人在无法收回集装箱进行营运的情况下，应当采取租用相同类型的集装箱补充营运等措施防止损失的扩大，因此，以同期、同类型、同数量集装箱的租金损失作为计算标准。租金标准则依据第三方评估机构的评估确定。[④]

表 1

	承运人网站公布费率	市场价格
大连海事法院	除非在涉案提单及到货通知等文件中明示费率，否则不当然视为承运人与集装箱使用人之间的约定	订立（运输）合同时履行地的（超期使用费的）其他航运公司的普遍标准
厦门海事法院	除非双方明确约定采用该标准或提前告知，否则不能当然视为其与集装箱使用人之间的约定	其他航运公司的普遍标准
福建省高级人民法院	除非双方明确约定采用该标准或提前告知，否则不能当然视为其与集装箱使用人之间的约定	参照案涉货物的运费来确定案涉集装箱的预期可得利益，并结合运输期间使用集装箱的时间进行认定市场价格
宁波海事法院	若是向收货人主张，以承运人在网站上公布的标准为准；若是向托运人主张，则同时要以通知托运人为条件	未明确

① 参见宁波海事法院（2005）甬海法商初字第 271 号案。

② 参见宁波海事法院（2012）甬海法商初字第 30 号案。

③ 参见宁波海事法院（2007）甬海法商初字第 184 号案。

④ 参见青岛海事法院（2013）青海法海商初字第 441 号案、山东省高级人民法院（2014）鲁民四终字第 66 号案予以维持。

续表

	承运人网站公布费率	市场价格
青岛海事法院	未明确	无约定时，以同期、同类型集装箱的市场平均租金作为计算承运人损失的依据

2. 调整与否不统一

在目前的审判实践中，各海事法院对集装箱超期使用费的赔偿数额是否调整认识不一，主要有以下两种观点：

第一，赞成对过高的集装箱超期使用费调整。该观点的理由主要是：（1）货方所承担的违约责任即集装箱超期使用费的赔偿不应超出其订立合同时所能预料到的损失，对于货方而言集装箱本身的价值应为其所能预见到的最大损失，故集装箱超期使用费不应超出相同数量同类型集装箱的市场价格。[①]（2）由于集装箱超期使用费具有累进叠加的性质，致使经过较长一段时间之后，累计的费用往往会超过一只甚至几只集装箱的价值，若全部支持，也有失公允。故承运人主张集装箱超期使用费，应以当时当地一只新的集装箱价值为上限。[②]

第二，按照计算标准算出来的集装箱超期使用费不应该调整。该观点的理由主要是：（1）承运人在其运价本或其官方网站公布的集装箱超期使用费率，是在合同订立时约定的损害赔偿的计算方法，类似于船舶滞期费，也属约定损害赔偿。这种方式从其产生的主要目的来说，就是为了避免事后确定损害赔偿范围的困难，因而不应要求受害人证明具体损害，哪怕是损害极其轻微，也足以导致约定损害赔偿条款的生效。所以损害一旦发生，受害人就可以要求债务人支付预定赔偿额而不考虑实际损害的大小。[③] 因此，也就不存在对过高的超期使用费的调整问题。大连海事法院审理的中远集装箱运输有限公司诉被告吉林市东津食品有限公司海上货物运输合同纠纷案中，[④] 集装箱货物自2012年12月23日至2013年10月4日滞留大连港。该院判决：集装箱提供者收取集装箱超期使用费已成为一种行业惯例，并已为我国法律所认可。该院根据中远集装箱运输有限公司网站公布的费率认定了原告的集装箱超期使用费损失。青岛海事法院审理的青岛新海丰国际船舶代理有限公司与山东

---

① 参见山东省高级人民法院（2008）鲁民四终字第79号案。

② 参见上海市高级人民法院（2009）沪高民四（海）终字第266号案。

③ 参见许俊强：《集装箱超期使用费的法律问题》，载《人民司法》2014年第23期。

④ 参见大连海事法院（2014）大海商初字第34号案。

神氏食品集团有限公司海上、通海水域货物运输合同纠纷，[①] 该院认为：因网站上明确表明，滞期费计算至提货之日止，因此该费用并非损失，而是免费期届满后计收的费用。因无人提取货物，清空集装箱，费用一直持续产生，不存在承运人减损的义务问题。(2) 集装箱在运输经营中使用所创造出的价值，往往远高于集装箱本身的价值，超期占用集装箱会给权利人带来巨大的利益损失。依照法律规定，当事人一方不履行合同义务或者履行合同义务不符合约定，给对方造成损失的，损失赔偿额应当相当于因违约所造成的损失，包括合同履行后可以获得的利益。[②] 所以，也不存在调整问题。(3) 由于集装箱被超期占用，承运人遭受的损失不仅包括重新购买集装箱代替使用的损失，还应包括集装箱按时归还投入运营的收入等损失，故集装箱超期使用费不应以集装箱的价值为限。[③] 又有观点认为，集装箱超期使用费系提供集装箱的一方当事人因丧失正常使用集装箱的预期可得利益损失以及租赁或购买的成本损失，因此不能仅考虑集装箱的市场价格。[④] (4) 承运人没有可以采取的减损义务。在上海和明航运服务有限公司厦门分公司诉中天（中国）工业有限公司海上货物运输合同纠纷一审民事判决书中，[⑤] 法院认为，在货物尚未清关的情况下，承运人无权处理货物，亦无法通过拍卖清偿目的港的相关费用，货方主张承运人未及时采取措施导致损失扩大，但未举证证明承运人依据目的港相关法律法规可采取的能够减少损失的措施，该主张不能成立。

3. 调整限额不统一

关于集装箱超期使用费如何调整涉及各法院对承运人应负的减损义务何时开始及减损义务内容的理解，各法院的理解不一，司法实践中对调整限额也是呈现多样化。

关于如何调整过高的超期使用费，广州海事法院有两种处理意见。多数意见认为：超期使用费未超过集装箱价值的，按实计算，超过的，则以集装箱价值为限。理由：对于承运人来说，集装箱往往是自己所有或者租用的，可以通过重新购置一个集装箱的方式或者向集装箱租赁者另行租用一个集装箱来防止损失的扩大，对于使用者来说，其能预见到的损失就是一个新集装箱的购置价。[⑥] 少数意见认为：根据承运人官方网站公布的超期使用费收费标准按照120天的时间计算。理由：《中华

---

① 参见青岛海事法院（2009）青海法海商初字第384号案民事判决，该判决被山东省高级人民法院（2013）鲁民四终字第83号二审改判。

② 参见上海海事法院（2006）沪海法商初字第374号案。

③ 参见广东省高级人民法院（2012）粤高法民四终字第68号案。

④ 参见天津海事法院（2014）津海法商初字第467号案。

⑤ 参见厦门海事法院（2014）厦海法商初字第317号案。

⑥ 参见广州海事法院（2011）广海法初字第741号案、广州海事法院（2012）广海法初字第297号案。

人民共和国海商法》（以下简称《海商法》）第八十八条规定："承运人根据本法第八十七条规定留置的货物，自船舶抵达卸货港的次日起满60日无人提取的，承运人可以申请法院裁定拍卖；货物易腐烂变质或者货物的保管费用可能超过其价值的，可以申请提前拍卖。拍卖所得价款，用于清偿保管、拍卖货物的费用和运费以及应当向承运人支付的其他有关费用；不足的金额，承运人有权向托运人追偿；剩余的金额，退还托运人；无法退还、自拍卖之日起满一年又无人领取的，上缴国库。"上述法条规定了60天的时间，再考虑到免费期以及对货物进行处理的合理时间，以120天的时间计算较为合理。①

上海海事法院司法实践中的观点是：承运人不能要求货主支付超出集装箱本身价值的违约金。② 但上海海事法院的调研组在《集装箱超期使用费相关实践问题研究》③ 一文中对此观点进行了分析并认为，以集装箱本身价值为限忽略了承运人采取减损措施的合理期限问题。应为采取减损措施设定一个合理的期限，该合理期限应以承运人已尽到提醒或催促货主尽快处理货物的义务，并善意地相信货主将不再行使对货物的权利为前提。根据《海商法》第八十八条的规定，自船舶抵达卸货港的次日起满60日无人提取货物，承运人即可行使留置权，此时应认为承运人已经有能力通过处理货物的方式收回集装箱，而且可初步推定货主已不打算提取货物，因此将承运人采取减损措施的合理期限设定为两个月较为合适。据收集几家在航运市场上较有影响力的航运公司上海港的集装箱超期使用费收费标准，按照上述公司的收费标准计算出各类型集装箱超期使用两个月的平均收费水平，与上海市场一个新箱的市场价格基本持平。因此，建议以该两个月合理期限产生的超期使用费加上承运人购置新箱的费用，即一个新箱市场价格的两倍作为超期使用费的赔偿限额。

宁波海事法院审判实践出现了两种观点：一是，综合考量双方当事人举证的集装箱的价格、滞期时间、收费标准、承运人应有的减损义务，酌定集装箱超期使用费为一个新箱市场价格的1.5倍；④ 二是，货方应按照承运人网站发布的集装箱使用费率标准支付超期使用费，但自承运人最迟应当已经知悉涉案集装箱已经滞留并产生较大损失的事实起，承运人有义务在合理期间内通过内部调剂、向外租赁或购买集装箱等方式防止损失扩大。⑤

---

① 参见广州海事法院（2011）广海法初字第522号案。该案入选《人民法院案例选》2012年第3辑。

② 参见上海海事法院（2014）广海法商初字第245号案。

③ 参见谢晨、季刚、方懿、王寰瑾、唐沁：《集装箱超期使用费相关实践问题研究》，上海海事法院《调研与参考》2015年第1期，第31页。

④ 参见宁波海事法院（2013）甬海法商初字第215号案。

⑤ 参见宁波海事法院（2014）甬海法商初字第404号案。该案中，承运人主张以宁波海事法院既往判决做法1.5倍新箱市场价格确定使用费上限，宁波海事法院认为，承运人既没有提供相关判决，也未证明该判决对本案的指导具有参照价值，故不予认可。

厦门海事法院认为：集装箱超期使用费的标准应根据当事人的约定或承运人网站发布的使用费率标准计算，但承运人有理由确信货方不可能再行使对货物的权利时，其便应当适时（在另外一宗案件[①]中，合议庭给予承运人20天的处理货物的时间）采取合理的减损措施，随后消极等待指示而产生的超期使用费属于扩大的损失由承运人自担。[②]

青岛海事法院观点与厦门海事法院类似，在一起案件[③]中，涉案货物自2012年1月27日运抵目的港，后被巴拿马共和国巴拿马食品安全局协会技术委员会于2012年3月6日决议决定勒令销毁涉案集装箱内货物。青岛海事法院认为，综合涉案货物的性质（新鲜大蒜和洋葱）以及承运人处理货物的合理期间等因素，认定原告在巴拿马食品安全局协会技术委员会于2012年3月6日决议决定的次日起15日（至2012年3月21日）内应及时处理货物，其未及时处理货物，导致货物在运抵目的港产生的55天之外的集装箱堆存费、供电制冷费、超期使用费为扩大的损失，应由承运人自行承担。但青岛海事法院也有不同的判例。在一起海上货物运输合同纠纷中[④]，涉案货物因在中转港被海关查验、退运并涉嫌走私转入海关缉私局而致使集装箱超期使用。该案判决，托运人与承运人之间没有就装运港之后的集装箱超期使用费进行约定，且承运人在无法收回集装箱进行营运的情况下，应当采取租用相同类型的集装箱补充营运等措施防止损失的扩大，山东省高级人民法院二审认为，青岛海事法院认为托运人没有及时提货归还集装箱给承运人造成的损失，以同期、同类型、同数量集装箱的租金损失作为计算标准符合法律规定和实践操作，并且根据司法实践，该损失不应超出新集装箱的价值。

表2

	减损何时开始	减损义务内容	赔偿限额
广州海事法院	达到一个新箱价时	购置一个新集装箱	一个新集装箱
	根据《海商法》第八十八条规定减损义务为60天	再考虑到免费期以及对货物进行处理的合理时间，酌定以120天的时间计算超期使用费	根据承运人官方网站公布的超期使用费收费标准按照120天的时间计算

① 参见福建省高级人民法院（2013）闽民终字第1072号案。

② 参见厦门海事法院（2004）厦海法商初字第20号案。

③ 参见青岛海事法院（2013）青海法海商初字第111号案。

④ 参见青岛海事法院（2013）青海法海商初字第441号案，山东省高级人民法院（2014）鲁民四终字第66号案予以维持。

续表

	减损何时开始	减损义务内容	赔偿限额
厦门海事法院	承运人有理由确信货方不可能再行使对货物的权利时	未明确	计算标准×超期时间
宁波海事法院	自承运人最迟应当已经知悉涉案集装箱已经滞留并产生较大损失的事实起	未明确	计算标准×超期时间
	未明确	未明确	新箱市场价格的1.5倍
上海海事法院	根据《海商法》第八十八条规定减损义务为60天	购置一个新集装箱	一个新箱市场价格的2倍（理论上）
	达到一个新箱价时	购置一个新集装箱	一个新集装箱
天津海事法院	达到一个新箱价时	购置一个新集装箱	一个新集装箱
青岛海事法院	官方决定勒令销毁涉案集装箱内货物次日起15日	未明确	计算标准×超期时间
	从官方查验不能正常转港时起，计算至还箱日，并扣除正常到达目的港的运输时间	租用同类型集装箱	以同期、同类型、同数量集装箱的租金损失作为计算标准乘以超期期间，同时限额一个新箱市场价格

（六）诉讼时效问题

《最高人民法院关于承运人就海上货物运输向托运人、收货人或提单持有人要求赔偿的请求权时效期间的批复》（最高人民法院法释〔1997〕3号）规定，承运人就海上货物运输向托运人、收货人或提单持有人要求赔偿的请求权，在有关法律未予规定前，比照适用《海商法》第二百五十七条第一款的规定，时效期间为一年，自权利人知道或者应当知道权利被侵害之日起计算。海事司法审判实践对于海上货物运输合同下集装箱超期使用费纠纷的诉讼时效应适用1年时效期间的认识取得了共识。实践中较易产生争议的问题是集装箱超期使用费诉讼时效的起算时间点的问题，即，自权利人知道或应当知道权利被侵害之日具体是指哪一日呢？

关于集装箱超期使用费诉讼时效起算点的几种主要的司法实践观点。（1）从集装箱免费期届满之日的次日起开始计算。在再审申请人上海蝉联携运物流有限公司深圳分公司（以下简称蝉联深圳分公司）、上海蝉联携运物流有限公司与被申请人

A. P. 穆勒—马士基有限公司（以下简称马士基公司）海上货物运输合同纠纷一案中,[①] 货物于2010年2月23日运抵目的港后，两再审申请人始终未明确表示弃货但也未提货，最终被印度海关拍卖。涉案集装箱的免费期为集装箱到港次日开始起算5天，即从2010年3月1日开始收取集装箱超期使用费。2011年2月28日，印度海关通知马士基公司货物已被拍卖，并要求其向新买主交付货物。2012年2月27日，马士基公司向一审广州海事法院提起诉讼。马士基公司主张对持续发生的损害应从损害终结之日起算时效，本案时效应从印度海关处理完货物之后，即从2011年2月28日起算。一审判决[②]和二审判决[③]支持了马士基公司的观点。最高人民法院在再审判决书认为，涉案集装箱在免费期届满后没有及时归还承运人马士基公司，从3月1日开始应当向马士基公司支付集装箱超期使用费，马士基公司请求给付集装箱超期使用费的权利已经产生，即马士基公司从2010年3月1日起就知道或者应当知道其权利被侵害。最高人民法院在中国外运山东公司诉颐中（青岛）冲压件有限公司集装箱超期使用费纠纷案的提审判决[④]中也作出了同样的认定。（2）集装箱超期使用状态延续且非承运人所能控制的情况下，若最终还箱，承运人向货方索赔的诉讼时效应从还箱之日起算。广州海事法院在上述提到的马士基公司与被告蝉联深圳分公司、上海蝉联携运物流有限公司海上货物运输合同纠纷一案判决认为，货物运抵目的港后，两被告始终未明确表示弃货，而是向原告称收货人会到目的港清关并提货，原告有理由等待收货人提货，双方均未举证证明目的港当局规定的最后清关时限，蝉联深圳分公司曾于2010年3月30日通过电子邮件承诺托运人将承担集装箱超期使用费。造成原告权利被侵害的原因是原告为完成海上货物运输合同而提供的集装箱被超期占用，该超期占用的损害事实是持续不间断发生的，且直至货物被当作逃税物品被孟买海关拍卖后，原告才知道收货人不可能再提货，被占用的集装箱才因竞拍人提货而结束被占用的状态，集装箱超期使用所造成的损害才停止，该损失构成一个完整的合同之债。故认定原告行使请求权的时效期间应从印度孟买新港海关向其发出“关于被拍卖货物的交付”文书之日起算。（3）从货到目的港次日起60日起开始计算。根据《海商法》第八十八条，自船舶抵达卸货港的次日起满60日无人提取的，承运人可以申请法院裁定拍卖。据此，有观点认为船舶抵达卸货港次日起满60日，如有权提货的收货人仍未提取货物，承运人应当知道其权利必定受到侵害，由此开始计算1年的诉讼时效。中远集装箱运输有限公司诉湖南嘉利

---

① 参见最高人民法院（2015）民提字第119号民事判决书。

② 参见广州海事法院（2012）广海法初字第329号案。

③ 参见广东省高级人民法院（2013）粤高法民四终字第162号民事判决书。

④ 参见中华全国律师协会海事海商专业委员会编：《中国海事律师案例实录》，大连海事大学出版社2005年版，第167页。转引自周连成：《滞箱费若干法律问题研究》，大连海事大学2011年硕士学位论文。

国际贸易有限公司海上货物运输合同纠纷案，[1] 判决认为，记名提单项下目的港无人提货时，承运人"应当知道权利被侵害之日"为货到目的港次日起的60日，1年的诉讼时效应从该日开始计算。（4）从集装箱超期使用费发生之日开始计算，每天集装箱超期使用费的诉讼时效都从发生的当天开始计算至1年。中外运集装箱运输有限公司诉上海进航国际货运代理有限公司海上货物运输合同纠纷案，[2] 判决认为应从集装箱超期使用费发生之日起开始计算，每天的集装箱超期使用费的诉讼时效都从当天起计算1年，因此即使在集装箱免费期届满之日1年后原告才主张集装箱超期使用费，判决认为承运人仍可以向用箱人主张起诉日前1年的集装箱超期使用费。（5）上海市高级人民法院《关于海上货物运输合同集装箱超期使用费纠纷案件审判实务的解答》，关于"知道或应当知道权利被侵害之日"的认定：收货人已经提货，因实际占用集装箱超过免费期造成超期使用的，应以免费期届满的次日为知道或应当知道权利被侵害之日；在卸货港无人提取货物或者收货人迟延、拒绝提货的，应以承运人将集装箱货物卸在海关指定的堆场、仓库或其他适当场所之日为知道或应当知道权利被侵害之日。

但也有观点认为，[3] 集装箱超期使用费诉讼时效的起算不宜采取"知道或应当知道权利被侵害说"，而应持"请求权行使说"，即从权利人能够行使请求权之时起算。每一个请求权的形成有一定的原因事实，结合"请求权行使说"，可按原因事实情形的不同对超期使用费纠纷的时效起算点进行分类讨论，具体分两大类五小类：一是在收货人已经提货的情况下，又分为三小类：（1）收货人提货且还箱的，应以还箱日为起算点；（2）收货人提货未还箱的，以承运人还箱通知和催款通知中约定的时间届满日为起算点；（3）收货人迟延提货的，参照前两类处理。二是收货人违反提货义务的情况下，又分为两小类：（1）收货人不明，承运人应自行减损，将集装箱货物卸载在海关指定的堆场，卸载之日为起算点，如果没有拆箱卸货，则以集装箱卸载后的一段不超过六个月的合理时间作为时效起算点；（2）收货人拒绝提货，明确不提货的，以明确表示之日为起算点；以不作为方式不提货的，参考收货人不明的情况认定。

三、集装箱超期使用费纠纷相关问题的对策建议

（一）统一法律用语

集装箱滞期费的名称容易与航次租船合同中的滞期费概念相混淆，容易产生歧

① 参见青岛海事法院（2010）青海法海商初字第166号案。

② 参见上海海事法院（2007）沪海法商初字第576号案。

③ 参见谢晨、季刚、方懿、王寰瑾、唐沁：《集装箱超期使用费相关实践问题研究》，上海海事法院《调研与参考》2015年第1期，第27页。

义；滞箱费、滞柜费等名称，是行业内的俗称，没有准确反映行为的性质和特征。调研组认为，集装箱超期使用费是当事人迟延履行归还集装箱义务产生的损失，是由超期使用集装箱行为引起的，所以应规范使用集装箱超期使用费的名称。

（二）统一案由

由于集装箱超期使用费纠纷没有脱离运输合同关系，所以以运输合同的种类定案由是比较恰当的。例如，如果纠纷是产生在海上、通海水域货物运输合同下，就定海上、通海水域货物运输合同纠纷；如果纠纷产生在多式联运合同下，就定多式联运合同纠纷。

（三）关于集装箱超期使用费的法律性质

前文已述审判实践中的三种观点，分别认为集装箱超期使用费属于违约损失、违约金和租金。

对集装箱超期使用费的性质认识不同，审理的思路也存在差异。如果把集装箱超期使用费看作违约损失，法官主要依据《合同法》第一百一十三条、第一百一十九条的规定，综合考虑承运人实际损失，包括按期归还集装箱可以获得的利益、集装箱使用者可预见的损失范围以及承运人的减损义务等因素处理。如果把集装箱超期使用费看作违约金，法官主要依据《合同法》第一百一十四条的规定，围绕当事人双方是否就违约金的数额或者计算方法达成一致意见、承运人的实际损失以及违约金是否过分高于实际损失需要调整等因素来审查。如果认为是租金或航运惯例，那必然是不存在任何调整。

调研组认为集装箱超期使用费是违约损失。理由：（1）集装箱超期使用费的特征与租赁合同并不符合，其设立的目的并不是为了使用或收益集装箱；且集装箱的使用并不必然产生租金，只有在超期使用后才有可能据以赔偿承运人的损失。[①]（2）如果性质定义为违约金，证明违约金数额过高的举证责任由货主承担，而承运人的实际损失涉及集装箱自身价值、承运人的运营成本收益等，货主很难证明。[②]（3）承运人将其集装箱提供给货主装货，只是出于顺利完成其在海上货物运输合同下义务的考虑，这时托运人或者收货人使用承运人的集装箱也是为了保证运输合同的顺利履行。因此，在承运人完成运输协议项下的运输义务后，托运人或收货人再占用集装箱显然是不合理的，应当归还集装箱，这也是托运人或收货人依据运输合同应承担的附随义务。[③] 若是托运人或者收货人没有及时归还集装箱，就违反了运

① 参见顾恺超：《集装箱超期使用费纠纷法律问题研究》，华东政法大学 2011 年硕士学位论文。

② 参见谢晨、季刚、方懿、王寰瑾、唐沁：《集装箱超期使用费相关实践问题研究》，上海海事法院《调研与参考》2015 年第 1 期。

③ 参见司玉琢编：《海商法学案例教程》，知识产权出版社 2003 年版，第 161 页。

输合同的这一附随义务，应当承担《合同法》第一百零七条规定的赔偿损失的违约责任。

（四）关于适格当事人

1. 有权收取集装箱超期使用费的主体

海上货物运输合同纠纷下，主张集装箱超期使用费的通常是承运人。① 需要注意的是，根据合同相对性原则，承运人是否是集装箱所有权人并不影响其索赔集装箱超期使用费。

当承运人履行运输合同有瑕疵，收货人或提单持有人是否应承担集装箱超期使用费的赔偿责任？有案例认为，② 在承运人倒签提单的情况下，双方为赔偿和提货问题经过长达几个月的磋商，由此造成的集装箱超期使用费不应由收货人承担。理由是：在通常情况下，收货人受让提单后，其即受让了托运人与承运人间业已建立的海上货物运输合同，并受该运输合同的约束，负有及时提取货物和及时归还集装箱等义务。但是，收货人作为提单法律关系的一方，其权利、义务受提单记载的约束，前提是提单的记载必须真实、合法，不能违背收货人获得提单的真实意愿。善意的收货人受让提单后，发现提单倒签这一事实，其有权接受提单并提取货物，如因此遭受损失，还可以向承运人提起损害赔偿诉讼；其也可以在知道或应当知道倒签事实发生的一年内，依法行使撤销权，即撤销在不得已情形下，通过受让提单而与承运人建立的海上货物运输合同，拒绝提取货物，并就其所遭受的相关损失向承运人索赔。如收货人拒绝提取货物，承运人本应与托运人协商如何重新处置涉案货物，但承运人和收货人为避免损失扩大，经多次磋商，最终达成了提货共识，虽然收货人损害赔偿要求及与集装箱超期使用费这两大问题仍悬而未决，留待日后通过诉讼寻求解决方案，但双方为减少损失的扩大所作出的努力仍然值得肯定。根据法律规定，当事人因防止损失扩大而支出的合理费用或遭受的利益损失，应由违约方或实施侵权行为的过错方承担。集装箱之所以超期使用，并非收货人懈怠提货或故意拖延还箱所致，而是承运人倒签提单并与收货人就由此引起的损害赔偿以及提货事宜进行长时间的磋商造成，对此，收货人没有过错，不应承担涉案集装箱超期使用费。调研组有不同的意见。我们认为，收货人及提单持有人不享有货物的拒收权，即使承运人履行运输合同有瑕疵。在我国，承运人违反交付完好货物之义务时，《海商法》《合同法》均仅赋予收货人损害赔偿请求权，并没有赋予其拒收权。③

① 这里暂不予讨论托运人请求承运人赔偿货物迟延交付所造成的集装箱超期使用费的情形。此种情形多为托运人自己提供集装箱（情形很少，承运人一般也很少接受），托运人的集装箱超期使用费请求实际上属于承运人因货物迟延交付而造成的损失之一，而对于货物迟延交付的赔偿，我国《海商法》有明确的规定。

② 参见上海市高级人民法院（2006）沪高民四（海）终字第49号案。

③ 参见许俊强：《目的港受领迟延法律问题研究》，大连海事大学2011年博士学位论文。

《海商法》第七十八条规定，承运人同收货人之间的权利、义务关系，依据提单的规定确定。提单无论是正面条款抑或是背面条款，均无收货人享有拒收权的约定。至于承运人构成根本违约，并不等于收货人有拒收货物的权利，而是收货人无需履行提货义务罢了。因此，在海上货物运输合同中承运人因履行合同有瑕疵，需向托运人、收货人或提单持有人承担的责任不能混同于托运人、收货人应对承运人承担的集装箱超期使用费。

司法实践中也有实际承运人作为原告提起诉讼主张集装箱超期使用费。根据合同相对性原则之主体相对性规则，只有合同当事人一方能够向合同的另一方当事人基于合同提出请求，实际承运人未与托运人签订海上货物运输合同，收货人并不是凭实际承运人签发的提单接收货物，因此，其不是合同主体，一般并不承担交付货物的义务，[①] 也不能直接向收货人主张在海上货物运输合同关系下产生的集装箱超期使用费。有案例认为，[②] 实际承运人接受承运人委托从事货物运输，其实际交付货物，对收货人而言是代承运人履行运输合同下的交付义务。收货人依据运输合同向承运人提取集装箱予以占有，也应依据运输合同向承运人返还集装箱，而不是向实际承运人履行返还集装箱的义务。

司法实践中也存在与承运人签订集装箱用箱协议的代理人（通常是箱管公司）起诉货方的情况。审判实务认为[③]，箱管公司并不具有原告主体资格，因为其只是承运人的代理人，与货方并不存在货物运输合同法律关系。但若承运人授权箱管公司代其进行诉讼时，箱管公司是否有主体资格？司法实践中也有支持此做法的案例，如海丰国际船舶代理公司与嘉达货运代理有限公司集装箱超期使用费纠纷案[④]。关于该案，法院认为海丰国际船舶代理公司根据与新海丰集装箱运输有限公司签订的代理协议，作为其在上海港及周边地区的总代理，经承运人授权、认可并追认，有权行使向收货人催促和直接收取收货人支付集装箱超期使用费的一切行为。海丰国际船舶代理公司以涉案提单为依据，代理承运人行使集装箱超期使用费的权利主张，符合我国法律规定和交易习惯。调研组认为，箱管公司提供与承运人之间的代理协议，由承运人授权其收取集装箱超期使用费且授权代为诉讼的，箱管公司可以作为集装箱超期使用费索赔主体。理由：箱管公司直接负责集装箱的发放与回收，直接接触实际操作中的相关单据，切实了解集装箱的真实情况，由代理人参加诉讼更加符合航运实践中对效率的追求，也更有利于保护承运人的利益。

---

① 例外的情况是：根据《海商法》第六十条第二款的规定，当运输合同中有明确约定时，实际承运人有可能承担交付义务。

② 参见广州海事法院（2004）广海法初字第 284 号案。

③ 参见广州海事法院（2004）广海法初字第 103 号案。

④ 参见上海海事法院（2005）沪海法商初字第 376 号案。

2. 承担集装箱超期使用费的责任主体

（1）应由托运人承担责任的情形。

在装货港货物未能出运或迟延出运，未在免费期内及时归还集装箱的，应由托运人承担责任，这是审判实践的共识。

在卸货港，无人主张提货时，超期占用产生的集装箱超期使用费，应由托运人承担责任。无人提货时产生的集装箱超期使用费由托运人或收货人承担责任在法律适用上遇到一个难点，因为我国《海商法》关于责任主体未予明确规定。我国《海商法》第八十六条规定，在无人提货或收货人拒绝提取货物时，产生的费用和风险由收货人承担。第八十八条又规定，承运人依法留置的货物在船舶抵达卸货港的次日起满60日内无人提取的，承运人可申请法院拍卖。拍卖所得价款如不足以清偿应当向承运人支付的有关费用的，承运人有权向托运人追偿。那么在无人提货或收货人拒绝提取货物时，到底是由收货人还是托运人作为责任主体。一种观点认为，比如上海市高级人民法院《关于海上货物运输合同集装箱超期使用费纠纷案件审理实务的解答（二）》第七条规定，无人提货时，根据《海商法》第八十八条的规定，由托运人承担责任。无人提货细分为：收货人不明确而无人向承运人或其代理人提取货物，或者虽有人要求提货但不能证明其是合法收货人（如没有正本提单），或者虽有明确收货人但无法通知其提货等情况，但不包括收货人持有提单而拒绝提货的。还有种观点认为,[①] 在无人提货时，托运人和收货人均为集装箱超期使用费的责任主体，承运人具有追偿对象的选择权，理由是：海上货物运输合同具有涉他合同的属性，托运人与承运人为海上货物运输合同的双方当事人，收货人是运输合同中涉及的承担一定义务和权利的第三人，确保交付运输的货物被如约提取是托运人在运输合同项下负有的义务，而集装箱超期使用费是承运人因货物未被如期提取而遭受的损失，根据合同的相对性，托运人应向承运人偿付此项损失，托运人向承运人偿付了此项损失后，可以依据贸易合同向收货人追偿，而我国《海商法》第八十六条的规定关于收货人承担无人提货或收货人拒绝提取货物的费用和风险的规定，应被理解为立法者为减少相关主体的诉累而为收货人设立的强制性的法定义务。因此，托运人和收货人均为目的港无人提货时集装箱超期使用费的责任主体，承运人具有追偿对象的选择权。调研组认为，托运人和承运人是海上货物运输合同的当事人，收货人是托运人在贸易合同中选择的，货到目的港后，没有人提取货物，运输关系尚未终止，承运人有权向托运人主张卸货港发生的费用，包括集装箱超期使用费。更何况，收货人与承运人并未直接订立合同，收货人承担义务的前提是其主动

---

① 宋瑞秋：《无人提货或收货人拒绝提货时集装箱超期使用费的承担问题——伟航集运（深圳）有限公司诉北海锦程国际物流有限公司海上货物运输合同集装箱超期使用费纠纷案》。

表明收货人身份，并向承运人主张提货，只有其主张了提货的权利，法律才要求其提货及承担还箱义务。而且，在某一具体的合同关系中，特别是集装箱运输，除非托运人同时也是收货人，否则托运人就应当对其所指定的收货人的真实存在和在卸货港提取货物向承运人承担默示担保义务。[①] 因此，在无人提货情况下，承运人不知道收货人是谁或联系不到收货人，或不是合法的收货人或联系到收货人但其并不主张提货，托运人理应承担其选择收货人不当而给承运人造成的损失，这也符合审判实践。因此，我们也主张在无人提货时，仅应由托运人承担责任。

应当注意的是，当托运人承担责任时，是订约托运人还是实际托运人承担责任？有案例认为，应由实际托运人承担责任。在厦门崇联进出口有限公司（以下简称崇联公司）与马士基公司海上货物运输合同纠纷案中，[②] 崇联公司出售一批石制品给案外人 PRECISION 公司，双方约定价格条件为 FOB 厦门。PRECISION 公司与马士基公司签订运输服务合约。崇联公司根据 PRECISION 公司的指示委托厦门璐航国际货运代理有限公司（以下简称“璐航货代”）向马士基厦门分公司订舱并交付货物。涉案货物运抵目的港后，因收货人未支付货款，马士基公司和崇联公司双方及其代理通过电子邮件就货物的退运及转卖等事宜进行联络和沟通。厦门海事法院认为，根据涉案提单记载，马士基公司是涉案货物的承运人，崇联公司是涉案货物的实际托运人，双方形成以提单为证明的海上货物运输合同法律关系。涉案提单虽载明运费到付，但由于收货人拒绝付款赎单，提单未经正常流转，导致货物在目的港无人提取，崇联公司作为托运人及提单持有人，负有向承运人支付运费的义务。福建省高级人民法院认为，虽然运输服务合约系马士基公司与 PRECISION 公司订立，PRECISION 公司是案涉海上货物运输合同的缔约托运人，但是根据《海商法》第四十二条第（3）项第 2 点的有关规定，本人或者委托他人以本人名义或者委托他人为本人将货物交给承运人的人也属于托运人。崇联公司委托璐航货代向马士基厦门分公司订舱并交付货物，故依照法律规定应当认定其也是案涉海上货物运输合同的托运人。而且，崇联公司是以托运人的身份取得提单并取得货物的控制权，也应作为托运人相应地承担对货物的相关义务。虽然案涉提单载明运费到付，但由于提单没有正常流转，货物在目的港无人提取，马士基公司无法在目的港向收货人收取运费，崇联公司作为托运人仍应负有向承运人支付运费的义务。此外，由于案涉货物在目的港无人提取，导致集装箱被长期占用，由此产生的集装箱超期使用费也应由崇联公司承担。调研组认为，集装箱超期使用费应由托运人承担的情况下，应由订约托运人承担责任，交货托运人不承担责任。我国《海商法》第四十二条第（3）

① 参见厦门海事法院（2004）厦海法商初字第 20 号案。
② 参见福建省高级人民法院（2013）闽民终字第 361 号案。

项定义了两种托运人，即订约托运人和实际托运人（亦称交货托运人）。前者与承运人之间订立了海上货物运输合同，而后者与承运人之间并无意定法律关系，是立法者从保护 FOB 贸易合同项下卖方的权利作出的特殊安排。一般认为，订约托运人对承运人承担全部运输合同的责任。[①] 不同性质的托运人对承运人所应承担的义务亦是不同的，与承运人间无合同关系的实际托运人不应承担相关合同项下的义务，即其应被明确排除在责任主体范围之外。

（2）应由收货人承担责任的情形。

关于收货人身份的确定。收货人支付运费或者其他费用，应以收货人向承运人主张提货权为前提。[②] 因此，在收货人未主张权利之前，其仅仅是根据记名提单或海运单记载的，或指示提单指示的，或不记名提单的持有人，或托运人指示（电放时）的“可能收货人”[③]，托运人与承运人之间的运输合同并不能因契约或法定原因使收货人担责。收货人凭合法持有的承运人签发的全套正本提单（含记名提单、不记名提单和指示提单）向承运人主张提取货物，在收货人向承运人换取了提货单后，即主动表明收货人身份并请求承运人交付货物后，无论随后其是否按时提货抑或未能在约定或合理的时间内提取货物，抑或拒绝提货，收货人换取提货单后目的港集装箱超期使用费的承担与托运人无关，因为收货人主张运输合同项下的权利，理应履行与之相关的运输合同下的义务。收货人凭海运单或托运人电放指示向承运人主张提取货物，在海运单和电放指示下的收货人向承运人表明身份（出示海运单复印件及保证提货保函等，或电放指示下的收货人向承运人出示电放提单复印件及电放保函等）后，且该身份托运人并未有相反规定（比如根据《合同法》第三百零八条的规定，在承运人交付货物之前托运人行使变更收货人的权利等），此时海运单和电放指示下的收货人具备受领货物的权利，其与承运人构成了运输合同的当事人。但因其与承运人之间并无合同约定，其是依托运人指示和受领货物的表意行为而成为运输合同的当事人，在没有提单等载明其在海上货物运输合同中与承运人的权利义务事项的情况下，其只就涉及货物的受领环节的相关事项与承运人发生关联，至于装港所发生的费用以及运费支付等事项，与承运人并无关联。

收货人主张提货权后承担卸货港集装箱超期使用费的责任是否排除了托运人的责任？时任最高人民法院民四庭庭长刘贵祥在 2012 年全国海事审判工作会议上的讲话指出：“集装箱超期使用费的索赔主体一般是集装箱的提供者，包括专业集装箱

---

① 参见司玉琢、李志文、郭萍编：《海商法专题研究》，大连海事大学出版社 2002 年版，第 41 页。

② 参见司玉琢编：《海商法（第二版）》，法律出版社 2007 年版，第 124 页。

③ 关于收货人在运输合同的地位，有兴趣的可以参阅徐春龙的《中国海商法语境下收货人的权利义务探析——基于交付的“可能”与“现实”》（该论文获 2015 年华南海商法研讨会二等奖）。

租赁公司和向托运人提供集装箱作为运输工具的承运人。收货人提取货物后不合理滞留集装箱，承运人可以根据运输合同关系或者集装箱租赁合同关系向该收货人主张集装箱超期使用费。”对于该讲话中的“可以”一词是否可以理解为可以同时向托运人主张该费用存在分歧。一种观点认为，“可以”应理解为“应当”，即收货人提货后，承运人只能向收货人主张逾期未还箱的损失。主要理由：一是收货人提货的情况下，发生了交付行为，依照权利义务转让说，还箱的义务转让给收货人，承运人应向收货人主张集装箱超期使用费；二是依据到货通知书，承运人在目的港无人提货时，起诉托运人并无问题，在收货人提货后权利义务转让给收货人，此时承运人只能向收货人主张超期使用费，不具备起诉托运人的选择权。第二种观点认为：“可以”只能解释为“可以”，即收货人提货后，承运人可以向收货人主张逾期未还箱的损失，也可以向托运人主张，承运人具有起诉收货人或托运人的选择权。对此又存在两种不同意见：一种意见认为，承运人一般都具有选择权，因为收货人提货后，运输合同尚未完结，参照运输阶段发生的货损收货人和托运人均有权向承运人主张的做法，承运人也应具有向收货人或托运人主张集装箱超期使用费的选择权。另一种意见认为，应区分情况判断承运人是否有权向托运人主张超期使用费，在有提单时，承运人与收货人成立提单法律关系，收货人拿到货之后，权利义务已经转移给收货人，承运人只能向收货人主张超期使用费；在没有提单时（海运单、电放等情形），托运人和收货人往往为同一人，此时只存在海上运输合同关系，谁签订的合同谁负责，承运人可以向托运人主张集装箱超期使用费。调研组认为，货到目的港，收货人主动表明收货人身份并请求承运人交付货物后，收货人与承运人之间建立了货物交付法律关系，此时，海上货物运输合同的部分权利义务（包括货物索赔权和支付目的港费用义务）由托运人转移至收货人，承运人不能再向托运人主张目的港费用。因此，此时只能向收货人主张超期使用费。

总结一下，在收货人未主张权利之前，托运人与承运人之间的运输合同并不能因契约或法定原因使收货人担责。在收货人向承运人主动表明身份并请求承运人交付货物后，无论随后其是否按时提货抑或未能在约定或合理的时间内提取货物，抑或拒绝提货，收货人换取提货单后集装箱超期使用费的承担与托运人无关，因为收货人主张运输合同项下的权利，理应履行与之相关的运输合同下的义务。归纳起来，收货人承担责任且仅应由收货人承担责任的情况包括：收货人在合理期间内提货，但超期归还集装箱；收货人延迟提货，超期归还集装箱；收货人要求交付货物后拒绝提货，导致集装箱超期占用。

值得注意的是收货人的识别。真正提走货物的人（暂且称之为实际收货人）可能并非提单载明的收货人，或海关文件中的进口单位，或提货单上的申请提货人等表面收货人，实践中存在出借进口权或冒用他人名义进行提货的行为，此时涉及对承担责任的收货人的识别问题。例如，在一起案件中，承运人马士基公司向提单上记载的收货人日之初公司和实际收货人泰洲公司要求共同承担集装箱超期使用费。[①]日之初公司虽系提货单记载的收货人，但由于马士基公司在日之初公司换取提货单时已经知悉其系代理泰洲公司提货（日之初公司举证，其与泰洲公司之间的《代理报关报检合作协议》及《代理进出口合同》，且泰洲公司提交的放货委托书明确日之初公司系代理泰洲公司提货），故应由实际收货人泰洲公司就未及时提货给马士基公司造成的损失承担赔偿责任。有观点认为，[②] 在目前公章监管不力的情况下，考虑到提货手续的办理效率，无法要求承运人对提货人的身份进行严格审查。因此，如果查明表面收货人有出借进口权的过错行为的，其要承担披露实际收货人的举证责任，即由其举证承运人应当知晓实际收货人的情况，如不能举证，则表面收货人将承担向承运人支付集装箱超期使用费等卸货港费用的责任。[③] 但审判实践中对此也有不同的认识，比如大连海事法院判决[④]认为：即使存在实际收货人，也不能免除表面收货人在运输单证项下收货人的义务。我们同意福建省高级人民法院和上海海事法院的意见，也认为表面收货人原则上要承担集装箱超期使用费的付款责任，除非其举证证明提货当时承运人知晓实际收货人。

（3）例外：混合责任。

托运人指示承运人不允许放货，后指示放货后，收货人要求交付货物后又拒绝提货的情况下，谁承担超期使用费？我们认为，此时涉及法官的释明。承运人就超期使用费如果只诉托运人，托运人就只对不允许放货而造成的超期使用费承担责任；如果只诉收货人，收货人就只对换取提货单后拒绝提货产生的超期使用费承担责任。如果同时诉托运人和收货人的话，那么就涉及责任的划分，尤其是在对案件产生的超期使用费进行限额的情况下，应根据责任比例进行划分。

（五）赔偿数额确定

1. 关于计算标准

关于承运人网站公开的集装箱超期使用费费率是否当然视为承运人与货方之间的约定。调研组认为，集装箱超期使用费的标准应根据当事人的约定予以确定，如果在提单等单证中载明集装箱超期使用费的收取适用承运人的运价本或者承运人在其官方网站公布的标准，则上述标准应视为当事人之间的约定。鉴于集装箱超期使

---

① 参见福建省高级人民法院（2013）闽民终字第1072号案。

② 参见谢晨、季刚、方懿、王寰瑾、唐沁：《集装箱超期使用费相关实践问题研究》，上海海事法院《调研与参考》2015年第1期。

③ 参见上海海事法院（2013）沪海法商初字第789号案民事判决。

④ 参见大连海事法院（2008）大海商外初字第8号案民事判决，辽宁省高级人民法院（2009）辽民三终字第62号判决予以维持。

用费费率制定的单方性与制定标准的模糊性特点，在当事人未约定，又未在提单等单证中载明集装箱超期使用费的情况下，承运人采取社会公告方式公布的集装箱超期使用费计算标准不当然视为承运人和使用人之间共同的意思表示。集装箱提供者主张集装箱超期使用费的，应当举证证明集装箱使用费的同期市场价。

关于集装箱使用费的同期市场价，即有关市场主体普遍采用的价格。司法实践目前认定市场价的主要观点是其他航运公司的普遍标准，比较特别的观点是福建省高级人民法院的意见，即市场价应参照案涉货物的运费来确定案涉集装箱的预期可得利益，并结合运输期间使用集装箱的时间进行认定。调研组认为，集装箱使用费的同期市场价以承运人提供的同期市场上其他承运人公布的超期使用费费率来确定。原因有：（1）市场上关于超期使用费的标准都明显带有惩罚性质并不是否定市场普遍价的因素。计算标准计算出来的超期使用费过高的情况下，司法实践可以通过设定限额的方式调整。（2）福建省高级人民法院参照案涉货物的运费来确定案涉集装箱的预期可得利益，并结合运输期间使用集装箱的时间进行认定集装箱超期使用费的市场价的做法提供了一个思路，但仅凭运费和运输期间来判定集装箱使用价值并不周全，毕竟运费的高低并不仅和运输期间有关，还与集装箱使用者与承运人关系、货物种类、航线、集装箱规格等有关。（3）集装箱超期使用费的同期市场价类似于集装箱按时归还投入运营的收入水平。承运人的营运收入反映在集装箱在海上货物运输中的使用价值上，随航运市场的变化而波动，很难找到一个具体的计算公式。

2. 关于超期使用费应不应该调整的问题

是否调整集装箱超期使用费数额与对集装箱超期使用的性质认识有关。是否调整，要确定集装箱超期使用费的赔偿限额，其理论依据是由集装箱超期使用费的性质决定的。

认为集装箱超期使用费的性质是租金的，当然认为不存在集装箱超期使用费调整的问题。此种观点实质上是将集装箱超期使用费放在一个单独的合同中去考虑。他们认为，货主使用承运人提供的集装箱装运货物，应视为货主和承运人之间专门就集装箱的使用达成了协议，对于货主来说既然是租用集装箱就要支付合同对价，超期使用集装箱则当然应当支付超期使用期间的租金，因此不存在违约的问题，更不存在集装箱超期使用费调整。认为集装箱超期使用费的性质是违约金或违约损失的法院，都是基于集装箱超期使用费用纠纷仍未脱离海上货物运输合同关系这一前提，所以才会存在违约的问题，违约的“约”指的是海上货物运输合同。认为集装箱超期使用费的性质是违约金或违约损失的法院都主张应对集装箱超期使用费进行调整，只是理由不完全相同。

调研组认为，应该对过高的集装箱超期使用费进行调整。理由有：（1）集装箱超期使用费违约损失的法律性质决定了应对过高的集装箱超期使用费进行调整。根据《合同法》第一百一十三条的规定："当事人一方不履行合同义务或者履行合同义务不符合约定，给对方造成损失的，损失赔偿额应当相当于因违约所造成的损失，包括合同履行后可以获得的利益，但不得超过违反合同一方订立合同时预见到或者应当预见到的因违反合同可能造成的损失"，以及第一百一十九条的规定："当事人一方违约后，对方应当采取适当措施防止损失的扩大；没有采取适当措施致使损失扩大的，不得就扩大的损失要求赔偿"，可见，违约损害赔偿应受"可预见规则"和"减损义务"两项规则的限制。（2）集装箱超期使用费费率的惩罚性，并不符合我国民事责任的补偿性原则，如果集装箱超期使用费的收取完全不考虑承运人遭受的实际损失大小，对于货方而言也是不公平的。对于体现过高惩罚性的集装箱超期使用费本身便有进行限制的必要。（3）从承运人因超期占用集装箱而可能造成的实际损失角度考虑，可能造成的明显容易计算的损失是承运人自有箱的折旧费或者租箱情况下的租金损失；可能造成的实际存在但又难以计算的损失是影响承运人对箱源的分配及运转安排，造成承运人经营成本增加，集装箱周转困难引发的运输利润损失及规模经济效益等损失。因此，承运人制定集装箱超期使用费的初衷，一为弥补因滞箱而造成的折旧费或租金损失，二为敦促货方及时提货，促进集装箱的流转与使用。即使承运人在设立集装箱超期使用费费率标准时并不以营利为初衷，然而高额的集装箱超期使用费动辄超过运费，完全有可能被无良承运人作为谋取利润的手段，或成为承运人避免航运淡季运费亏损的权宜之计，因此也有必要限额。

值得一提的是，在承运人向收货人主张集装箱超期使用费的案件中，通常也会向其主张垫付的场站堆存费。对于承运人垫付的场站堆存费，是否应一并调整。调研组认为，场站堆存费，一般是指货方未能将到港货物及时清关提货，到港货物在港区堆放时间超出港区所规定的免费堆放时间而产生的费用。场站堆存费与集装箱超期使用费很多时候会同时产生，但实则是两个不同概念。虽然同是向收货人收取，但前者是堆场收取，后者是承运人收取；并且，前者是超期占用堆场场地，后者是超期占用集装箱。两者产生的法律关系并不相同。在承运人依合同约定预先垫付场站堆存费的情况下，场站堆存费属于承运人的实际损失，承运人随后可以向托运人或收货人全额追偿；而集装箱超期使用费，依前所述，是违反运输合同下还箱附随义务的损失赔偿。因此，我们认为，通常情况下，承运人垫付的场站堆存费不应与集装箱超期使用费一同调整。

3. 关于超期使用费如何调整的问题

关于减损义务为 60 日的观点。广州海事法院有案例，上海海事法院调研组在新近的调研报告中都提出了此观点。《海商法》第八十八条赋予承运人通过留置货物、合法处置货物的权利，是一种减少损失、降低运输风险的救济措施，但不能把其理解为承运人有在一定期限处理货物的义务的条款。上海海事法院调研组认为，自船舶抵达卸货港的次日起满60日无人提取货物，承运人即可行使留置权，此时应认为承运人已经有能力通过处理货物的方式收回集装箱，而且可初步推定货主已不打算提取货物，因此将承运人采取减损措施的合理期限设定为60日。调研组认为，承运人可行使留置权的期限为60日是法定的，但与承运人采取减损措施的合理期限并无关联，相反，若一概设定减损义务的合理期限为60日，反倒是有将《海商法》八十八条的规定理解为承运人处理货物的义务之嫌。其次，《海商法》第八十八条的规定仅适用于目的港无人提货的情况，而无法适用于在装货港以及卸货港因其他原因产生的超期使用费的情况。若一概将减损义务的期限设定为60日，虽然司法实践容易操作，但却有不当扩大适用之嫌。另外，将赔偿限额设置为1个新箱的价值与承运人60日货物处理权并不矛盾，因为当货方赔偿承运人一个箱子的价值后，相当于箱子本身并不存在，只是承运人有权利在60日以后处理货物。

关于承运人减损义务开始时间的限定。综合各法院的观点，一般的理念是自承运人有理由确信货方不可能再行使对货物的权利时开始有义务进行减损或再给予合理的货物处理时间。调研组赞成这种观点，但存在的问题是，法院在判断何时承运人确信货方不再行使货物权利所掌握的自由裁量权仍然过大。

调研组认为，法院应该支持承运人关于集装箱超期使用费的请求，但以补偿承运人被超期占用集装箱流转可期待利益损失为原则。为了公平、高效解决海上货物运输合同下集装箱超期使用费纠纷，集装箱超期使用费仍限额为一个同类型新箱的市场价值。理由有：（1）被超期占用集装箱流转可期待利益是指通过统计特定时间区段内的集装箱运输总利润与集装箱流通总量而推算出单位集装箱在特定时间区段内的可得利润。简单地说就是一个集装箱可以在一段时间内为承运人挣得的利润。承运人被超期占用集装箱流转可期待利益损失充分考虑到承运人因滞箱所遭受到的实际利益损失，以此作为赔偿责任限制的标准，符合了民事责任的补偿性原则，也符合公平原则。但问题是该标准由谁提供，如果根据民事举证责任分配原则的划分应由主张集装箱超期使用费过高的货方提供，但是货方又怎会知道承运人的利润情况。即使由承运人举证，其也大可往高处说，可期待利益标准实则丧失了其本来的作用。如果参考地区航运市场的通常利润情况，由于航运市场有淡季与旺季之说，运费时常调整，甚至每两周便要调动一次运价，统计其利润情况本身就要消耗巨大成本，所得效果往往甚微。因此该标准得以通行，往往需要依靠极为完善的市场监控体系，而这却又不是法律的分内之事。因此，从效率角度出发应设置简单的限额方式。（2）集装箱超期使用费的主要作用更多体现在督促用箱人及时返回集装箱，避免影响承运人对箱源的分配及运转安排，造成承运人经营成本增加。那么，承运人通过重新购置新箱的方式，可以有效避免集装箱被长期占用造成的营业损失，是承运人作为非违约方的有效减损方式，而且购置集装箱与阶梯式递增计算的超期使用费相比，对集装箱超期使用者来说相对公平，亦在其可预见的损失范围之内。(3) 承运人防止损失扩大的方式有很多种，包括内部调剂、向外租赁或购买集装箱。为什么调研组限定赔偿限额为重新购置新箱而不是租用同类型箱子？据向广东地区某知名航运公司了解，大型航运公司集装箱的储备通常是运力的1.5倍，在存在超期使用集装箱的情况下，通常不会产生“运营损失”而是通过内部调剂的方式就可以解决运营周转的问题，带给承运人的麻烦只是集装箱周转效率变低；在我们认为承运人确有实际损失但又难以计算的前提下，承运人减损的方式是租用或者购买取决于承运人根据实际情况比如自身报废箱的数目、市场行情（市场好时，承运人更倾向于买箱提高箱储量；市场差时，买箱不仅不会盈利，还有可能要支付集装箱维护费、堆存费等费用）等进行综合判断。这是一个纯粹的、灵活的商业决定，作为海事司法审判部门，我们无法也不宜事先设定承运人的商业决定，但从平衡承运人和集装箱使用者的角度考虑，集装箱使用者所能预见到的顶格赔偿就是一个相同类型的箱。为什么是新箱？因为在集装箱流转的过程中，只要箱体能满足货运的要求，没有人会特别关心箱子本身的新旧程度，货方预期是最多赔偿一个新箱。(4) 限额设置为1个新箱的司法判决为多数法院的意见，且此意见在航运实践中也逐渐得到各航运公司的重视，继续保持1个新箱限额的审判观点属于裁判观点的统一，且能够发挥司法对实践的指引作用。

（六）诉讼时效

前文已述关于集装箱超期使用费诉讼时效起算点的几种司法实践观点，调研组认为：

(1) 关于从集装箱免费期届满之日的次日起开始计算。调研组赞同此观点。集装箱免费期届满之日起开始计算超期使用费，是承运人收取集装箱超期使用费权利形成的开始。

(2) 关于集装箱超期使用状态延续且非承运人所能控制的情况下，若最终还箱，承运人向货方索赔的诉讼时效应从还箱之日起算。调研组不赞成这种观点：法律规定“承运人知道或者应当知道权利被侵害之日”并不等同于承运人知道损失的确切金额之日，集装箱超期使用费赔偿数额是否最终确定也并不影响承运人诉权的行使，在知道权利被侵害时，即使损失数额不确定，诉讼时效也应起算。而且，这个观点并不全面，其不能适用于所有集装箱超期使用费产生的情况，比如若最终未还箱，损害状态一直在持续，没有明确的“终结”之日。

(3) 从货到目的港次日起60日起开始计算。调研组不赞成这种观点：60日只是法律赋予承运人有权处置货物的时间点，并不等同于承运人“应当知道权利被侵害之日”。因为集装箱超期使用费在集装箱免费期结束后产生，而不是一直要等到货到目的港次日起60日后才开始产生。

（4）从集装箱超期使用费发生之日开始计算，每天集装箱超期使用费的诉讼时效都从发生的当天开始计算至1年。调研组不赞成这种观点：集装箱超期使用费是基于一个海上货物运输合同产生的，产生的原因也是基于一个侵害事实产生的，造成承运人的损失也是持续发生的。

调研组认为，应以免费期届满的次日为知道或应当知道权利被侵害之日。理由是集装箱免费期一届满，意味着集装箱的占用失去了合法依据，等同于承运人的权利被侵害。提货后迟延归还集装箱、无人提取货物或者收货人迟延、拒绝提货，都不能改变集装箱非法占用、承运人的权利被侵害的事实。

关于审理海上货物运输合同下集装箱超期使用费纠纷案件若干问题的意见

（课题组建议稿）

为解决审理海上货物运输合同下集装箱超期使用费纠纷案件中遇到的疑难问题，统一裁判尺度，根据《中华人民共和国合同法》《中华人民共和国海商法》等相关法律规定，制定本意见。

一、定义

集装箱使用者因迟延履行归还集装箱义务而应向集装箱提供者负担的延误费用为集装箱超期使用费。

二、案由

海上货物运输合同下集装箱超期使用费纠纷的案由应按照最高人民法院《民事案件案由规定》的运输合同种类来定。如果纠纷是产生在海上、通海水域货物运输合同下，定海上、通海水域货物运输合同纠纷；如果纠纷产生在多式联运合同下，定多式联运合同纠纷。

三、法律性质

集装箱超期使用费是集装箱使用者违反运输合同中及时归还集装箱的附随义务产生的违约损失。

四、当事人

在海上货物运输合同下，有权向集装箱使用者收取集装箱超期使用费的主体为承运人，实际承运人向集装箱使用者主张集装箱超期使用费的不予支持。

集装箱超期使用费的责任承担主体，根据目前的海运实践，具体分以下情形：

（1）在装货港，货物未能出运或迟延出运，未在免费使用期限内及时归还集装箱的，应由托运人承担责任。

（2）在卸货港，无人主张提货时，超期占用产生的集装箱超期使用费，应由托运人承担责任。

无人主张提货的情形包括：收货人不明；或虽有人要求提货但不能证明其是合法收货人；或虽有明确收货人但无法通知其提货；或联系到收货人但其并不主张提货。

（3）在卸货港，收货人提货，未在免费使用期限内及时归还集装箱的，应由收货人承担责任。

（4）在卸货港，收货人迟延提货，或要求交付货物后拒绝提货，超期占用产生的集装箱超期使用费，应由收货人承担责任。

（5）在卸货港，托运人指示承运人不允许放货，后指示放货后，收货人要求交付货物后拒绝提货或延误提货造成超期使用费继续产生的情况下，托运人和收货人按照各自责任比例承担集装箱超期使用费。

五、计算标准

集装箱超期使用费应根据当事人约定的标准计算。如果当事人在提单等单证中载明集装箱超期使用费的收取适用承运人的运价本或者承运人在其官方网站公布的标准，则上述标准应视为当事人之间的约定。

在当事人未约定，又未在提单等单证中载明集装箱超期使用费的情况下，承运人主张集装箱超期使用费的，应当举证证明集装箱超期使用费的同期市场价。集装箱超期使用费的同期市场价可参照承运人提供的同期市场上其他承运人公布的使用费费率来确定。

六、对过高的超期使用费应予以调整

承运人起诉要求集装箱使用者支付集装箱超期使用费，集装箱使用者主张集装箱超期使用费过高的，法院应对过高的超期使用费进行调整。

七、调整方法

法院对过高的集装箱超期使用费进行调整，应在认定承运人的实际损失的基础上，考虑违约方即集装箱使用者预见到或者应当预见到的损失范围，并根据《合同法》第一百一十九条关于非违约方负有减损义务的规定进行调整，原则上以同期同类型新集装箱的购置价为限。

八、诉讼时效

在海上货物运输合同纠纷下，主张集装箱超期使用费的诉讼时效为 1 年，从免费使用期限届满的次日开始计算。

海上货物运输合同下集装箱超期使用费纠纷案件要素表

表格说明：（1）由原告如实填写，承办法官参照表格内容审理案件。

（2）表格中有“证据编号”的项目须附证据，并将证据进行编号。

表格一：当事人信息

原告人数：　　　　　　　　　　　　　　　被告人数：

<table>
<tr><td colspan="2">案由</td><td colspan="7"></td></tr>
<tr><td rowspan="5">原告</td><td rowspan="2">自然人</td><td>姓名</td><td>性别</td><td>身份证号</td><td>电话</td><td>国籍</td><td>职业</td><td>住址</td></tr>
<tr><td></td><td></td><td></td><td></td><td></td><td></td><td></td></tr>
<tr><td rowspan="2">法人</td><td>名称</td><td colspan="2">法定代表人姓名及职务</td><td>住所</td><td colspan="2">办公地址</td><td>联系电话</td></tr>
<tr><td></td><td colspan="2"></td><td></td><td colspan="2"></td><td></td></tr>
<tr><td colspan="2">身份</td><td colspan="6">□承运人　　　　　□其他______（请注明）</td></tr>
<tr><td rowspan="6">被告</td><td rowspan="2">自然人</td><td>姓名</td><td>性别</td><td>身份证号</td><td>电话</td><td>国籍</td><td>职业</td><td>住址</td></tr>
<tr><td></td><td></td><td></td><td></td><td></td><td></td><td></td></tr>
<tr><td rowspan="2">法人</td><td>名称</td><td colspan="2">法定代表人姓名及职务</td><td>住所</td><td colspan="2">办公地址</td><td>联系电话</td></tr>
<tr><td></td><td colspan="2"></td><td></td><td colspan="2"></td><td></td></tr>
<tr><td rowspan="2">身份</td><td>托运人□</td><td colspan="6">□在装货港，货物未能出运或迟延出运，未在免费使用期限内及时归还集装箱
□在卸货港无人主张提货（包括收货人不明；或虽有人要求提货但不能证明其是合法收货人；或虽有明确收货人但无法通知其提货；或联系到收货人但其并不主张提货），超期占用集装箱
□其他______（请注明）</td></tr>
<tr><td>收货人□</td><td colspan="6">□在卸货港收货人提货，未在免费使用期限内及时归还集装箱
□在卸货港，收货人迟延提货，或要求交付货物后拒绝提货，超期占用集装箱
□其他______（请注明）</td></tr>
</table>

填表人：　　　　　　　　　　　　　　　　填表时间：

表格二：集装箱超期使用费计算要素

<table>
<tr><td rowspan="2">集装箱信息

证据编号：</td><td>编号</td><td>类型</td><td>尺寸</td><td>生产年份</td><td>目前处所</td></tr>
<tr><td></td><td></td><td></td><td></td><td></td></tr>
<tr><td rowspan="4">集装箱超期使用费收费标准

证据编号：</td><td colspan="2">原告主张的收费标准</td><td colspan="3"></td></tr>
<tr><td colspan="2">同期市场上收取标准</td><td colspan="3"></td></tr>
<tr><td colspan="2" rowspan="2">是否告知集装箱使用者收费标准</td><td colspan="3">□是
请明确告知途径并提供相关证据，证据编号：
□双方约定
□在提单等单证中载明集装箱超期使用费的收取
□网站公布
□其他______</td></tr>
<tr><td colspan="3">□否</td></tr>
<tr><td rowspan="4">超期占用时间

证据编号：</td><td colspan="2">免费使用期开始日</td><td colspan="3"></td></tr>
<tr><td colspan="2">免费使用期届满日</td><td colspan="3"></td></tr>
<tr><td colspan="2" rowspan="2">超期占用是否终止</td><td colspan="3">□是集装箱重新回归承运人使用之日________（请注明）</td></tr>
<tr><td colspan="3">□否</td></tr>
<tr><td>当地同类型新箱重置价

证据编号：</td><td colspan="5"></td></tr>
</table>

填表人：　　　　　　　　　　　　填表时间：

关于申请设立海事赔偿责任限制基金案件的调研报告①

邓宇锋　宋瑞秋　廖林锋②

海事赔偿责任限制制度是指发生海损事故，给他人造成财产损失或人身伤亡时，依法将负有赔偿责任的人的赔偿责任限制在一定限度之内的赔偿制度。责任限制基金指责任主体在依法享有赔偿责任限制范围内，在有管辖权的法院设立的担保在赔偿责任限额内分配给全部限制性债权的保证金。基金的设立和分配是海事赔偿责任限制制度的一项重要内容。

经过二十余年发展，我国关于海事赔偿责任限制基金的立法已经形成由《中华人民共和国海商法》（以下简称《海商法》）、《中华人民共和国海事诉讼特别程序法》（以下简称《海事诉讼特别程序法》）、《最高人民法院关于适用〈中华人民共和国海事诉讼特别程序法〉若干问题的解释》（以下简称《海事诉讼特别程序法解释》）和《最高人民法院关于审理海事赔偿责任限制相关纠纷案件的若干规定》（以下简称《海事赔偿责任限制若干规定》）构建的制度框架。该类案件中一些基础性的问题已经取得共识并通过司法解释予以明确：如申请设立基金的主体、设立基金的法律效果、设立程序、案件集中管辖、基金的数额、船舶经营人的认定、基金的币种和利息等。但由于海损原因的多样化和债权的多样化，实务中在审理基金案件

① 因现行程序法中关于设立海事赔偿责任限制基金程序的规定是否完全适用于根据《1992 年油污责任公约》设立油污损害责任限制基金的案件尚无明确规定，故本调研报告中的基金案件不包括适用《1992 年油污责任公约》所形成的申请设立油污损害责任限制基金案。

② 邓宇锋，广州海事法院立案庭庭长；宋瑞秋，广州海事法院海商庭副庭长；廖林锋，广州海事法院法官助理。

时对理解和适用相关法律规定仍存在模糊认识，影响了裁判尺度的统一。为总结申请设立海事赔偿责任限制基金案件的审判经验，本文以2000年至2015年广州海事法院审理的46宗申请设立海事赔偿责任限制基金案件为样本，就细化和完善该类案件程序规范、统一裁判尺度和提高同类案件审判质效提出建议。

一、该类案件的基本情况和特点

（一）基本情况

2000年至2015年，广州海事法院受理申请设立海事赔偿责任限制基金案件共46宗，截至2015年7月20日审结43宗，共涉及39起事故。2013年至2015年共有15宗案件，是这类案件的活跃期，也为广州海事法院梳理此类案件的法律问题，细化操作规范，提供了较为丰富的研究样本。所涉及的海事事故类型包括碰撞、搁浅、触礁、触损、风灾、自沉，其中碰撞事故所占比例较高。46宗案件均为针对非人身伤亡请求申请设立基金，其中当事人具有涉外或涉港澳台因素的案件有10宗。申请人为船舶所有人的41宗，光船承租人2宗，定期租船人1宗，船舶经营人1宗。已审结的43宗案件中，准许设立基金35宗，驳回申请3宗，撤回申请2宗，按撤回申请处理2宗，撤销裁定1宗。经一审程序裁判生效的有33宗，经二审程序裁判生效的有10宗，仅1宗案件被二审法院改判。

裁定准许设立基金的35宗案件中有已设立基金记载的22宗，有2宗因未在指定期限内设立基金被裁定按撤回申请处理，其余11宗案件卷宗内没有关于基金是否已设立的记载。

（二）特点

（1）属于非讼程序案件。申请人申请设立基金时，并不请求法院确定权利归属，而是意图借助公权力设立基金以预防其船舶或财产被采取强制措施，故《海事诉讼特别程序法》确立以非讼程序解决该类案件。作为非讼程序案件，高效、迅速地作出裁定，发挥基金的预防性功能是该类案件的价值取向。申请设立海事赔偿责任限制基金案件作为非讼程序案件的特点表现在三个方面：一是法定审限时间短。根据《海事诉讼特别程序法》和《海事赔偿责任限制若干规定》有关申请设立基金程序中诉讼行为时限的规定，申请设立基金案件的一审周期约为60日，其中一审裁定应当在最后一次公告发布之次日起第30日开始计算的15日内作出。二是仅进行有限的形式审查。责任人是否可享受海事赔偿责任限制，利害关系人的债权是否为限制性债权均属于实体权益问题，不属于设立基金案件的审理范围，不应在基金程序进行审查。三是具有涉他性。基金的设立会影响到不特定的第三人的利益。基金设立后，限制性债权人不能申请对责任人的船舶或其他财产采取强制措施。

（2）独立于海事赔偿责任限制抗辩。申请设立海事赔偿责任限制基金案件虽然是海事赔偿责任限制制度衍生出的一类程序性案件，但责任人提出责任限制的抗辩不以设立基金为前提。根据《海事赔偿责任限制若干规定》第十三条的规定，责任人未申请设立海事赔偿责任限制基金，不影响其在诉讼中针对属于限制性债权的海事请求提出抗辩。设立海事赔偿责任限制基金不是责任人限制赔偿责任的必经程序和前提条件，责任人设立基金只能表明其申请责任限制的意向，并不能表明其有权限制责任。如果责任人有权限制赔偿责任，但没有通过申请设立基金程序设立基金，虽不影响责任人的责任限制，但不能阻止限制性债权人申请扣押责任人的船舶或其他财产。

（3）与同一海事事故的其他案件有密切联系。一次海事事故，会引发多个案件。不同于普通民事案件的相对独立性，申请设立基金案件更类似于破产程序案件，是责任人主张海事赔偿责任限制过程中的一个开端，基金设立后，需要与同一海事事故引起的海事请求保全案件、债权登记案件、实体纠纷案件和基金分配案件恰当衔接，以依法保障各方当事人的合法权利。

二、存在的问题及原因分析

从本院历年审理的申请设立海事赔偿责任限制基金案件的情况来看，存在着以下几方面的问题：

（一）申请人的申请环节

《海事诉讼特别程序法》第一百零四条明确了申请人应当在提交申请时披露已知利害关系人的义务。这是为了保障已知利害关系人提出异议、申请债权登记、参与基金分配所必需的。但是《海事诉讼特别程序法》第一百零四条在规定申请人告知义务的同时却没有规定申请人违反该规定时的责任，故会导致责任人懈怠披露已知利害关系人，甚至故意隐瞒已知利害关系人。随着集装箱运输蓬勃发展，近年来在海事事故中出现了船载大批集装箱货物落海致损的情况。这些集装箱货物的货主非常分散，很多又是货运代理企业受托安排运输的，故及时全面地通知利害关系人是一件非常繁复的工作。① 实践中，存在申请人怠于提供已知利害关系人通讯方法的情形。

（二）异议人的异议环节

因为海事赔偿责任限制是海商法中特有的制度，申请设立海事赔偿责任限制基

① （2013）广海法初字第42号广西防城港锦航船务有限公司为“锦航18号”轮申请设立基金案的已知利害关系人多达8人。（2013）广海法限字第5号南京旺达船务有限公司为“旺达97号”轮申请设立基金案的已知利害关系人也多达8人。

金案件又是海事审判中特有的一类非讼程序案件，非从事海事诉讼的专业人士缺乏对该类案件共识与认知，对于在该类案件的审理中可以行使何种权利及如何行使权利缺乏了解，很难针对责任人的申请提出有效的实质性意见。近几年，在该类案件的审查过程中，异议人提出的意见多集中于责任人是否出现《海商法》第二百零九条规定的“损失是由于责任人的故意或者明知可能造成损失而轻率地作为或不作为造成的”情形以致丧失责任限制，或者以自身的债权为非限制性债权为由主张责任人对该非限制性债权不能享受责任限制。异议人提出上述意见均属于实体权利问题，不在非讼程序案件的审查范围内，但由于异议人对申请设立基金案件作为非讼程序案件的性质缺乏了解，经常耗费时间进行举证，影响了审理进程，与法律预期的非讼案件效率目标相脱节。

（三）法院的审查环节

《海事诉讼特别程序法解释》第八十三条规定从设立基金申请人的主体资格、事故所涉及的债权性质和申请设立基金的数额对异议人的意见进行审查。实践中，在审查环节遇到的法律适用问题主要集中在以下几个方面：

（1）管辖权异议的审查。为保证海事赔偿责任限制“一次事故，一个限额”原则的实施，《海事赔偿责任限制若干规定》第二条、第三条和第四条就与海事赔偿责任限制有关的案件明确了集中管辖的原则。在实践中，一次海事事故发生后，可能涉及两三艘船舶，也可能产生多个债权人，会有多个海事法院对相关纠纷具有管辖权，率先取得管辖权的法院，有可能集中管辖全部相关案件。因此，为了获得有利于己方的管辖地点，管辖权也是当事人之间的争议焦点。在调研中发现，针对异议人在提出异议时一并提出的管辖权异议如何处理，法律没有明确规定，实践中有三种处理方法：一是不予处理。二是在是否准予设立基金的裁定中一并处理。该做法虽然节省了审理时间，但没有明确的法律依据。[①] 三是先行处理，待管辖权明确后再进行基金案件的审查。[②]

（2）航次租船合同的承租人是否属于《海事诉讼特别程序法》第一百零一条规定的可以申请设立海事赔偿责任限制基金的主体。一种观点认为，航次承租人虽然不负责船舶的具体营运，但并非与船舶不具有利益关系，当承租人将船舶转租给实际货主时，其相对于货主已是船东的角色和地位，要因船舶的不适航、实际船东的管货过失等对货主承担替代责任，应享受责任限制并可申请设立基金。另一种观点

① （2003）广海法初字第 1 号广东外运佛山船务公司为“佛山 8 号”轮申请设立海事赔偿责任限制基金案、（2004）广海法初字第 198 号海口南青集装箱班轮公司为“南青”轮申请设立基金案均采用了第二种做法。

② （2013）广海法初字第 42 号广西防城港锦航船务有限公司为“锦航 18 号”轮申请设立海事赔偿责任限制基金案采用了第三种做法。

认为，在航次租船合同下，船舶的营运完全由出租人控制，船舶营运的风险等均由出租人承担，航次租船合同应当属于运输合同，故航次租船合同的承租人不属于享受海事赔偿责任限制的主体范围，也不能申请设立基金。

（3）关于申请人可否为从事港澳航线运输的内河船舶就在海域发生的事故设立责任限制基金。《海商法》第三条规定的船舶是指海船和其他海上移动装置，但用于军事、政府公务的船舶以及20总吨以下的小型船艇除外。海事赔偿责任限制制度是《海商法》中特有的制度，故适用责任限制制度的船舶仅指《海商法》规定的船舶。对于内河船舶不能申请设立责任限制基金，目前并无争议，争议主要集中在一些特殊情形下的内河船舶，如经主管机关许可航行于港澳航线的内河船舶跨航区进入海域航行发生事故。第一种观点认为，内河船舶不属于《海商法》规定的“海船”，不适用《海商法》规定的海事赔偿责任限制制度，不论何种情形均不予准许设立基金；第二种观点认为，应根据实际航行和作业区域确定船舶的性质，内河船舶无论是否经行政许可进入海域，发生事故后均可适用《海商法》享受责任限制；①第三种观点认为，仅未经许可进入海域作业的内河船舶才不享受责任限制，并不准许设立基金。

（4）关于从事港澳航线运输船舶的责任限额问题。《海商法》立法时考虑到我国的船舶建造能力、船龄船况条件、航运技术水平以及沿海事故发生状况等因素，认为过高的赔偿限额不利于航运业的发展，授权国务院交通主管部门对沿海运输船舶的赔偿限额另作规定。交通部制定的《关于不满300总吨船舶及沿海运输、沿海作业船舶海事赔偿限额的规定》（以下简称《海事赔偿限额规定》）中，赔偿限额的计算标准仅是《海商法》的50%，低于《海商法》规定的标准。对于需要承担赔偿责任的责任人，以及因海事事故遭受损失的债权人，这个差别存在巨大的现实利益影响。实务中存在从事港澳航线运输的船舶适用哪一个赔偿限额标准的争议。一种观点认为，我国内地港口与港澳均在我国领域之内，尚无明文规定我国内地港口与港澳间的航线属于国际航线，故港澳航线应视为我国沿海航线，应根据《海事赔偿限额规定》第二条的规定计算基金数额。②另一种观点认为，从事港澳航线运输的船舶并非《海事赔偿限额规定》中所指的“沿海运输、沿海作业船舶”，应适用《海商法》所规定的海事赔偿责任限额计算基金数额。

---

① （2003）广海法初字第1号广东外运佛山船务公司为“佛山8号”轮申请设立海事赔偿责任限制基金案。“佛山8号”轮为A级航区的内河船舶，经许可航行于港澳航线，在海域与“安顺达”轮碰撞后沉没，法院裁定准许设立基金。

② （2005）广海法初字第123号汕头市金平区启升金属材料部为“南方99号”轮申请设立海事赔偿责任限制基金案。“南方99号”轮为从事汕头至香港航次运输的船舶，法院裁定准许该轮适用《海事赔偿限额规定》第四条规定的标准设立基金。

（5）关于《海事赔偿限额规定》第五条中“有适用”的理解。针对沿海船舶与非沿海船舶之间发生碰撞等海事事故的情况，交通部《海事赔偿限额规定》第五条规定：“同一事故中的当事船舶的海事赔偿限额，有适用《中华人民共和国海商法》第二百一十条或者本规定第三条规定的，其他当事船舶的海事赔偿限额应当同样适用。”对该条规定，特别是其中的“有适用”一词的含义应当如何理解，是指客观上存在应按高标准计算限额的船舶（非沿海船舶），① 还是指非沿海船舶有实际使用限额限制赔偿责任的情况，② 理论和实践上存在较大分歧。

（6）执行拖带任务的拖轮和驳船如何计算责任限额。一种观点认为，拖轮执行拖带任务时，应将拖轮与被拖带的驳船视为一个整体，以所有船舶的合计总吨位计算基金数额。另一种观点认为，拖轮与驳船不能当然视为一个整体合并计算基金数额，即使拖轮和驳船与同一个责任人具有符合《海商法》规定的所有、承租、救助、经营关系，责任人同时为拖轮和驳船申请设立基金，也应以拖轮和驳船各自的总吨位为基础分别计算基金数额并相加。③

（7）关于审查范围和审判组织的问题。《海事诉讼特别程序法》第一百零七条规定，利害关系人在规定的期间内没有提出异议的，海事法院裁定准予申请人设立海事赔偿责任限制基金。如果无人提出异议，或者异议人没有针对审查范围提出异议，法院是否应当依职权主动进行审查？一种观点认为，法院不应主动审查，仅就当事人提出的异议审查即可。④ 另一种观点认为，无论异议人是否提出异议，法院均应根据法律规定对船舶性质、主体资格等要件进行审查。关于审判组织，《海事诉讼特别程序法》没有规定设立海事赔偿责任限制基金案件的审判组织。一种观点认为，简单、争议不大的申请设立基金案件，可由审判员一人进行审查。另一种观点认为，基金案件无论争议大小，均应当组成合议庭审查。

---

① （2012）广海法初字第17号芜湖市晨光船务有限公司申请设立海事赔偿责任限制基金案。当事船舶“兴龙城”轮系从事国内沿海运输的船舶，而同一事故的对方船舶“鸿泰1号”轮的海事赔偿责任限额应适用《海商法》的规定，但该轮船东没有申请设立基金，法院裁定准许“兴龙城”轮适用《海商法》第二百一十条的规定设立基金。

② （2009）厦海法限字第5号泉州安盛船务有限公司为“安盛集6号”轮申请设立海事赔偿责任限制基金案。“安盛集6号”轮系从事我国国内港口之间货物运输的船舶，同一事故中的当事船舶“CHON JI 2号”轮如申请设立海事赔偿责任限制基金，海事赔偿责任限额应适用我国《海商法》第二百一十条的规定，但该轮船东并没有提出设立海事赔偿责任限制基金的申请，法院裁定准许“安盛集6号”轮适用交通部《海事赔偿限额规定》第四条计算责任限额。

③ （2013）广海法限字第6号上海港复兴船务公司为“海港特001号”轮申请设立海事赔偿责任限制基金案。法院认为，无动力驳船“海港特001号”轮与两艘拖轮分别属于不同公司所有，申请人仅申请为驳船“海港特001号”轮设立基金，基金的数额应按“海港特001号”轮的吨位单独计算。

④ 参见（2014）广海法限字第2号东莞市淦昌建材公司为“粤东江2号”轮申请设立海事赔偿责任限制基金案。

（四）基金的设立环节

《海商法》第二百一十四条规定，责任人设立责任限制基金后，向责任人提出请求的任何人，不得对责任人的任何财产行使任何权利；已设立责任限制基金的责任人的船舶或者其他财产已经被扣押，或者基金设立人已经提交抵押物的，法院应当及时下令释放或者责令退还。《海事诉讼特别程序法解释》第八十六条规定："设立海事赔偿责任限制基金后，向基金提出请求的任何人，不得就该项索赔对设立或以其名义设立基金的人的任何其他财产，行使任何权利。"《海事赔偿责任限制若干规定》第八条规定："海事赔偿责任限制基金设立后，海事请求人基于责任人依法不能援引海事赔偿责任限制抗辩的海事赔偿请求，可以对责任人的财产申请保全。"《海事赔偿责任限制若干规定》第九条规定："海事赔偿责任限制基金设立后，海事请求人就同一海事事故产生的属于海商法第二百零七条规定的可以限制赔偿责任的海事赔偿请求，以行使船舶优先权为由申请扣押船舶的，不予支持。"在实务中，上述规定在适用中遇到的问题主要是如果申请人请求解除船舶扣押，应在实体争议案件中进行审查还是在申请设立基金的案件中进行审查?① 是否需经扣船申请人同意，如果扣船申请人不同意，应如何适用法律调整当事人之间的冲突？如果申请人此前已经为解除船舶扣押提供了担保，现申请将担保作为其为设立基金提供的担保如何解决？另外，根据《海事诉讼特别程序法》第一百零八条和《海事诉讼特别程序法解释》第八十四条的规定，准予申请人设立海事赔偿责任限制基金的裁定生效后，申请人应当在三日内在海事法院设立基金，申请人逾期未设立基金的，按撤回申请处理。故即使准许设立基金的裁定已经生效，基金是否已被设立也是不确定的，要待申请人按法律规定提交足额现金或者担保，基金才可被认为已经设立。目前，法律仅规定了设立基金的方式、如何认定基金已被设立和基金已被设立的确切时间，但没有规定应如何以适当形式向申请人、异议人以及不特定的第三人告知基金已被设立，故可能存在基金已经设立，但利害关系人并不知道，有可能仍然去申请扣船，而且法院因为内部分工的原因，审查扣押船舶申请的部门也不知道基金已经设立，有可能出现因信息不畅通导致的错误扣船，与基金应有的避免船舶被采取强制措施的预防效应相背离。

（五）基金的分配环节

已经设立的基金，于确权诉讼审理终结后，应进入执行程序分配。除了以民事判决书作为债权证明外，如果责任人与全部确权诉讼的债权人达成和解，债权人也

① （2005）广海法初字第78号广州市黄埔顺风船务发展有限公司为"穗顺风机868号"轮申请设立海事赔偿责任限制基金案。法院在另案中诉前扣押了"穗顺风机868号"轮，申请人于基金设立之后申请解除对该轮的扣押。法院在（2005）广海法初字第78号案中作出裁定解除了对"穗顺风机868号"轮的扣押。

可持民事调解书申请启动基金的受偿和分配程序。根据《海事诉讼特别程序法》第一百一十九条第三款的规定，清偿债务后的余款，应当退还海事赔偿责任限制基金设立人。上述分配及余款的退还，均应由法院的执行部门办理。但是，如果责任人在基金之外另行清偿了确权诉讼中确定的全部限制性债权，或者没有债权人在法定期限内申请债权登记①情形下，申请人申请返还其以现金形式设立的基金或申请返还担保的，对此如何审查，法律却没有明确规定。在实践中也出现两种观点，一种观点认为，应由审查基金案件的部门接受申请并审查是否应予退还，当确认所有限制性债权已清偿完毕，即可直接予以清退或返还，无需出具文书；另一种观点认为，应参照基金受偿和分配程序由执行部门启动基金分配程序予以审查，以裁定形式明确是否可以退还。

三、对策和建议

（一）加强指引，释明风险

海事赔偿责任限制作为海商法中的一项重要制度，其根本价值是适当限制海运经营风险，保障海运业健康、平稳发展，维护并体现公平。申请设立基金往往是启动适用责任限制的第一步，在该类案件的审查程序中必须重视对责任限制制度内涵的阐明，加强诉讼指引，处理好责任人享受责任限制与债权人权利保障之间的关系，为以后的相关纠纷案件的审理奠定良好的基础。就法院应当释明的法律规定，提出以下建议：

（1）在申请人提出后以指南方式向申请人释明的事项。一是释明披露全部已知利害关系人的义务，及不披露可能承担的不利后果。宝供物流企业集团有限公司诉海口南青集装箱班轮公司等沿海水路货物运输货损赔偿案中，法院认为，南青公司违反了披露已知利害关系人的法定义务，南青公司应当在基金之外另行承担赔偿责任。② 二是释明设立基金案件为非讼程序性案件，有关责任限制的实体抗辩应在相关纠纷中提出。在实务中，有的申请人将申请设立基金案件与主张责任限制混同，提交的申请书直接表述为申请海事赔偿责任限制。对于此种当事人意图在实体权利方面主张责任限制，但仅在程序性案件中表达出其意向的情况，应及时向其释明应在相关实体纠纷审理过程中提出。三是释明裁定生效后申请人设立基金的时限要求，及未在指定期限内设立基金的不利后果。《海事诉讼特别程序法解释》第八十四条

---

① （2004）广海法初字第316号案基金设立以后，无人在指定期限内申请债权登记，申请人请求返还为设立基金提供的等额现金。

② 参见（2005）广海法初字第21号原告宝供物流企业集团有限公司诉海南江海货物运输有限公司、海口南青集装箱班轮公司侵权纠纷案。广东省高级人民法院二审案号为（2009）粤高法民四终字第263号案。

规定，准许设立基金的裁定生效后三日内，申请人应当设立基金，逾期按撤回申请处理。故准许设立基金的裁定生效后，申请人必须在较短的时间内提交足额的现金或者提供法院可接受的担保，由于寻找担保机构需要时日或担保有瑕疵可能被法院拒绝，申请人有必要在申请设立基金案件审理过程中备好设立基金所需要的款项及材料，及早与法院沟通明确基金的金额或保函的文本。

（2）在异议人提出异议后以指南形式向利害关系人释明的法律规定。一是释明申请设立海事赔偿责任限制基金案件的审查范围。明确提示利害关系人，对有关责任人不能享受海事赔偿责任限制的抗辩应以书面形式在有关诉讼中提出，对有关债权为非限制性债权的主张也应在实体纠纷中提出确认请求。二是释明债权登记的期限和公告的发布时间，提示申请债权登记期间的届满之日为海事法院受理设立海事赔偿责任限制基金申请的最后一次公告发布之次日起第60日。①

（二）统一裁判标准，提高效率

针对实务中出现的法律适用争议，提出以下解决问题的建议：

（1）关于管辖权异议审查问题。我们认为，根据非讼程序案件的基本理论，申请设立基金案件应以快捷、效率为价值取向，就管辖权异议独立进行审查既无必要，也与其价值功能相悖。2012年修订、2013年1月1日开始实施的《民事诉讼法》也将管辖权异议条款由原来《民事诉讼法》第二章管辖的第三十八条移至一审普通程序第一百二十七条，该调整可以看出管辖权异议是针对一审普通程序作出的规定，而申请设立责任限制基金案件是非讼程序案件，管辖权异议不应当先行独立审查。而且，根据《海事诉讼特别程序法》《海事诉讼特别程序法解释》和《海事赔偿责任限制若干规定》就基金案件管辖作出的规定，法院在受理时就应当依职权审查管辖，若没有管辖权，应裁定不予受理，故实务中发生管辖错误的概率很小。建议就异议人提出的管辖权异议与是否准许设立基金一并进行审查，避免当事人滥用管辖权异议减损非讼程序效率。

（2）关于航次承租人能否申请设立基金的问题。我们认为，从责任限制制度建立的初衷和航运实践考虑，有权限制海事赔偿责任的主体应当是对整条船舶享有利益并承担风险的主体。航次租船合同的承租人就船舶或者船舶的部分舱位签订航次租船合同，按照约定的时间向出租人提供约定的货物，支付运费，该航次租船合同实质为运输合同。《海商法》也将航次租船合同作为海上货物运输合同的内容在第四章中加以规定。航次租船合同承租人以承运人的身份，通过与实际货主签订运输合同承揽运输货物收取运费而实现收益。航次租船合同承租人并不拥有船舶，对船

① （2004）广海法初字第316号黄石市金舟海运有限公司申请设立基金案中的利害关系人在指定期限内仅提起了诉讼，因疏忽没有为其债权申请债权登记。

舶的营运没有控制权，也不承担船舶营运的风险，其系经营运输而并非经营船舶。对基金申请人中的承租人做不包括航次承租人理解，更符合立法本意，故航次承租人不能申请设立基金。

（3）关于经许可航行于港澳航线的内河船舶能否设立基金的问题。我们认为，经许可航行于港澳航线的内河船舶可以申请设立基金。理由是：应当结合当事船舶适航证书记载的适航区域、是否经许可经营港澳航线和涉案航次实际经营活动判定当事船舶是否为“海船”。内河船舶的航区按A级、B级和C级高低顺序排列，高级航区覆盖低级航区。广东省内水域中，A级航区为珠江水系自虎门（沙角）至淇澳岛大王角灯标、孖洲岛灯标联线以内的水域，以及至香港、澳门距岸不超过5公里的水域；自磨刀门经洪湾水道至澳门航区（其余为海区）。根据上述有关A级航区的规定，航行内河A级航区的船舶可从广东港口出发，沿珠海淇澳岛，经虎门、沙角等地走内河航道抵达港澳。广东省交通厅准许船舶航行港澳航线的批复中，对准许从事广东省内各开放港口至香港、澳门航线运输的船舶均注明应在该船舶检验证书载明航区内航行。故航行于港澳航线的船舶既有海船，也有内河船舶，只是从事港澳航线运输的内河船舶被限定在A级航区的范围内。但在实际航行中，珠江口的内河A级航区与周围海区处于同一水域中，并没有明显的可分界限，易发生跨航区航行的事实。在海事审判实践中，航行港澳航线的内河船舶，其航行港澳航线应遵守国际避碰规则，运输货物前往香港或澳门应签发提单等等，此时其所遵循的规则与海船并无二致。而且，据了解，船检部门审查A级航区内河船舶是否适合航行港澳航线的重点是船舶具备符合港澳航线运营要求的通讯设备。船舶驶出港口后，即处于一个开放相通的水域，在同一水域发生事故的船舶，如果仅仅因为船舶检验证书记载的船舶属性是内河船舶，即不能享受责任限制，欠缺公平。因此，我们认为经许可航行于港澳航线的内河船舶的相关责任人可以申请设立基金。

（4）港澳航线船舶的基金计算标准。《国际海运条例》第五十八条规定，内地与香港特别行政区、澳门特别行政区之间的海上运输，由国务院交通主管部门依照本条例制定管理办法。目前中国内地登记的船舶必须经过交通主管部门许可才能从事港澳航线的运输，可见，内地与香港、澳门之间的运输航线为实行特殊管理的国内航线，不属于《海事赔偿限额规定》中的“沿海运输”。我们认为，根据《国际海运条例》第五十八条的规定，港澳航线的船舶受《国际海运条例》调整，非为从事沿海运输的船舶，当事船舶事故航次经许可正在从事港澳航线的运输，应当适用《海商法》的规定确定其责任限额并计算基金数额。

（5）关于交通部《海事赔偿限额规定》第五条的理解与适用。我们对“有适用”持客观说观点，认为应当是指当事船舶的限额根据其实际从事的经营活动有应当依照《海商法》第二百一十条第一款或者交通部《海事赔偿限额规定》第三条规定计算的情况，而不论当事船舶的责任人是否实际适用或者申请其责任限制权利或者实际申请设立海事赔偿责任限制基金，故我们认同最高人民法院在起草《海事赔偿责任限制若干规定》时提出的但未作出正式规定的意见，即“同一海事事故中当事船舶的海事赔偿责任限额，有应当依照《海商法》第二百一十条第一款或者《关于不满300总吨船舶及沿海运输、沿海作业船舶海事赔偿限额的规定》第三条规定计算的，其他当事船舶的海事赔偿责任限额，不适用《关于不满300总吨船舶及沿海运输、沿海作业船舶海事赔偿限额的规定》第四条的规定”。当事船舶事故航次正在从事中华人民共和国港口之间的运输，但同一事故的其他船舶有应当适用《海商法》的规定确定其责任限额的，当事船舶应当同样适用，无论其他船舶是否已申请适用责任限制或设立海事赔偿责任限制基金。[①]

（6）关于执行拖带任务的拖轮与驳船基金数额的计算标准。我们认为，《海商法》第一百六十三条关于“在海上拖航过程中，由于承拖方或者被拖方的过失，造成第三人人身伤亡或者财产损失的，承拖方和被拖方对第三人负连带赔偿责任”的内容是关于海事事故实体责任的规定，在基金设立申请的程序性审查中并不适用。如果申请人与拖轮和驳船并不同时具有船舶所有或救助关系，则申请人可仅就拖轮或驳船的总吨位计算责任限额并设立基金。如果申请人同时是拖轮和驳船的船舶所有人或救助人，申请人应同时为拖轮和驳船一并设立基金，而且根据船舶总吨位与责任限额之间的对应关系，应以拖轮与驳船各自的吨位为基础分别计算责任限额，而不能将拖轮与驳船总吨位累加综合计算责任限额。

（7）关于审判组织。《海事诉讼特别程序法》没有规定设立海事赔偿责任限制基金程序的审判组织。在实务中，广州海事法院曾有5宗案件由审判员一人独任审理。[②] 我们认为，审判员独任审理是符合我国法院组织法规定的一种审判组织形式，申请设立海事赔偿责任限制基金案，可由审判员一人进行审查。《人民法院组织法》第九条第一款和第二款规定：“人民法院审判案件，实行合议制。人民法院审判第一审案件，由审判员组成合议庭或者由审判员和人民陪审员组成合议庭进行；简单的民事案件、轻微的刑事案件和法律另有规定的案件，可以由审判员一人独任审判。”根据《民事诉讼法》的相关规定，适用简易程序的一审案件、除选民资格案

① 参见万鄂湘：《最高人民法院关于审理海事赔偿责任限制相关纠纷案件的若干规定条文理解与适用》，大连海事大学出版社2013年版，第7页。

② 参见（2007）广海法初字第226号福州金帆船务有限公司申请设立海事赔偿责任限制基金案、（2005）广海法初字第91号福建省协通船务企业有限公司申请设立海事赔偿责任限制基金案、（2005）广海法初字第123号汕头市金平区启升金属材料部申请设立海事赔偿责任限制基金案、（2005）广海法初字第412号北海中豪海运有限责任公司申请设立海事赔偿责任限制基金案和（2005）广海法初字第67号案巴商长宏航运股份有限公司申请设立海事赔偿责任限制基金案。

件外的特别程序案件、督促程序案件和公示催告程序案件都可由审判员一人独任审查或审理。申请设立海事赔偿责任限制基金案件不涉及实体权利义务如何分配，属于程序性案件的审查，具有审判员独任审理的客观基础，由独任审判员处理不仅完全胜任，而且可以保证诉讼过程的迅速进行，故建议由审判员一人独任审查该类案件。

（8）关于审查范围。申请设立海事赔偿责任限制基金案件是非讼程序案件。由于非讼程序所针对的非讼案件往往关涉公益或他人利益，法院对它的解决带有民事行政的性质，而不完全受制于私权自治，所以，法院对诉讼程序的推进以及程序事项的处理，应当持积极的干预态度，充分地发挥职权裁量的作用。① 我们认为，即使异议人没有提出异议或者没有针对《海事诉讼特别程序法解释》第八十三条规定的审查范围提出异议，法院也应主动进行审查。

（三）适时公开，平稳衔接

（1）适时公开基金是否已设立的信息。应以适当形式向申请人、利害关系人通知基金设立的时间和方式。为避免申请人的船舶被其他利害关系人申请扣押，或便于申请人取回被采取强制措施的财产，有关基金已被设立的信息应予公开。应向申请人及异议人发出确认基金已设立的通知书或未在指定期限内设立基金的通知书。如果基金已经设立，应在公开的媒体上予以公告，从而使相关人员及时掌握信息正确行使权利。

（2）与扣押船舶程序的衔接。为平衡双方的利益，当责任人于基金设立后申请解除对其船舶的扣押时，法院应在有关实体纠纷案件项下进行审查，并应告知扣押船舶申请人并征询其意见，如果扣押船舶申请人以其享有的海事请求为非限制性债权或者责任人因具备法定情形已丧失海事赔偿责任限制为由不同意解除船舶扣押，法院不能裁定解除对当事船舶的扣押，并同时向扣押船舶申请人释明如果经实体审理其理由不成立，将承担扣押船舶错误的法律责任。此外，如果责任人已经为解除船舶扣押提供了担保金，其申请在基金数额范围内将担保金转为设立基金的现金，根据《海商法》第二百一十四条规定的精神，也应予以准许。②

（3）与基金分配程序的衔接。我们认为，根据《海事诉讼特别程序法》第一百一十九条规定的精神，基金的设立与基金的分配应该分别是基金制度的起点与终点，已经设立的基金是否具备退还的条件应当属于基金分配范畴内的问题，不能在已经结案的基金设立案件中解决，而应当启动执行程序作为基金受偿与分配案件进行审

---

① 参见江伟：《民事诉讼法学原理》，中国人民大学出版社 1999 年版，第 727 页。

② 参见（2011）广海法初字 723 号洞头县正达海运有限公司申请设立海事赔偿责任限制基金案。该案准许申请人将为解除船舶扣押提供的担保于准许设立基金后转为其为设立基金提供的现金。

查。如果责任人在基金之外另行清偿了确权诉讼中确定的全部限制性债权，申请人申请返还其以现金形式设立的基金或申请返还担保的，执行部门应根据确权诉讼民事调解书的内容及民事调解书已在基金之外履行完毕的事实，决定基金无需进行分配，准许退还基金设立人。

关于审理申请设立海事赔偿责任限制基金案的意见

（课题组建议稿）

为妥善审理申请设立海事赔偿责任限制基金案件，依照《中华人民共和国海商法》《中华人民共和国海事诉讼特别程序法》《最高人民法院关于适用〈中华人民共和国海事诉讼特别程序法〉若干问题的解释》《最高人民法院关于审理海事赔偿责任限制相关纠纷案件的若干规定》的规定，结合审判实际，制定本意见，供审理时参考。

一、案件范围

本意见所称的“申请设立海事赔偿责任限制基金案”是指在发生海事事故后，可以享受海事赔偿责任限制的主体向海事法院申请设立海事赔偿责任限制基金所形成的案件，不包括适用 1992 年油污责任公约所形成的申请设立油污损害责任限制基金案。

二、管辖

申请设立海事赔偿责任限制基金案的管辖应根据《中华人民共和国海事诉讼特别程序法》第一百零二条和第一百零三条、《最高人民法院关于适用〈中华人民共和国海事诉讼特别程序法〉若干问题的解释》第八十条和第八十一条、《最高人民法院关于审理海事赔偿责任限制相关纠纷案件的若干规定》第二条和第三条确定。管辖依据分别是：

（一）设立海事赔偿责任限制基金，不受当事人之间关于诉讼管辖协议或者仲裁协议的约束。

当事人在起诉前申请设立海事赔偿责任限制基金的，应当向事故发生地、合同履行地或者船舶扣押地海事法院提出。海事事故发生在中华人民共和国领域外的，船舶发生事故后进入中华人民共和国领域内的第一到达港视为本项规定的事故发生地。

同一海事事故中，不同的责任人在起诉前依据《中华人民共和国海事诉讼特别程序法》第一百零二条的规定向不同的海事法院申请设立海事赔偿责任限制基金的，后立案的海事法院应当依照民事诉讼法的规定，将案件移送先立案的海事法院管辖。

（二）当事人在诉讼中申请设立海事赔偿责任限制基金的，应当向受理相关海事纠纷案件的海事法院提出。相关海事纠纷由不同海事法院受理，当事人申请设立海事赔偿责任限制基金的，应当向依据管辖协议最先立案的海事法院提出；当事人之间未订立诉讼管辖协议的，向最先立案的海事法院提出。

当事人在一审诉讼中申请设立基金的，审理相关一审案件的审判庭应指引当事人向本院立案庭提交申请。

三、提出申请的条件

当事人申请设立海事赔偿责任限制基金应当具备以下条件：

（一）申请人为可以享受海事赔偿责任限制的主体。

（二）有明确的基金数额和事实、理由。

申请人申请设立海事赔偿责任限制基金，应当提交符合《最高人民法院关于修改部分海事赔偿责任限制诉讼文书样式的通知》（法〔2012〕156号）所附设立海事赔偿责任限制基金申请书样式的申请书。申请书应记明以下事项：

（一）申请人姓名、性别、年龄、职业、公民身份证号码、住址（申请人为法人或者其他组织的，应记明法人或者其他组织的名称、地址、法定代表人或者代表人姓名、职务）和通讯方式。

（二）海事事故情况。

（三）当事船舶的名称及准许航行的区域、船舶吨位、申请人与船舶的关系。

（四）所有已知的可能享有限制性债权的利害关系人名单及身份信息［参考本款第（一）项提供］和通讯方式。

（五）本院及其他法院受理与本次海事事故有关的案件的情况。

（六）可能造成的经济损失或人身伤亡情况。

（七）具体的基金数额请求、拟设立基金的方式。

（八）申请人关于本次设立的基金视为由当事船舶所有责任人所设立的申明。

（九）其他需要说明的情况。

四、审查立案

当事人申请设立海事赔偿责任限制基金，提出申请后应在本院指定的期限内交纳申请费。标的在50万元以下的每件交纳1000元，标的在50万至100万元的每件交纳5000元，标的在100万元以上的每件交纳10000元。当事人逾期不按照本院通知交纳申请费并且没有提出司法救助申请，或者司法救助未获批准，在本院指定期限内仍未交纳申请费的，裁定按照当事人撤回申请处理。

本院收到申请后，经审查，符合本意见第二条、第三条规定的，应当在7日内立案并通知申请人；不符合本意见第二条、第三条规定的条件的，裁定不予受理。

设立责任限制基金的申请可以在起诉前或者诉讼中提出，但最迟应当在一审判决作出前提出。

五、审判组织

申请设立海事赔偿责任限制基金案件，可由审判员一人独任审查。案情复杂的案件，应当组成合议庭进行审查。

六、基金设立程序中的时限

海事法院受理设立海事赔偿责任限制基金申请后，应当在7日内向已知的利害关系人发出通知，同时通过报纸或者其他新闻媒体连续公告3日。

利害关系人对申请人设立海事赔偿责任限制基金有异议的，应当在收到通知之日起7日内或者未收到通知的在公告之日起30日内，以书面形式向海事法院提出。

海事法院收到利害关系人提出的书面异议后，应当进行审查，在15日内作出裁定。该期间自海事法院受理设立海事赔偿责任限制基金申请的公告发布的最后一次之次日起第30日开始计算。

准予申请人设立海事赔偿责任限制基金的裁定生效后，申请人应当在3日内在海事法院设立海事赔偿责任限制基金。

七、管辖权异议

就异议人对海事赔偿责任限制基金案提出的管辖权异议，应依照本意见第二条的规定，与是否准许设立基金的申请一并审查并作出裁定。

八、法律规定的释明

应当在申请人提出申请时向申请人释明的法律规定包括：

（一）释明提交全部已知利害关系人的义务及不提交可能承担的不利后果。

（二）因设立基金的期限仅为3天，应通知申请人做好设立基金的准备，并释明未在指定期限内设立基金的风险。

应当在利害关系人提出异议后向异议人释明的法律规定包括：

（一）申请设立海事赔偿责任限制基金的审查范围。

（二）异议人有关责任人无权限制赔偿责任的主张，应以书面形式在有关诉讼中提出。

（三）申请债权登记期间的届满之日，为海事法院受理设立海事赔偿责任限制基金申请的公告发布的最后一次之次日起第60日。

九、举证责任

申请人申请设立基金，应当提供相关证据，以证明其在申请书中陈述的事实真实。

十、审查范围

不论利害关系人是否提出异议，均应当从以下四个方面对申请人的申请进行审查：

（一）当事船舶的性质。应当根据当事船舶适航证书记载的适航区域、涉案航次实际经营活动的目的和任务界定当事船舶是否为符合《中华人民共和国海商法》第三条“本法所称船舶，是指海船和其他海上移动式装置，但是用于军事的、政府公务的船舶和20总吨以下的小型船艇除外”规定的船舶；经许可从事海上作业活动的渔船为符合《中华人民共和国海商法》第三条规定的船舶；经许可从事港澳航线运输，且在海域发生事故的内河船舶为符合海商法第三条规定的船舶。

（二）设立基金申请人的主体资格。应根据申请人提交的船舶证书、合同等证据确定申请人是否为符合《中华人民共和国海事诉讼特别程序法》第一百零一条规定的船舶所有人、承租人、经营人、救助人、保险人。

船舶所有人应根据《最高人民法院关于适用〈中华人民共和国海事诉讼特别程序法〉若干问题的解释》第七十九条关于“船舶所有人指有关船舶证书上载明的船舶所有人”规定确定；船舶承租人包括光船租赁的承租人和定期租船的承租人，但不包括航次租船合同的承租人。

船舶经营人是指登记的船舶经营人，或者接受船舶所有人委托实际使用和控制船舶并应当承担船舶责任的人。无船承运人并非船舶经营者，不能作为船舶经营人申请设立海事赔偿责任限制基金。

（三）事故所涉及的债权性质。应根据当事人提交的证据审查涉案海事事故可能造成的损失中是否包括限制性债权。

申请人是否为海事事故的责任人、申请人是否丧失海事赔偿责任限制权利、利害关系人的债权是否为非限制性债权不在申请设立海事赔偿责任限制案件的审查范围内。

（四）申请设立的基金数额。应设立的基金数额根据《中华人民共和国海商法》第二百一十条和第二百一十一条，以及《不满 300 总吨船舶及沿海运输、沿海作业船舶海事赔偿限额的规定》（1993 年 11 月 7 日国务院批准，1993 年 11 月 15 日交通部令第 5 号发）所规定的海事赔偿责任限额标准计算。基金的数额为本意见第十四条规定的赔偿限额加上利息。

十一、听证

当事人对审查范围内的事项存在较大争议，应召开听证会听取各方意见。

十二、审查结果

经审查能够确认当事船舶为符合《中华人民共和国海商法》规定的船舶，申请人具备《中华人民共和国海商法》规定的主体资格，涉案海事事故造成的经济损失包含限制性债权的，应裁定准许设立基金并确定基金数额。

经审查确认不符合上款规定的条件的，裁定驳回申请人的申请。

十三、撤回申请

本院受理设立基金申请后，作出裁定前，申请人请求撤回申请的，应当允许。

十四、赔偿限额的确定

根据《中华人民共和国海商法》第二百一十条和第二百一十一条，以及《不满 300 总吨船舶及沿海运输、沿海作业船舶海事赔偿限额的规定》，赔偿限额应根据以下标准确定：

（一）不满 300 总吨但非从事沿海运输或沿海作业的船舶。

1. 关于人身伤亡的赔偿请求：

超过 20 总吨、21 总吨以下的船舶，赔偿限额为 54000 计算单位；

超过21总吨、不满300总吨的船舶，赔偿限额（计算单位）=54000+（总吨位-21）×1000。

2. 关于非人身伤亡的赔偿请求：

超过20总吨、21总吨以下的船舶，赔偿限额为27500计算单位；

超过21总吨、不满300总吨的船舶，赔偿限额（计算单位）=27500+（总吨位-21）×500。

（二）300总吨以上但非从事沿海运输或沿海作业的船舶

1. 关于人身伤亡的赔偿请求。

300总吨至500总吨的船舶，赔偿限额为333000计算单位；

501总吨至3000总吨的船舶，赔偿限额（计算单位）=333000+（总吨位-500）×500；

3001总吨至30000总吨的船舶，赔偿限额（计算单位）=333000+（3000-500）×500+（总吨位-3000）×333；

30001总吨至70000总吨的船舶，赔偿限额（计算单位）=333000+（3000-500）×500+（30000-3000）×333+（总吨位-30000）×250；

超过70000总吨的船舶，赔偿限额（计算单位）=333000+（3000-500）×500+（30000-3000）×333+（70000-30000）×250+（总吨位-70000）×167。

2. 关于非人身伤亡的赔偿请求。

300总吨至500总吨的船舶，赔偿限额为167000计算单位；

501总吨至30000总吨的船舶，赔偿限额（计算单位）=167000+（总吨位-500）×167；

30001总吨至70000总吨的船舶，赔偿限额（计算单位）=333000+（30000-500）×167+（总吨位-30000）×125；

超过70000总吨的船舶，赔偿限额（计算单位）=333000+（30000-500）×167+（70000-30000）×125+（总吨位-70000）×83。

3. 不以船舶进行救助作业或者在被救船舶上进行救助作业的救助人，其赔偿限额按照1500总吨的船舶计算。

（三）从事沿海运输及沿海作业的船舶

1. 不满300总吨的船舶，其赔偿限额依照本条第（一）项规定的赔偿限额的50%计算；

2. 300总吨以上的船舶，其赔偿限额按照本条第（二）项规定的赔偿限额的50%计算。

（四）当事船舶所准予航行的区域为“无限航区”或“近海”，但事故航次正在从事中华人民共和国港口之间的运输，应当根据其实际从事的沿海运输业务适用本条第一款第（三）项的规定确定其赔偿限额。

（五）当事船舶所准予航行的区域为“沿海”或“内河”，但事故航次经许可正在从事港澳航线的运输，应当适用本条第一款第（一）项和第（二）项的规定确定其赔偿限额。

（六）当事船舶事故航次正在从事中华人民共和国港口之间的运输，但同一事故的其他船舶有应当适用本条第（一）项和第（二）项的规定确定其赔偿限额的，当事船舶应当同样适用，无论其他船舶是否已申请适用责任限制或设立海事赔偿责任限制基金。

（七）当事船舶事故航次正在执行拖航任务，应当根据当事船舶的吨位计算责任限额。如果申请人也是被拖带的船舶的船舶所有人、承租人、经营人、保险人的，其基金数额为当事船舶与被拖带的船舶的赔偿限额的总和及利息。

（八）责任人可以仅就非人身伤亡的赔偿请求或人身伤亡的赔偿请求设立海事赔偿责任限制基金。责任人仅就人身伤亡的赔偿请求设立基金的，其基金数额为人身伤亡和非人身伤亡的赔偿限额的总和及利息。

十五、告知上诉权利

当事人对是否准许设立基金的裁定不服的，可以自裁定送达之日起 7 日内向广东省高级人民法院提起上诉。

涉外、涉港澳台当事人上诉期限也为 7 天。

十六、基金具体金额的确定

基金应当以人民币设立。基金的人民币金额应当根据以下办法确定：

（一）基金数额为赔偿限额加上利息。

（二）赔偿限额的单位为计算单位。计算单位是指国际货币基金组织规定的特别提款权，其人民币数额按本院准予设立基金的裁定生效之日的特别提款权对人民币的换算办法计算。

（三）利息自海事事故发生之日起至基金设立之日止，按中国人民银行确定的金融机构同期一年期贷款基准利率计算；以担保方式设立海事赔偿责任限制基金的，基金设立期间的利息按中国人民银行确定的金融机构同期一年期贷款基准利率计算。

十七、以货币形式设立基金的审查

申请人应当在准许设立基金的裁定生效后 3 日内向本院设立基金。以货币形式设立基金的，申请人应当将等额的人民币转入本院担保金账户，并向本院提交转账凭证。

申请人在申请设立基金前，为解除船舶扣押向本院提供了担保金。准许设立基金的裁定生效后，申请人申请将担保金转为基金的，应向本院提交书面申请。本院收到申请后，由审理相关实体案件的审判部门通知扣押船舶申请人并要求扣押船舶申请人出具是否同意担保金转为基金的意见。扣押船舶申请人以其债权为非限制性债权不同意转为基金的，本院不予同意转为基金，并向扣押船舶申请人释明错误保留担保金的法律风险。

十八、以担保形式设立基金的审查

申请人以担保形式设立基金，应提供与基金等值的可接受的担保。

申请人应以担保书形式提供担保，担保书应具备以下内容：

（一）担保人名称、地址、通讯方式。

（二）出具担保的事由。

（三）担保金额。

（四）关于担保书不可撤销的申明。

申请人提供的担保为保险机构和融资性担保机构出具的担保书，应参照《广东省高级人民法院、中国保险监督管理委员会广东监管局、中国保险监督管理委员会深圳监管局关于保险机构诉讼担保的若干问题的意见》和《广东省高级人民法院、广东省人民政府关于融资性担保公司为诉讼当事人申请保全提供担保的意见》进行审查。

十九、逾期未设立基金的后果

准许设立基金的裁定生效后，申请人未在指定期间内设立基金的，按撤回申请处理。

再次申请，仍应予以受理。

二十、诉讼费用的负担

申请设立海事赔偿责任限制基金的申请费，由申请人负担。

申请人撤回申请的或者逾期未设立基金按撤回申请处理的，申请费由申请人负担，不予退还。

二十一、基金已被设立的时间及通知

本院收到申请人提交的与基金等额的货币或与基金等值的担保之日为基金被设

立之日。

基金设立后，本院应当将基金已被设立的事实及设立时间通知已知利害关系人和本院相关业务部门，并在互联网上发布公告。

二十二、与海事请求保全程序的协调

申请人于基金设立后申请解除船舶扣押的，由本院审理相关实体纠纷案件的审判部门进行审查。本院应通知扣船申请人并要求扣船申请人出具是否同意解除船舶扣押的意见。扣船申请人不同意解除船舶扣押的，应当向其释明错误扣船的法律风险。

利害关系人于基金设立后向本院申请扣押当事船舶的，承办相关案件的业务部门应当向其释明法律风险。

二十三、基金的分配和取回

利害关系人持有效债权凭证申请分配基金经立案庭立案交执行局审查。

申请人与利害关系人于基金设立后分配前，以与已登记债权人达成和解协议并已履行完毕为由申请取回基金的或以没有利害关系人在法定期限内申请债权登记为由申请返还基金的，应由立案庭立案后交执行局审查。

二十四、冲突时的适用

本意见在实施过程中，如发现与法律法规、司法解释和上级法院的意见相冲突的，以后者为准。

申请设立海事赔偿责任限制基金案件要素表

表格说明：（1）由申请人如实填写，承办法官参照表格内容审理案件。

（2）表格中有“证据编号”的项目须附证据，并将证据进行编号。

表格一：综合信息（共两页，由申请人填写）

<table>
<tr><td rowspan="5">船舶信息

证据编号：</td><td colspan="2">船名</td><td colspan="2">国籍</td><td>船籍港</td><td>总吨位</td></tr>
<tr><td colspan="2"></td><td colspan="2"></td><td></td><td></td></tr>
<tr><td rowspan="3">是否
海船</td><td rowspan="2">是□</td><td colspan="2">适航区域</td><td colspan="2"></td></tr>
<tr><td colspan="2">事故航次</td><td colspan="2"></td></tr>
<tr><td>否□</td><td colspan="4">适航区域</td></tr>
<tr><td rowspan="5">申请人信息

证据编号：</td><td colspan="4">船舶所有人 □</td><td colspan="2">船舶经营人 □</td></tr>
<tr><td colspan="4">船舶保险人 □</td><td colspan="2">船舶救助人 □</td></tr>
<tr><td rowspan="3">船舶承
租人</td><td colspan="5">光船承租人 □</td></tr>
<tr><td colspan="5">定期承租人 □</td></tr>
<tr><td colspan="5">航次承租人 □</td></tr>
<tr><td rowspan="12">海事事故信息

证据编号：</td><td>时间</td><td>地点</td><td colspan="2">海事主管机关</td><td>主管部门</td><td>联系电话</td></tr>
<tr><td></td><td></td><td colspan="2"></td><td></td><td></td></tr>
<tr><td rowspan="3">是否为
船舶碰
撞事故</td><td rowspan="2">是□</td><td colspan="2">对方船舶名称</td><td>适航区域</td><td>事故航次</td></tr>
<tr><td colspan="2"></td><td></td><td></td></tr>
<tr><td>否□</td><td colspan="4">（简述事故情况）</td></tr>
<tr><td rowspan="7">损失
情况</td><td rowspan="3">人身
伤亡</td><td colspan="2" rowspan="2">是 □</td><td>伤 □</td><td>人数</td></tr>
<tr><td>亡 □</td><td>人数</td></tr>
<tr><td colspan="2">否 □</td><td colspan="2"></td></tr>
<tr><td rowspan="2">限制性
债权</td><td colspan="2">是 □</td><td colspan="2">简述债权内容</td></tr>
<tr><td colspan="2">否 □</td><td colspan="2">简述债权内容</td></tr>
<tr><td rowspan="2">油污
损害</td><td>是 □</td><td colspan="3">油的种类</td></tr>
<tr><td>否 □</td><td colspan="3"></td></tr>
</table>

续表

<table>
<tr><td rowspan="12">管辖依据
证据编号：</td><td rowspan="3">起诉前申请</td><td rowspan="3">与本院辖区联系</td><td colspan="3">事故发生地</td></tr>
<tr><td colspan="3">合同履行地</td></tr>
<tr><td colspan="3">船舶扣押地</td></tr>
<tr><td rowspan="9">诉讼中申请</td><td rowspan="9">相关纠纷情况</td><td>案号</td><td colspan="2"></td></tr>
<tr><td>受理法院</td><td colspan="2"></td></tr>
<tr><td>立案时间</td><td colspan="2"></td></tr>
<tr><td rowspan="2">当事人</td><td>原告</td><td></td></tr>
<tr><td>被告</td><td></td></tr>
<tr><td colspan="3">管辖依据</td></tr>
<tr><td rowspan="3">是否有管辖协议</td><td colspan="2">是 □（需提交管辖协议）</td></tr>
<tr><td rowspan="2">否 □</td><td>与受理案件法院联系</td></tr>
<tr><td></td></tr>
<tr><td rowspan="4">拟设立基金情况</td><td colspan="3">责任限额</td><td colspan="2"></td></tr>
<tr><td>现金□</td><td colspan="3">金额</td><td></td></tr>
<tr><td rowspan="2">担保□</td><td colspan="2">出具机构名称</td><td>联系部门</td><td>联系电话</td></tr>
<tr><td colspan="2"></td><td></td><td></td></tr>
</table>

表格二：利害关系人信息（由申请人填写）

<table>
<tr><td>姓名</td><td>年龄</td><td>性别</td><td>出生日期</td><td>身份证号</td><td>住址</td></tr>
<tr><td rowspan="5">（自然人）</td><td></td><td></td><td></td><td></td><td></td></tr>
<tr><td rowspan="4">与事故联系</td><td colspan="2">托运人 □</td><td colspan="2">航次承租人 □</td></tr>
<tr><td colspan="2">收货人 □</td><td colspan="2">货运代理人 □</td></tr>
<tr><td colspan="2">船舶所有人 □</td><td colspan="2">受害人 □</td></tr>
<tr><td>其他 □</td><td colspan="3">（简述情况）</td></tr>
<tr><td>姓名</td><td>年龄</td><td>性别</td><td>出生日期</td><td>身份证号</td><td>住址</td></tr>
<tr><td rowspan="5">（自然人）</td><td></td><td></td><td></td><td></td><td></td></tr>
<tr><td rowspan="4">与事故联系</td><td colspan="2">托运人 □</td><td colspan="2">航次承租人 □</td></tr>
<tr><td colspan="2">收货人 □</td><td colspan="2">货运代理人 □</td></tr>
<tr><td colspan="2">船舶所有人 □</td><td colspan="2">受害人 □</td></tr>
<tr><td>其他 □</td><td colspan="3">（简述情况）</td></tr>
</table>

关于审理海上货运代理垫付费用纠纷案件的调研报告

宋伟莉　徐春龙　王　鑫[①]

最高人民法院于2012年5月1日实施了《关于审理海上货运代理纠纷案件若干问题的规定》（以下简称《货代规定》），[②] 该规定规范了货运代理行业相关法律问题，但对于货代行业广泛存在的垫付费用问题规定不甚明确。司法实务中，对于垫付费用纠纷项下法律关系的认定、垫付费用的实际支付、垫付费用的必要性和合理性以及电子数据认定等问题存在分歧，影响了法律的稳定性与权威性。广州海事法院深圳法庭处理了大量货运代理纠纷尤其是垫付费用案件，[③] 积累了一定的实务经验。深圳法庭调研组以本院货代垫付费用案件为基础，并收集了其他海事审判部门的裁判实例，形成如下调研报告。

一、货代垫付费用纠纷的基本情况及特点——以广州海事法院为样本

自2011年以来，广州海事法院每年审理大量海上货运代理合同纠纷案件，而其中又以垫付费用纠纷案为主；在承办的业务庭室中，深圳法庭承办的货代垫付费用纠纷案件数量最多。具体情况见下表：

---

① 宋伟莉，广州海事法院海商庭庭长；徐春龙，广州海事法院深圳法庭审判员；王鑫，时任广州海事法院深圳法庭助理审判员。

② 因本调研报告的对象为海上货运代理合同纠纷，而非沿海或内河货运代理合同纠纷，故以下海上货运代理均简称为货运代理。

③ 2011年至2015年5月25日，广州海事法院深圳法庭受理各类货运代理合同纠纷案件共计523宗，约占同时期全院受理货运代理合同纠纷案件的75%。

年度	2011年	2012年	2013年	2014年①
货代案件收案数/货代案件占受理一审案件比率/深圳法庭货代案件数	98/12.83%/53	106/9.74%/88	97/8.52%/72	162/15.40%/98
垫付纠纷数量	83	87	81	109
货代案件判决数/垫付纠纷判决数	10/10	78/76	42/40	36/29
垫付纠纷调解数	11	8	25	23

从深圳法庭近几年来审理的垫付费用情况来看，呈现如下主要特点：(1) 书面约定较少。货代企业以传统书面纸质（包括传真）委托代理事项的比率很低。随着电子商务的发展，大多数货代企业在处理委托、订舱、提单修改、代理费用结算等事宜时较少采取书面纸质方式进行。(2) 垫付项目种类繁杂。因货运代理服务于海上货物运输，货代企业可能会全程介入海上货物运输的各个环节（装货前的陆运阶段；货物被运抵装货港阶段；货物中转运输阶段；货物被运抵目的港，但无人提货或拒绝提货阶段；收货人提取货物后阶段），前述5个环节中可能会产生数十项的垫付费用，对于前述费用是否真实发生经常成为垫付费用的争议焦点。(3) 电子数据使用比率高。深圳法庭受理的货运代理垫付费用纠纷涉及电子数据的案件达到90%以上。

二、当前审理垫付费用案件面临的主要问题及原因

（一）法律关系认定不统一

如何界定当事人之间是货运代理合同关系，还是运输合同关系，存在较大争议；《中华人民共和国合同法》（以下简称《合同法》）第四百零二条②、第四百零三条

① 统计日期截至2015年5月25日。

② 对此条规范是隐名代理还是委托人自动介入权等有争议。李国光等人认为该条规定的是委托人的自动介入权［参见李国光主编：《合同法解释与适用》（下册），新华出版社1999年版，第1845～1846页］，而徐海燕、尹飞、张平华等学者则认为该条是我国借鉴英美法隐名代理制度的隐名代理（参见徐海燕：《从两大法系间接代理制度融合的趋势谈我国代理立法的完善》，载《国际商法论丛》第5卷，第420～478页；尹飞：《代理：体系整合与概念梳理——以公开原则为中心》，载《法学家》2011年第2期，第62～75页；尹飞：《论隐名代理的构成与效力》，载《法律科学》2011年第3期，第107～114页；张平华、刘耀东：《间接代理制度研究——以〈合同法〉第402条与第403条为中心》，载《北方法学》第3卷总第16期，第28～34页）。本调研组采隐名代理说。

能否适用于货运代理法律关系也存在分歧；[①]《货代规定》第五条规定的“转委托”理解不统一；航运实践中大量出现的电子邮件发送提单或海运单样稿证明的是运输合同关系还是货运代理关系有不同理解。

（二）货代企业垫付费用时负有何种程度的审查义务认定不统一

货代企业垫付费用时负有必要审查义务并无争议，但对“必要”的司法认定存在不同理解。货运代理实务中，货代企业向第三方支付费用时，未依法提起诉讼时效抗辩或行政强制行为抗辩时，能否主张委托人赔付垫付费用也存在不同认识。

（三）垫付费用的合理性标准认定不统一

垫付费用合理性问题是垫付费用纠纷中常见的争议焦点。通常认为，除另有约定外，货代企业向第三方垫付费用时应对第三方提出的费用标准进行审查，即第三方收取费用的标准是否与市场标准相当。但何为“相当”，则存在不同理解。以集装箱超期使用费为例，广州海事法院主流观点是，除另有约定外，即使承运人已经在网络上公开了集装箱超期使用费标准，但承运人收取集装箱超期使用费的目的在于补偿集装箱不能流转带来的损失，而根据《合同法》第一百一十九条的规定，承运人负有合理止损的义务，该损失一般以 1 个集装箱新箱重置价为上限。如果货代企业未尽前述抗辩，则其请求的超过一个新集装箱市场价的集装箱超期使用费不予支持。但天津、厦门、宁波海事法院等对此也有不同理解，更倾向于以市场标准计算集装箱超期使用费，而非以集装箱新箱价作为止损标准。[②]

另外，在委托人——货代企业 1——货代企业 2——货代企业 3——承运人业务链条下，货代企业 1 向货代企业 2 垫付费用后，能否在请求垫付费用同时另行请求一定数额的代理报酬？最高人民法院民四庭起草《货代规定》的法官载文认为，如前述转委托经委托人同意的，可以在合理范围内支持；若转委托未经委托人同意，则不能支持，货代企业 1 仅能请求向货代企业 2 支付的费用，此种处理方案有助于遏止转委托。[③] 但司法实践中，有观点认为，无需区分转委托是否经同意，相对于

---

① 一审案号：（2014）广海法初字第 595 号，二审案号：（2015）粤高法民四终字第 14 号。该案中，二审法院认为，货代企业已在提单补料时披露了第三人的信息，故法律关系上委托人系与该第三人直接成立合同关系。而本案一审判决认为，订舱单或提单上载明的发货人（托运人）只是货代企业为了控制货物而填写的资料，即使资料中显示的发货人真实存在，也并不等同于货代企业在与委托人订立合同时，明确知悉或应当知悉资料上显示的主体与委托人之间存在代理关系。该合同仍只在委托人和货代企业之间成立。但若事后委托人披露了第三方，则法律适用也是适用《合同法》第四百零三条的第二款，由货代企业行使选择权，但一般不会引用《合同法》第四百零二条的规定。

② 案例可参见（2014）津海法商初字第 467 号民事判决书；（2010）津高民四终字第 29 号民事判决书［一审案号：（2009）津海法商初字第 329 号］；（2012）津海法商重字第 1 号民事判决书；（2009）浙海终字第 41 号民事判决书［一审案号：（2008）甬海法商初字第 336 号］；（2012）厦海法商初字第 323 号民事判决书。

③ 参见王彦君、傅晓强：《〈关于审理海上货运代理纠纷案件若干问题的规定〉的理解与适用》，载《人民司法》2012 年第 11 期，第 40 页。

委托人与货代企业的关系而言，委托人在委托货代企业从事货代业务时，应考虑到货代企业的相关可得利益，只要该可得利益在合理范围内，可予支持。①

（四）电子数据认定标准不统一

电子数据已经被列为我国民事诉讼证据种类之一。但民商事领域（知识产权案件除外）电子数据如何认定并没有法律或司法解释的明确规定。货运代理垫付费用纠纷中货运代理企业大量使用电子数据。② 但在诉讼中如何展示电子数据、电子数据的证明力如何认定等问题仍存在诸多争议。

三、审理垫付费用纠纷的对策及建议

民商事案件的审理重点是法律关系以及权利义务。货运代理垫付费用案件的审理仍应沿着货运代理合同法律关系是否成立，如果成立，对垫付费用（正常费用及非正常费用）有无禁止性约定；如无禁止性约定，货代企业是否实际垫付；货代企业在垫付过程中是否基于委托人的利益尽合理谨慎以及抗辩义务；垫付费用是否必要；垫付费用的计费标准是否符合约定或其他市场主体通行计费标准；垫付费用后货代企业何时向委托人索赔；委托人因何理由拒绝支付；委托人拒绝支付的理由是否正当、合理等。如果涉及涉外因素的，还要审查适用我国法律还是域外法律。

（一）准确识别法律关系

在航运实务中，委托人一般以发送电子订舱委托书的方式向货代企业发出委托，而货代企业在接受委托后，代为安排相关海上货物运输事宜。基于经济效率的考虑，相当数量的案件中并不会出现正本提单，而是采取电放模式操作，部分货代企业还出具以自己为抬头的电放提单样稿。此时如何识别货代企业与委托人之间的法律关系经常发生争议。另外，如果委托人只是货主——货代企业1——货代企业2——货代企业3——船东业务链条中的货代企业1、2、3，在面临货代企业或承运人追索时，还经常以《合同法》第四百条或者《货代规定》第五条规定的转委托对抗货代企业的索赔；在个别案件中，委托人在向货代企业订舱或确认提单时，均会在订舱单或提单补料中载明托运人（发货人）的名称，在面临货代企业请求垫付费用时，委托人会以《合同法》第四百零二条规定的隐名代理来对抗索赔。对此，我们的倾向意见是：

---

① 案例参见（2014）沪高民四（海）终字第125号民事判决书；（2014）沪海法商初字第434号民事判决书；（2014）浙海终字第47号民事判决书；（2013）甬海法商初字第562号民事判决书；（2012）广海法初字第872号民事判决书。

② 在委托订舱、费用结算、账单发送、主体身份材料、提单补料、提单样稿、货物运抵目的港等各环节均会出现大量电子证据。

1. 一般情形下，以单证类型推定出具主体的意思表示。对于受托的货代企业在接受委托后向委托人出具以本单位为抬头单位的海运单证（提单或海运单）样稿的行为，我们倾向认为，如合同未约定或交易习惯未能证明海运单证样稿仅为核对正式海运单证记载的相关内容，按正常航运实践，海运单证样稿核对补料后，货代企业将会出具与海运单证样稿一致的正本海运单证。因此，此时海运单证样稿在证明合同关系上的功能相当于《中华人民共和国海商法》第七十一条规定的提单。根据《货代规定》第四条的规定，货代企业与委托人之间的法律关系一般应被认定为海上货物运输合同关系或多式联运合同关系，而非货运代理合同关系。在实践中，部分货代企业还会向委托人出具非本单位为抬头单位的海运单证提单样稿，如出具其关联公司为抬头单位的海运单证样稿。我们倾向认为，除非货代企业能举证证明其在接受委托人委托后实际向其关联公司履行了代委托人订舱、安排运输等行为，否则其关联公司的海运单证样稿应视同货代企业的海运单证样稿。

2. 准确识别多式联运合同与货运代理合同。在航运实践中，经常有货代企业为委托人提供“港到门”或“门到门”服务，将货物从委托人指定的国内某场所运输至国外某场所。在此过程中，货代企业既不出具运输单证、表明承运人身份，也不表明作为货运代理人从事相关业务，但会向委托人收取“港到门”或“门到门”的全程费用，而提供的服务既包括单式运输或多式运输，也包括进出口的清关、报检等服务。此时如何界定货代企业与委托人之间的法律关系往往成为案件审理的难点。我们倾向认为，前述货代企业负责货物“港（门）到门”多式运输服务的情形下，委托人与货代企业的法律关系一般应被认定为运输合同关系。但如果前述服务中合同约定的运输方式是单一的海上船舶运输，而陆路或铁路运输等其他运输方式仅是为完成海上船舶运输而履行的附随义务，此时货代企业与委托人之间的法律关系原则应被认定为海上货物运输合同关系。主要理由如下：法律关系应以合同要约、承诺以及履行过程中所体现的当事人的意思表示作为认定基本标准。从委托人角度看，其主观目的是将货物从自己指定国内某场所运送至国外某场所，对于货代企业是自行完成运输或者清关等行为并不关注。委托人发起委托行为的目的在于通过货代企业组织安排运输行为，最终实现货物交付。从货代企业角度讲，在其不明确只作为代理人身份从事受托事务之时，即使其并不表明承运人身份或者不出具运输单证，仍可推定其的意思表示也是按委托人要求，将货物通过实施运输以及清关行为实现最终交付。在此过程中，虽然发生清关、报检等代理行为，但前述行为只是附随行为，并非主合同义务。所以，前述情形下，货代企业的身份一般应被认定为多式联运的经营人或者单式运输（如海上运输）的承运人。当然，需要明确的是，即便货代企业与委托人成立运输合同关系，如纠纷是在货代企业履行报关、报检等典型货运代理事务过程中发生的，则货代企业与委托人之间的纠纷宜被认定为货运代理合同纠纷而非运输合同纠纷。

3. 准确认定“委托人的行为明确表明其接受转委托”。为保护委托人利益，厘清当事人之间的法律关系，《货代规定》采取“严格限制转委托”的原则。一是以书面同意为原则，二是委托人的行为明确表明接受转委托。《货代规定》第五条第二款但书部分特以“明确”一词作为限定语，意在强调不能以委托人的通常行为确定其同意转委托。如接受下家货代企业转交的单证，或仅仅向下家货代企业支付费用、委托人将货物交给集装箱车队等。① 我们倾向认为，转委托的成立要件应等同于委托的成立要件，委托人是否以行为明确表明接受转委托，可参照委托人与货代企业之间货运代理合同成立的要件予以认定。从主观方面看，第三人处理货代事务，直接请示委托人或委托人直接指示第三人，货代事务不经由货代企业为中间意思表示；从客观方面看，就第三人从事的货代业务，委托人直接以自己的名义向其或其指定的代理人支付费用，无需通过货代企业进行中转。一般情况下，同时具备前述主客观两个要件的，才能视为以行为明确接受转委托。除此之外，即便委托人明知货代企业并无从事某些货代业务（如报关、熏蒸等）的资质，在实践操作中必然借助第三人完成，也不能被认定为以行为明确表明接受转委托。

4. 正确理解与适用《合同法》第四百零二条。《合同法》第四百零二条规定：“受托人以自己的名义，在委托人的授权范围内与第三人订立的合同，第三人在订立合同时知道受托人与委托人之间的代理关系的，该合同直接约束委托人和第三人，但有确切证据证明该合同只约束受托人和第三人的除外。”对于如何理解该条款，实践有分歧。虽然根据立法资料记载，《合同法》第四百零二条、第四百零三条主要为解决外贸代理制度，但因为并无相关立法或司法解释对该两条的适用范围进行限缩，我们倾向认为，前述两个条文仍可适用于海上货运代理领域。但必须明确的是，需要对《合同法》第四百零二条适用条件依法认定。解构《合同法》第四百零二条的法条，我们倾向认为，该条的适用必须同时满足 4 个条件：（1）货代企业以自己的名义与第三人订立合同；（2）货代企业与委托人之间存在代理关系；（3）货代企业在委托人的授权范围内从事；（4）第三人在订立合同时知道或应当知道货代企业与委托人之间的代理关系。前述 4 个条件缺一不可，需同时满足。

5. 准确界定 FOB 指定货代的权利义务。航运实践中，FOB 贸易方式下，部分货运代理人是 FOB 买方指定的国内货代企业，国内卖方欲将货物出口至国外，需要与 FOB 买方指定的货代企业联系，并由该货代企业负责安排装港前的提箱、装箱、报检、报关、还重箱等事宜。此时，就货物装船前的事宜，FOB 指定货代企业与

---

① 参见王彦君、傅晓强：《〈关于审理海上货运代理纠纷案件若干问题的规定〉的理解与适用》，载《人民司法》2012 年第 11 期，第 37 页。

FOB 卖方形成了货运代理关系，就装船前产生的垫付费用，FOB 指定货代企业向 FOB 卖方主张权利应无异议。但实践中，很多垫付费用是出现在中转港或目的港的，此时 FOB 卖方是否还有偿还中转港或目的港垫付费用的义务呢？

我们倾向认为，采取何种贸易术语与是否成立货运代理合同并无必然联系。货运代理合同成立与否是一个事实问题。如果货代企业不能举证在货物装船后，其仍与 FOB 卖方成立货运代理合同或者有其他特别约定，则对于装船后产生的相关费用，货代企业垫付相关费用后，向 FOB 卖方主张偿还的，不能支持。但实践中，如果 FOB 卖方通过发送订舱委托书委托货代企业安排订舱运输货物时，并自货代企业或其代理人（包含后手受托人）取得相应海运单证，此时一般应认定 FOB 卖方与货代企业成立了以订舱为内容的货运代理合同关系，至于因订舱行为产生的运费支付是否由 FOB 卖方支付，并不影响 FOB 卖方与货代企业在货物装船后成立货运代理合同关系。如货运代理合同项下对于货代企业的授权不明，则此时一般应认定为“概括委托”货运代理合同。除另有约定外，货代企业垫付了中转港或目的港发生的必要、合理费用后，有权依据货运代理合同关系向 FOB 卖方索赔。

6. 准确界定收货人提取货物后托运人的义务。货代企业代为办理运输的货物被运抵目的港并被收货人提取，在收货人与托运人并非同一主体的情况下，收货人提取货物的行为，已经表明其自愿加入到运输合同当中，成为运输合同的当事人。因货物交付系由承运人所控制，承运人同意交付货物给收货人，也表明承运人认可收货人成为交付货物后与其发生法律关系的主体，故托运人在运输合同项下无需继续承担对承运人的权利义务，该权利和义务由收货人承担。我们倾向认为，2012 年 7 月 18 日刘贵祥同志在全国海事审判工作会议上的总结讲话中指出的“收货人提取货物后不合理滞留集装箱，承运人可以根据运输合同关系或者集装箱租赁合同关系向该收货人主张集装箱超期使用费”中的“可以”应理解为“原则上应当”。而例外情形指向的是承运人与托运人关于收货人提取货物后权利义务的特别约定（如约定集装箱超期不还仍由托运人负责归还或者支付集装箱超期使用费等）。

（二）准确认定垫付费用的实际支付

以货主——货代企业 1——货代企业 2——货代企业 3——承运人这一业务链条而言，无论是货代企业 1、2、3 向前手货代请求垫付费用时，均负有证明垫付费用产生项目真实发生以及实际支付的举证责任。

1. 货代企业委托其代理人向第三人支付费用的，应视为货代企业实际支付。有观点认为，货代企业请求垫付费用，必须要求其自身实际支付费用，而不能由代理人支付费用。因为货代企业的代理人支付费用后，基于代理关系向其提出请求时，货代企业可能拒绝支付。而根据垫付费用“有损失才有救济”的基本法理，货代企业代理人代货代企业支付的，不能理解为货代企业遭受实际损失。我们倾向认为，根据《中华人民共和国民法通则》第六十三条的规定，货代企业代理人的行为的法律责任（包括权利和义务）归于货代企业，故货代企业代理人的损失应视为货代企业自身的损失。

2. 实际支付中第三方出具声明的效力问题。实践中，货代企业在请求垫付费用时，有时会提供向第三方支付费用的汇款凭证或债务抵消等证据材料，同时向法院提交第三方收取相关费用的说明材料。如果第三方只出具已经收取垫付费用的说明材料，是否还要求货代企业在举证时仍需提交支付方式的相关证明材料？我们倾向认为，如第三方出具的说明为真，一般可以认定货代企业已实际支付。毕竟，民商事领域关于法律事实的认定采取的是“高度盖然性”的证明标准，而非“排除不合理怀疑”的证明标准［除2015年《最高人民法院关于适用〈中华人民共和国民事诉讼法〉的解释》（以下简称《民诉法解释》）第一百零九条规定的几种情形外］。但有一点仍需明确，如果第三方并未出具相关说明材料，货代企业仅凭第三方出具的发票主张权利的。第三方开具的发票并不能代表事实上第三方已经收取了垫付费用，此时应向货代企业释明，如果其不能补强第三方的说明材料或支付方式等证据，发票并不能视为实际支付的初步证据。

3. 货代企业遭受的必然损失，委托人有义务赔付。对于货代企业依据已发生法律效力的民事判决书、仲裁裁决书或调解书应向第三方承担其代委托人从事代理事务相关费用的，但尚未履行前述法律文书义务的，也可认定货代企业不可避免地、必然地发生的损失。当货代企业向委托人请求赔付时，委托人有义务支付。

4. 货代企业需证明产生垫付费用的项目真实发生。有观点认为，在货主——货代企业1——货代企业2——货代企业3——承运人这一业务链条下，货代企业1、2、3只要根据后手主体的披露即可完成产生垫付费用实际发生的初步举证责任；如果委托人对该事项是否真实发生有异议，则举证责任转移至异议方，由其证明产生垫付费用的事项未真实发生。我们倾向认为，前述观点并不可采。主要原因是去除货运代理中间环节的海上货物运输合同项下，承运人若向托运人主张垫付费用的权利，其必须负有证明产生垫付费用的事项真实发生的举证责任，如果承运人举证不能，则其无权要求托运人承担偿还义务。同理，如果货代企业3只是基于自身商业利益考量（如要求承运人披露真实情况会影响后续与承运人之间的商业合作），仅根据承运人的单方陈述就径行向承运人支付费用。如果其向货代企业2追索时，货代企业2提出抗辩，要求货代企业3举证证明产生垫付费用的事项真实发生。此时，承运人的单方陈述不宜被认定为具有初步证明力，其仍需补强相关证据。

当然，基于商业效率的考量以及承运人的一般性诚信，如果货代企业已将第三方告知的产生垫付费用的事项告知委托人，委托人在合理期限内并未明确表示异议的，应视为委托人认可该事项真实发生。

（三）依法审查垫付费用的必要性

通说认为，货代企业垫付费用无须事先征得委托人的同意。因为根据《合同法》第三百九十八条的规定，委托人在委托货代企业处理相关货代业务时，本应预付必要费用。在委托人没有预付之下，货代企业垫付费用本是完成委托事项所必需。但有一点仍需明确，即货代企业垫付费用必须基于委托人的利益，且应履行谨慎注意和及时报告等义务，在垫付费用时应对第三方拟收取费用的事项是否真实发生以及相关费用是否必要进行抗辩。

1. 货代企业向第三人垫付费用已超过诉讼时效的，如委托人提出时效抗辩并经审查成立的，货代企业请求委托人偿还上述费用或利息的，不予支持。货代企业在诉讼时效期间过后支付费用的行为，不能认定为是基于委托人的利益，前述垫付费用，仍视为非必要费用。除委托人同意履行义务的，货代企业垫付前述类型费用，要求委托人赔付的，不应予以支持。①

2. 运输货物被海关等行政机关依法采取查验或查扣等强制措施，如相关法律规定，因货物被采取查验或查扣等措施后，委托人无需承担前述查验或查扣等措施期间相关费用的，除另有约定外，委托人提出相应抗辩的，货代企业向第三人垫付费用后请求委托人偿还的，不予支持。根据《中华人民共和国行政强制法》第二十六条第三款“查封、扣押发生的保管费用由行政机关承担”的规定，若涉案货物在我国装港发生涉嫌违法被采取查封、扣押等行政强制措施的，产生的保管费用由海关等行政机关承担。而保管费用（仓储费用）是实践中经常发生的垫付费用。此时，除有约定外，货代企业在向第三人垫付相关费用时，应尽法律审查义务，如未尽法律审查义务，错误支付的，无权向委托人请求偿还。对于目的港发生的相关费用，由委托人能够证明存在上述情形的，也应予以支持。

3. 货代企业垫付货运代理过程中产生的非正常费用的，应征得委托人的同意；委托人未明确表示不同意的，视为同意。如果委托人不同意由货代企业垫付非正常费用，货代企业基于另一合同关系被有权收取费用的第三方提起诉讼或仲裁，并被判决或裁决需向第三方支付前述非正常费用的，货代企业履行判决或仲裁裁决义务后，除与委托人另有约定外，对于货代企业已经履行判决或仲裁裁决义务向第三方支付的相关费用及在诉讼或仲裁中承担的合理诉讼费用或仲裁费用，货代企业请求委托人偿还的，应予支持。

对于正常货运代理过程中产生的海运费、单证费、码头操作费、文件费、铅封费等费用，如果委托人未预付给货代企业，货代企业向第三方支付无需征得委托人同意。但对于非因委托人过失产生的非正常费用（如第三人或承运人的过失产生的

① 案例参见（2012）厦海法商初字第323号民事判决书。

相关不必要费用），货代企业在垫付时应征得委托人同意。但需明确的是，对于因委托人的原因导致的垫付费用，货代企业基于委托人利益垫付的，无需事先征得委托人同意。比如因委托人虚假申报等在装货港、中转港或目的港产生的行政机关查验的费用，或者因目的港无人提货导致发生的集装箱超期使用费或者超期堆存费等，并不属于非正常费用，货代企业向第三方支付的行为，仍应认定为是为了委托人的利益。

（四）依法认定垫付费用的合理性

垫付费用的合理性的司法审查标准有“宽”和“严”两种选择。涉及合理性的举证责任分配问题，即第三方向货代企业披露的收费标准是否具有初步证明该项收费标准合理。“宽松”的取向是根据货代行业的实际情况，如果货代企业向第三方支付的费用已经证明是必要的，那么应初步认定前述标准是合理的。“严格”的取向是证明垫付费用合理性的举证责任在货代企业，其应该证明实际支付给第三方的费用，符合市场普遍主体的收费标准，否则，属于举证不能，应承担不利法律后果。

我们倾向认为，因为垫付费用的项目可能多达数十种，如果每一项垫付的费用，均要求货代企业证明其合理性，甚至在域外垫付的费用也要求货代企业通过证据公证认证来完成举证，并不符合货代行业的操作习惯。因此，货代企业在垫付费用时虽负有审理费用合理性的义务，在向委托人主张偿还垫付费用时，也负有证明垫付费用合理性的举证责任，但此种举证责任应采取较为宽松的举证方式，即只要货代企业能证明垫付费用已实际支付且基于委托人利益有必要支付，可初步认定前述垫付费用的支付标准为合理。此时，证明垫付费用不合理的举证责任转移至委托人。

1. 未约定代理报酬的，货代企业可以在合理范围内请求代理报酬。（1）货运代理合同中，单独约定代理报酬的并不常见，常见的主要是“大包干”——其中既包括海运费，也包括各项杂费和代理费（报酬），俗称“大包干”，还有“小包干”——海运费代收代付，另向委托人收取包括杂费和代理费在一起的一笔总的数额。该两种约定实际上是将费用差价作为报酬。此时，如果货代企业请求包干费用的，属于《合同法》第三百九十八条和第四百零五条同时规定的垫付费用与代理报酬的叠加请求，如果货代企业请求包干费，应予支持。但如果在包干费范围之外，产生了其他费用，则应本着“实付实支”原则，不应准许在垫付费用时额外另行增加金额作为代理报酬。需要注意的是，如果约定了海运费代收代付，则海运费部分不可增加金额。（2）如果货代企业与委托人并未约定“包干费”，此时如果坚持“实付实支”原则，将会使货代企业没有取得任何报酬，也没有利润，不符合商务实践。故可准许在未约定包干费时，货代企业有权适当增加费用作为代理报酬。报酬比例一般不应超过垫付费用的30%，此点属法院根据货运代理市场行情的自由心证，不宜做具体量化规定。[①]

2. 逾期支付垫付费用的违约赔偿，可参照《最高人民法院关于审理买卖合同纠纷案件适用法律问题的解释》（以下简称《买卖合同司法解释》）处理。根据《合同法》第三百九十八条的规定，货代企业垫付必要、合理费用的，要求委托人一并支付前述费用的利息，应予支持。但利息从何时起算、按何种标准计算则存在较大争议。司法实践中主要有以下几种处理方式：（1）利息以中国人民银行发布的银行同期同类存款利率为计息标准，自货代企业垫付之日起计算；[②]（2）利息以银行同期同类存款利率为计息标准，自货代企业请求委托人偿还之日起计算；[③]（3）利息以中国人民银行公布的金融机构同期同类贷款基准利率为计息标准，自货代企业垫付次日起计算；（4）利息以中国人民银行确定的金融机构同期同类贷款基准利率为计息标准，自货代企业请求委托偿还之日起计算。[④]

我们倾向认为，对于货代企业的利息请求，应在明确其请求内容及请求权规范基础上分别认定，不宜只采取一种处理方式。如货代企业主张按中国人民银行同期同类人民币贷款基准利率计算垫付费用的孳息损失，若货代企业不能证明其是贷款支付垫付费用的，则宜只按中国人民银行同期同类人民币存款基准利率支持货代企业的请求；若货代企业按中国人民银行同期同类人民币贷款基准利率计算垫付费用的利息，并将该利息损失作为委托人逾期支付垫付费用的违约赔偿予以主张。我们倾向认为，不宜因双方未明确约定违约责任而驳回货代企业的请求，此时可以参照《买卖合同司法解释》第二十四条第四款关于“买卖合同没有约定逾期付款违约金或者该违约金的计算方法，出卖人以买受人违约为由主张赔偿逾期付款损失的，人民法院可以同期同类人民币贷款基准利率为基础，参照逾期罚息利率标准计算”的规定对货代企业的请求予以处理。[⑤]当然，在具体案件中需综合垫付费用的类型是否属于非正常费用、垫付费用后货代企业是否及时告知委托人、垫付费用外货代企业收取或主张代理报酬的金额等具体情况综合认定，整体把握的原则是货代企业与委托人之间利益的平衡保护，不能使垫付费用的货代企业遭受不必要损失，也不宜因

---

① 案例参见（2013）甬海法商初字第562号及（2014）浙海终字第47号（一、二审判决）；（2014）沪海法商初字第434号及（2014）沪高民四（海）终字第125号（一、二审判决）。

② 参见汪洋：《垫付费用须征得委托人同意吗》，载《中国船检》2006年12月，第74页。

③ 以银行存款利率作为计息标准的，主要见上海海事法院、天津海事法院，具体案例参见（2010）津高民四终字第29号、（2012）沪海法商初字第607号、（2014）沪高民四（海）终字第125号及（2014）沪海法商初字第434号等。

④ 以贷款利率为计算利息标准的，主要为广州海事法院和宁波海事法院。

⑤ 根据《中国人民银行关于人民币贷款利率有关问题的通知》（银发〔2003〕251号）第三条规定，关于罚息利率问题，逾期贷款罚息利率在借款合同载明的贷款利率水平上加收30%～50%，也即按照基准贷款利率的1.3～1.5倍计算逾期付款利息。

委托人的逾期支付行为使其遭受过大的违约赔偿责任。

3. 约定违约金或滞纳金的，不可另行请求违约金或滞纳金的利息。我们倾向认为，违约金本身就已经具有填补和补偿的功能，如果货运代理合同已经约定了违约金，那么货代企业另行请求违约金利息的，不予准许。但如果货代企业请求了约定违约金的，应可以请求垫付费用的利息。因为违约金属约定损失赔偿或惩罚赔偿方式，属于当事人意思自治范围的约定，而垫付费用的法定孳息损失则是法定损失，货代企业有权另行请求。但此时垫付费用的利息宜以中国人民银行确定的金融机构同期同类存款基准利率为准计算利息，而不宜以贷款利息作为计息标准。

4. 国内货代企业以外币垫付费用，除另有约定外，可折算为人民币。德国民法典第二百四十四条"以外币指示之金钱债务在本国清偿时，得以本国货币支付之；但特别约明以外国货币支付者，不在此限"以及我国台湾地区民法第二百零二条的类似规定，货代企业作为守约方，除另有约定外，其享有此种权利。由此带来的汇率风险应由违约方负担。因此，我们倾向认为，除货代企业与委托人另有约定外，货代企业请求将垫付外币折算成人民币的，应予准许。至于以何时汇率作为基准，因是垫付费用纠纷，应以垫付之日人民币对外币汇率折算；如垫付之日人民币对外币没有公布汇率的，以垫付之日前最接近垫付之日的汇率中间价为折算标准。

（五）依法认定电子数据

电子数据已经被2012年《中华人民共和国民事诉讼法》第六十三条作为单独的证据类型。根据联合国《电子商务示范法》第二条规定："电子数据是指由电子手段、光学手段或类似手段生成的传送、接收或储存的信息。"由此，作为证据类型的电子数据，可以归结为以电子、电磁、光学等形式或类似形式储存在计算机中的信息作为证明案件事实的证据资料，既包括计算机程序及其所处理的信息，也包括其他应用专门技术设备检测得到的信息资料。[①] 与传统证据形式相比，电子数据的审查判断的特殊性在于如何识别原件。对于电子数据的原件，学理及外国立法存在着"原始载体说""功能等同说""拟制原件说"与"复式原件说"等多种观点。[②] 从可查询的资料看，2002年，《最高人民法院关于行政诉讼证据若干问题的规定》第六十四条规定："以有形载体固定或者显示的电子数据交换、电子邮件以及其他数据资料，其制作情况和真实性经对方当事人确认，或者以公证等其他有效方式予以证明的，与原件具有同等的证明效力。"我国《电子签名法》第五条规定："符合下列条件的数据电文，视为满足法律、法规规定的原件形式要求：（一）能够有效地表现所载内容并可供随时调取查用；（二）能够可靠地保证自最终形成时起，

① 参见宋春雨：《对新民诉法证据制度若干问题的理解》，载《山东审判》2013年第1期，第16页。

② 参见刘品新：《论电子证据的原件理论》，载《法律科学》2009年第5期，第120页至125页。

内容保持完整、未被更改。但是，在数据电文上增加背书以及数据交换、储存和显示过程中发生的形式变化不影响数据电文的完整性。”这可以理解为“功能等同法”。国家质量监督检验检疫总局《出入境检验检疫行政处罚程序规定》第十九条规定：“具备下列条件之一的电子邮件、电子数据交换等电子证据的输出件，视同具有原件的效力：（一）具有法定的电子认证手段，能确保其真实性的；（二）经过公证机关公证的；（三）当事人及利害关系人承认其客观真实，并经依法确认为有效证据的。”这可以理解为“拟制原件说”色彩。我们倾向认为，在货运代理垫付费用纠纷中，因一般涉及讼争金额不大，且使用电子数据（主要是电子邮件及QQ聊天记录）的比例相对较高，虽然电子数据存在易于伪造、篡改的特性，但基于民事证据“高度盖然性”的证明标准以及讼争金额不大且伪造或篡改电子数据的成本考量，对于货代垫付费用纠纷中的电子数据可以采取“功能等同说”融合“拟制原件说”的观点，而未必拘泥于传统的“原始载体说”。

诚然，认定电子数据的真实性和完整性，确非法官专长，需要借鉴鉴定等证据方法或专家辅助人等方式予以确定。但法院仍可在如何示证以及举证责任如何分配等方面作出一些尝试性规定。

1. 符合一定形式的电子数据应被认定具有初步真实性。我们倾向认为，当事人将QQ聊天记录、微信、电子邮件等电子数据作为证据使用时，应以能够有效地表现所载内容并可供随时调取查用且能够可靠地保证自最终形成时起，电子数据内容保持完整、未被更改为原则（在数据电文上增加背书以及数据交换、储存和显示过程中发生的形式变化不影响数据电文的完整性）。就展示形式而言，当事人提交的电子数据，原则上应当在计算机或手机等存储载体上展示。结合“拟制原件说”的观点，如果电子数据经过公证机关公证或者在证据交换时对方当事人对电子数据真实性没有异议的，也应认定电子数据的真实性和完整性。

在电子数据的表现形态上，经各方当事人确认真实性和完整性的电子数据，可以采取提交输出打印件的方式提交法院。

2. 电子数据关联性的认定。电子数据只满足了真实性和完整性，并不等同于具有证明力。电子数据的认定仍应坚持关联性原则。如果当事人虽然提交了真实性和完整性的电子数据，但电子数据的收件人和发件人以及电子数据内容与讼争案件当事人并无关联或者电子数据显示的内容与讼争事项无关，则该前述电子数据因欠缺证据证明力的关联性要件，不能被认定具有证明力。

3. 电子数据时空上的全面覆盖性。一般情况下，发生纠纷的垫付费用纠纷中均会有发出委托、出具单证、履行受托事项、纠纷发生、事后索赔等过程，在前述前后相续的不同阶段，不太可能只有几份电子数据。因此，举证方在举证之时，应尽量提交在时空上可以涵盖讼争纠纷的较为完整、全面的电子数据。当然，考虑到举证成本及诉讼效率，经质证方同意，举证方可仅将与讼争事项直接关联的电子数据作为证据。

4. 准确认定转发类电子数据的证明力。转发类电子数据无论是在内容还是在原始数据的收发时间上均可以由转发者任意修改，即便是附件，也完全可以通过重命名的方式对内容进行修改，对于此类电子数据不应视为具有初步证明力。如果质证方对此不予认可，举证方负有证明转发电子数据主体、时间、内容等与被转发的原始电子数据相一致的举证责任。

5. 区分不同情况，综合认定电子邮件客户端接收电子邮件的证明力。从货运代理实务看，出于邮件管理的方便、快捷以及对本单位服务器资源的节省，货代企业会广泛使用 Outlook Express、Foxmail 等邮件客户端软件接收电子邮件，前述电子邮件因未被存储在最初的位置，相较于原始电子邮件，其更易被篡改，在功能上也不能等同于原件，也不宜拟制为原件。对于其证明力的认定，需根据个案具体情况综合认定：

（1）质证方对客户端电子邮件的真实性和完整性不予认可，在案证据（如当事人陈述或其他书证、物证等）也无法印证举证方与质证方曾在前述电子邮件显示的时段进行过沟通联络的，此时不宜赋予前述电子邮件具有初步证明力，举证方仍应负有进一步举证的义务。

（2）在案证据足以认定质证方与举证方在电子邮件客户端接收电子邮件显示时间段与有过沟通联络，而质证方仅表示异议却未提交足够反驳证据的，举证方提交的邮件客户端接收的电子邮件，可以被认定具有初步证明力。此情形不同于第（1）种情形，在货运代理实务中，通过电子邮件联络沟通是常态，而基于电子数据的存储之便，使用 FOXMAIL 等邮件客户端接受电子邮件也是商务实践的常态。出于诉讼效率之考量，在电子数据的举证中，可以接受举证方更有效率的举证行为，并不能因其提交邮件客户端接收的电子邮件，一概从形式上就否认电子邮件内容的真实性和完整性。如果现有证据已经足以证明邮件客户端接收的电子邮件显示的时间段内举证方与质证方有过沟通联络（质证方的自认、中立第三方提交的证据、现有其他书证的证明等），那么，质证方只需要提交与举证方沟通联络的电子数据原始记录即可轻松推翻举证方以邮件客户端接收电子邮件显示内容的证明力，而质证方只提异议拒绝提交反驳证据的行为，一般情形下，可推定其可能没有足够的反驳证据。且从货代垫付纠纷来看，涉及讼争金额不大，而篡改邮件客户端接收的电子邮件内容，不但涉及技术投入、承担诉讼风险，而且极易被质证方提交的原始电子数据轻松推翻，从举证方提交邮件客户端接收电子邮件的经济理性来考量，一般情况下，举证方提交的邮件客户端接收的电子邮件应不会去恶意篡改。

6. 质证方对于举证方提交的电子数据原件（功能等同说的原件以及拟制原件说

的原件）的真实性和完整性有异议的，应提交相反证据。如果异议方举证证明举证方提交的前述电子数据存在虚假或伪造等情形，异议方因提交反驳证据而支出的必要、合理费用可请求由举证方承担。理由如下："功能等同说"或"拟制原件说"项下的电子数据并不等同于电子数据原始件，在客观上仍存在着被等同功能或拟制原件的电子数据被人为篡改的可能，如异议方确实未收到前述电子数据，或虽收到电子数据但显示内容与举证方不一致的，此时，异议方也可采取对相关存储载体或服务器等专业鉴定的方式来确认举证方提交的电子数据的客观真实性和完整性。若异议方举证足以证明举证方的电子数据存在伪造或篡改之可能，则从民事诉讼意义上讲，举证方依"功能等同说"或"拟制原件说"提供的电子数据应被认定为不具有证明力的"伪证"，异议方可享有请求"伪证"提供方支付其提交反驳证据而支出的必要和合理的费用。坚持此一原则，也会使举证方尽量保证合法举证，如其非法举证（伪造电子数据），其不但要承担诉讼法上的责任，还要承担实体上的不利后果。

7. 缺席审理时电子数据的认定。缺席审理，并不能豁免举证方的关于电子数据真实性的举证义务，如果出庭方仅能提交电子数据打印输出件，无法出示电子数据原件或无法证明电子数据打印件与原件相符，且无其他相关证据予以佐证的，对于出庭方提交的电子数据也不能认可。

结　语

海上货运代理合同垫付费用纠纷案件因法律规定不明确，其间涉及的相关理论和实践问题在理论界和实务界均有不同理解。我们的调研不可避免地存在着逻辑体系上的不足以及观点论证的不充分，更有可能存在法理上的不足，甚或可能存在对现有法律规定的误读，前述不足，期待在实务中不断加以完善。

关于审理海上货运代理垫付费用纠纷案件若干问题的意见

（课题组建议稿）

为依法规范和统一裁判标准和尺度，实现类型化案件的要素式审判，提高当事人对裁判结果的预期，更加便利当事人诉讼，根据相关法律、法规和最高人民法院的有关司法解释，结合审判和航运实践，对广州海事法院审理海上货运代理垫付费用案件提出以下意见：

1. ［意见适用范围］本意见所称的“海上货运代理垫付费用纠纷案件”，是指货代企业在履行海上货运代理义务过程中向第三方支付与海上货物运输有关费用而要求委托人偿还垫付费用引起纠纷的案件。

前述垫付费用包括但不限于货代企业在处理订舱、仓储、监装、监卸、集装箱拼装拆箱、包装、分拨、中转、集港运输、报关、报验、报检、熏蒸、保险、缮制单证、交付运费、结算交付杂费等过程中在装货港、中转港或目的港垫付的海运费、报关、报检、商检、拼箱、包装、码头操作、铅封、装货/目的港集装箱超期使用、装货/目的港集装箱超期堆存、电放、改单、熏蒸、ISF、ENS、吊箱、海关监管、货物销毁等费用。

2. ［法律关系认定］货代企业与委托人之间是否成立货运代理关系以及成立何种货运代理关系依据书面合同约定的权利义务的性质，并综合考虑货代企业取得报酬的名义和方式、开具发票的种类和收费项目、当事人之间的交易习惯以及合同实际履行的其他情况综合认定。

货代企业接受委托人订舱委托后，出具以自己为抬头单位的正本提单、海运单或提单、海运单、电放提单样稿的，或虽出具以他人为抬头单位的前述纸质或电子单证，但未能证明其有权代为签发前述单证或者未能证明其向前述单证载明的抬头单位实际履行了受托的订舱义务，委托人主张与货代企业成立运输合同关系的，一般应予支持。

货代企业承诺提供“港到门”或“门到门”服务，安排了陆路、海路运输并提供了进出口的清关、报检等服务，并实际收取或向委托人主张全程费用，如货代企业在提供前述服务过程中未向委托人明确其为承运人或代理人，委托人主张与货代企业成立运输合同关系的，一般应予支持。

3. ［转委托的认定］第三人以货代企业将货代事务转委托给其处理，请求委托人向其偿还垫付费用的，应同时证明其履行义务过程中直接听从委托人指示并且委托人以自己名义向其或其指定的其他主体支付相关委托费用，但合同另有约定的除外。

4. ［《合同法》第四百零二条的理解与适用］货代企业以向第三人发出订舱委托或进行单证资料核对时已经披露委托人为由抗辩货运代理合同成立于委托人与第三人之间，除订舱委托书等单证资料外，货代企业还需证明第三人在订立合同时知道委托人与货代企业存在代理关系以及货代企业系在委托人授权范围内从事委托事务。

5. ［FOB 模式下交货托运人应否承担垫付费用］货代企业接受 FOB 买方的委托代为安排海上货物运输，又接受 FOB 卖方委托代为安排装港之前相关事务的，对于货物装船前垫付的必要、合理费用，FOB 卖方负有偿还的义务；对于装船后产生的相关费用，除货代企业能证明与 FOB 卖方成立货运代理合同或另有约定外，货代企业垫付相关费用后，向 FOB 卖方主张偿还的，不予支持。

FOB 卖方向货代企业发送订舱委托书要求货代企业安排订舱出运货物，除另有约定外，对于货物装船后发生的必要、合理的垫付费用，货代企业请求偿还或返还的，如 FOB 卖方未能提交相反证据，对货代企业的主张一般应予支持。

6. ［收货人提取货物后，货运代理合同的法律后果］货物在目的港被收货人提取，除另有约定或收货人与托运人为同一主体外，受托运人委托订舱出运货物的货代企业垫付目的港费用后，请求托运人偿还垫付的前述费用的，不予支持。

7. ［货代企业对垫付费用负有审查义务］货代企业垫付费用时，应维护委托人利益，履行忠实、谨慎注意和及时报告等义务，对垫付费用是否实际发生以及第三方收取费用的必要、合理进行审查及抗辩。

如未履行前述义务，影响委托人及时处理海上货物运输相关事务且侵害委托人利益的，对扩大损失部分无权要求偿还。

8. ［垫付费用实际支付的认定］货代企业请求垫付费用的，必须实际支付相关费用。

货代企业委托其代理人向相关主体支付费用的，视为货代企业实际支付。

货代企业依据已发生法律效力的民事判决书、仲裁裁决书或调解书应向相关主体承担其代委托人从事货运代理事务相关费用的，视为货代企业实际支付。

9. ［货代企业需证明产生垫付费用的事项真实发生］货代企业根据收取垫付费用的第三人披露，已告知委托人产生垫付费用的相关事项时，委托人未在合理期间内提出异议且未提出相反证据，视为委托人认可该事项真实发生。

委托人对产生垫付费用的事项提出异议的，货代企业负有核实相关事项是否真实发生的义务。如未能举证证明该事实真实发生，由此垫付的相关费用，请求委托人支付的，不予支持。

10. ［诉讼时效审查］货代企业向第三人垫付费用已超过诉讼时效的，如委托人提出时效抗辩经审查成立的，货代企业请求委托人偿还上述费用或利息的，不予支持。

11. ［行政强制行为对垫付费用的影响］海上运输货物被海关等行政机关依法采取查验或查扣等措施，如相关法律规定，因货物被采取查验或查扣等行政强制措施后，委托人无需承担前述查验或查扣等措施期间相关费用的，除另有约定外，委托人提出相应抗辩的，货代企业向第三人支付费用后请求委托人偿还的，不予支持。

12. ［合理性审查基本标准］货代企业向第三人支付费用的标准与市场标准相当的，货代企业请求委托人偿还垫付费用的，应予支持。

委托人抗辩并举证货代企业向第三人支付的费用标准明显高于市场标准，可按市场标准计算委托人需偿还费用。

13. ［垫付之时请求合理性报酬的处理］若货运代理合同中未约定代理报酬，货代企业请求超过垫付费用的额外费用作为代理报酬的，在合理范围内，可予支持。

14. ［逾期支付垫付费用未约定违约金的处理］货代企业请求委托人赔偿逾期支付垫付费用损失的，除另有约定外，可以参照《最高人民法院关于审理买卖合同纠纷案件适用法律问题的解释》第二十四条第四款的规定处理。

15. ［约定滞纳金或违约金的处理］货代企业请求委托人支付约定违约金利息的，除另有约定外，不予支持。

16. ［垫付外币的可否折算人民币］货代企业垫付的费用为外币的，除另有约定的，货代企业请求将外币折算成人民币的，应予准许。按垫付之日中国人民银行公布的银行间外汇市场人民币汇率中间价折算。

17. ［电子数据的举证示证］当事人以 QQ 聊天记录、微信、电子邮件等电子数据作为证据使用时，应保证能够有效地表现所载内容并可供随时调取查用且能够可靠地保证自最终形成时起，内容保持完整、未被更改。但是，在数据电文上增加背书以及数据交换、储存和显示过程中发生的形式变化不影响数据电文的完整性。

当事人提交的电子数据，原则上应当庭在存储载体上展示，经过公证机关公证或对方当事人对电子数据真实性、完整性没有异议的，也可将公证文书或由电子数据打印的纸质件作为证据提交。

18. ［电子数据的关联性］当事人提交的电子数据，应证明发（收）人的身份、发（收）人与诉争案件的当事人的关系以及发（收）的内容与讼争事项的关联性。

19. ［电子数据时空覆盖的全面性］举证方提交的电子数据应全面体现诉争货运代理事务的委托、履行、纠纷产生、索赔等过程。经质证方同意，举证方可仅将与讼争事项直接关联的电子数据作为证据。

20. ［邮件客户端接收电子邮件的证明力］举证方提交以 Outlook Express、Foxmail 等邮件客户端软件接收电子邮件的，如质证方对前述电子邮件的真实性和完整性不予认可，在案其他证据也无法证明举证方与质证方在前述电子邮件显示的时间段进行过沟通联络，举证方应承担提供电子数据原始件等进一步举证的义务。

在案证据足以认定质证方与举证方在第一款电子邮件显示时间段内有过沟通联络，质证方仅表示异议却未提交反驳证据的，举证方提交的邮件客户端接收的电子邮件，应被认定具有初步证明力。

21. ［转发类电子数据的证明力］质证方对举证方提交的转发类的电子数据的真实性、完整性和关联性不予确认，且在案证据无法证明被转发电子数据的证明力，举证方应按第十七条第一款的规定承担进一步举证责任。

22. ［质证方异议的处理］质证方对举证方依第十七条和第二十条第二款规定提交的电子数据的真实性和完整性有异议的，应提交相反证据。

若异议方举证证明举证方提交的前述电子数据存在虚假或伪造等情形，异议方因提交反驳证据而支出的必要费用可请求由举证方承担。

23. ［缺席审理时电子数据的认定］缺席审理时，出庭方仅能提交电子数据打印输出件，无法出示电子数据原始件或无法证明电子数据打印件与原始件相符，且其他相关证据无法印证电子数据显示内容的，对出庭方提交的电子数据的证明力不予认定。

24. ［冲突时的适用］本意见在实施过程中，要根据具体案件情况分析判断，如发现与法律法规、司法解释和上级法院的意见相冲突的，以后者为准。

海上货运代理垫付费用纠纷案件要素表

表格说明：（1）由原告如实填写，承办法官参照表格内容审理案件。

（2）表格中有“证据编号”的项目须附证据，并将证据进行编号。

表格一：案件基本情况

<table>
<tr><td rowspan="4">原告</td><td rowspan="2">自然人</td><td>姓名</td><td>性别</td><td>身份证号</td><td>联系电话</td><td>国籍</td><td>职业</td><td>住址</td></tr>
<tr><td></td><td></td><td></td><td></td><td></td><td></td><td></td></tr>
<tr><td rowspan="2">法人</td><td>名称</td><td colspan="2">法定代表人姓名及职务</td><td>住所</td><td colspan="2">办公地址</td><td>联系电话</td></tr>
<tr><td></td><td colspan="2"></td><td></td><td colspan="2"></td><td></td></tr>
<tr><td rowspan="4">被告</td><td rowspan="2">自然人</td><td>姓名</td><td>性别</td><td>身份证号</td><td>联系电话</td><td>国籍</td><td>职业</td><td>住址</td></tr>
<tr><td></td><td></td><td></td><td></td><td></td><td></td><td></td></tr>
<tr><td rowspan="2">法人</td><td>名称</td><td colspan="2">法定代表人姓名及职务</td><td>住所</td><td colspan="2">办公地址</td><td>联系电话</td></tr>
<tr><td></td><td colspan="2"></td><td></td><td colspan="2"></td><td></td></tr>
<tr><td colspan="3">纠纷案件运输情况</td><td colspan="2">运输起始地</td><td></td><td colspan="2">运输目的地</td><td></td></tr>
</table>

填表人：　　　　　　　　　　　　填表时间：

注：原告或被告为个体工商户或合伙企业的，在法人一栏填写。

表格二：成立海上货运代理关系基本情况

<table>
<tr><td rowspan="12">合同关系成立的证据</td><td>合同名称</td><td colspan="3"></td></tr>
<tr><td>合同订立主体</td><td colspan="3"></td></tr>
<tr><td rowspan="10">合同签订方式</td><td>□现场签订
证据编号：</td><td colspan="2">签订时间及地点：</td></tr>
<tr><td rowspan="2">□传真签订
证据编号：</td><td colspan="2">发出方传真号码：</td></tr>
<tr><td colspan="2">接收方传真号码：</td></tr>
<tr><td rowspan="6">□电子数据方式签订</td><td rowspan="2">□电子邮件
证据编号：</td><td>发送人：</td></tr>
<tr><td>接收人：</td></tr>
<tr><td rowspan="2">□聊天平台（QQ、微信等）
证据编号：</td><td>发送人：</td></tr>
<tr><td>接收人：</td></tr>
<tr><td rowspan="2">□其他电子数据方式
证据编号：</td><td>发送人：</td></tr>
<tr><td>接收人：</td></tr>
<tr><td>□其他方式</td><td colspan="2"></td></tr>
<tr><td rowspan="7">合同权利义务内容</td><td rowspan="5">原告从事的事务</td><td>□负责运输</td><td colspan="2"></td></tr>
<tr><td rowspan="4">□代为安排运输</td><td colspan="2">□负责装货港代理</td></tr>
<tr><td colspan="2">□负责中转港代理</td></tr>
<tr><td colspan="2">□负责目的港代理</td></tr>
<tr><td colspan="2">□其他</td></tr>
<tr><td rowspan="2">原告收取的费用</td><td colspan="3">□未约定</td></tr>
<tr><td>□有约定
证据编号：</td><td>□海运费
□代理费用</td><td>□代理运费
□其他</td></tr>
<tr><td rowspan="6">与海运有关的文件</td><td rowspan="2">□订舱委托书
证据编号：</td><td colspan="2">发送人：</td><td>接收人：</td></tr>
<tr><td colspan="2">托运人：</td><td>收货人：</td></tr>
<tr><td rowspan="2">□提单或海运单
证据编号：</td><td colspan="2">抬头单位：</td><td>托运人：</td></tr>
<tr><td colspan="2">承运人：</td><td>收货人：</td></tr>
<tr><td rowspan="2">□提单等海运单证样稿
证据编号：</td><td colspan="2">抬头单位：</td><td>托运人：</td></tr>
<tr><td colspan="2">承运人：</td><td>收货人：</td></tr>
</table>

续表

开具发票类型	□运费 证据编号：	证据说明：
	□代理运费 证据编号：	证据说明：
	□其他 证据编号：	证据说明：
交易习惯情况	□不存在	
	□存在交易习惯 证据编号：	证据说明：

填写人：　　　　　　　　　　　　　填写时间：

表格三：请求赔偿范围及数额情况

费用类型	垫付金额	垫付时间	垫付主体	收取垫付费用主体	垫付方式	证明垫付事项真实发生的证据	收取费用主体的收费标准
海运费			□原告 □原告授权代理人	□船公司 □船代 □货代企业 □其他____	□现金 □银行转账 □其他____	证据编号：	证据编号：
集装箱超期使用费			□原告 □原告授权代理人	□船公司 □船代 □货代企业 □其他____	□现金 □银行转账 □其他____	证据编号：	证据编号：
集装箱超期堆存费			□原告 □原告授权代理人	□船公司 □船代 □货代企业 □其他____	□现金 □银行转账 □其他____	证据编号：	证据编号：
文件费（单证费用）			□原告 □原告授权代理人	□船公司 □船代 □货代企业 □其他____	□现金 □银行转账 □其他____	证据编号：	证据编号：

续表

费用类型	垫付金额	垫付时间	垫付主体	收取垫付费用主体	垫付方式	证明垫付事项真实发生的证据	收取费用主体的收费标准
拖车费			□原告 □原告授权代理人	□船公司 □船代 □货代企业 □其他____	□现金 □银行转账 □其他____	证据编号：	证据编号：
吊柜费			□原告 □原告授权代理人	□船公司 □船代 □货代企业 □其他____	□现金 □银行转账 □其他____	证据编号：	证据编号：
报关费			□原告 □原告授权代理人	□船公司 □船代 □货代企业 □其他____	□现金 □银行转账 □其他____	证据编号：	证据编号：
码头操作费			□原告 □原告授权代理人	□船公司 □船代 □货代企业 □其他____	□现金 □银行转账 □其他____	证据编号：	证据编号：
铅封费			□原告 □原告授权代理人	□船公司 □船代 □货代企业 □其他____	□现金 □银行转账 □其他____	证据编号：	证据编号：
电放费			□原告 □原告授权代理人	□船公司 □船代 □货代企业 □其他____	□现金 □银行转账 □其他____	证据编号：	证据编号：
其他费用			□原告 □原告授权代理人	□船公司 □船代 □货代企业 □其他____	□现金 □银行转账 □其他____	证据编号：	证据编号：

注：1. 填写时，只需在相对应的项目后填写相关内容。没有相关内容的，无需填写；

2. 本要素表没有包含垫付费用项目的，可在“其他费用”中按照前述费用填写方式填写。

关于审理船员劳务合同纠纷案件的调研报告

文　静　陈振檠[①]

船员劳务合同与船员劳动合同的区分是理论界和司法实践中长期的困惑。两类合同虽然只有一字之别，但性质却相差甚远，由此涉及案件的管辖、法律适用、争议解决程序等有所不同。最高人民法院新近出台的《最高人民法院关于海事法院受理案件范围的规定》对船员劳务合同纠纷和船员劳动合同纠纷作了区分，[②] 本报告仅对船员劳务合同纠纷案件的相关问题进行探讨。

一、广州海事法院审理船员劳务合同纠纷案件的基本情况和特点

（一）基本情况

2012年至2015年，广州海事法院共受理船员劳务合同纠纷案件1253件，其中2012年受理368件，占海事海商一审案件的29.8%；2013年受理143件，占海事海商一审案件的12.39%；2014年受理266件，占海事海商一审案件的12.39%；2015年受理476件，占海事海商一审案件的27.67%。[③]

---

① 文静，广州海事法院湛江法庭审判员；陈振檠，广州海事法院海商庭审判员。

② 参见最高人民法院审判委员会2015年12月28日第1674次会议通过，2016年3月1日起施行的《关于海事法院受理案件范围的规定》第24条规定，船员劳动合同、劳务合同（含船员劳务派遣协议）项下与船员登船、在船服务、离船遣返相关的报酬给付及人身伤亡赔偿纠纷案件属于海事法院管辖。

③ 数据来源于2012年度、2013年度、2014年度、2015年度《广州海事法院审判情况通报》。

案件的类型主要表现为[①]：

1. 劳务关系。根据当事人的诉讼请求又可细分为：一是仅请求工资报酬的纠纷；二是请求工资、加班费及补偿金、赔偿金的纠纷；三是人身损害责任纠纷。

2. 劳务派遣关系。船员通过向劳动服务机构申请，与该机构签订合同，再由该劳务服务机构与船舶所有人签订合同，船员通过上述两个合同上船服务，船员与船舶所有人之间只是一种事实上的劳动关系，无直接的合同关系，这种情形也被称为船员劳务派遣合同。

（二）特点

1. 案件数量逐年增多。以广州海事法院为例，2010 年全院的船员劳务纠纷案件仅 69 件，[②] 2011 年全院共受理该类案件 15 件。[③] 但自 2012 年起，船员劳务合同纠纷案件大量增加，最多的一年甚至占到一审海事海商案件的近 30%。其他海事法院也存在同样的情况，如宁波海事法院，2011 年至 2014 年该院分别受理船员劳务合同案件 212 件、720 件、646 件和 770 件；2015 年仅上半年该类案件的受理数量就上升至 946 件。该院近三年受理的船员劳务纠纷案件约占海事海商案件收案总数的 40%。[④]

2. 系列案件较为普遍。海上作业往往是集体作业，船舶所有人或经营人通常不是拖欠一、两个船员的工资，而是拖欠全船或者整个船队的工资，故此类案件一般涉及人数较多，少则几人，多则几十人，容易形成系列案件。广州海事法院受理的船员劳务合同纠纷中，绝大部分是系列案件。如 2012 年广州穗粤船务有限公司因经营不善，船员诉至法院要求支付工资的案件；2014 年广东蓝海海运有限公司船员确权诉讼的案件。

3. 审理难度日趋加大。主要体现在：《中华人民共和国船员条例》（以下简称《船员条例》）和《中华人民共和国劳动合同法》（以下简称《劳动合同法》）施行后，该类案件的诉请项目逐步增多，矛盾日趋尖锐；多被告现象增加，法律关系认定难度增大。

---

① 目前，我国船员与船舶所有人之间主要存在以下几种法律关系：第一，自由船员与本公司之间存在的船员劳动合同关系；第二，自由船员直接与船舶所有人签订船员劳务合同从而形成的劳务关系；第三，船员劳务派遣合同。

② 数据来源于 2010 年度《广州海事法院审判情况通报》。

③ 2011 年度《广州海事法院审判情况通报》没有统计该年度船员劳务合同纠纷案件的情况，法院综合业务系统没有 2011 年的数据。“广州海事法院 2011 年度共受理 15 件船员劳务合同纠纷案件”的数据来源于广州海事法院网上工作平台原审判管理系统中的查询，因新旧系统交换问题，该数据不一定完整。

④ 数据来源于《关于船员劳务合同纠纷若干问题的调研》，作者是宁波海事法院立案庭和海事庭联合课题组。

二、审理船员劳务合同纠纷案件的困难和问题

（一）船员劳务合同没有统一的定义

《船员条例》《劳动合同法》施行之前，《中华人民共和国海商法》（以下简称《海商法》）中虽有“船员”一章，但关于船员的权利义务，却只有第三十四条的准用性规定，[①] 而对船员劳务合同没有任何具体的规定。对船员劳务合同术语的表述，出现在《中华人民共和国海事诉讼特别程序法》（以下简称《海诉法》）、《最高人民法院关于海事法院受理案件范围的若干规定》以及《民事案件案由规定》等程序性法律或司法解释之中。在《船员条例》及《劳动合同法》中，根本没有船员劳务合同的规定。

（二）船员劳务合同与船员劳动合同的区分难以界定

理论界和司法实践中长期存在劳动合同与劳务合同区分的争论。

关于劳动合同和劳务合同，《海商法》中一些条文之间的表述也不一致。《海商法》第二十二条第（一）项规定，“船长、船员和在船上工作的其他在编人员根据劳动法律、行政法规或者劳动合同所产生的工资、其他劳动报酬、船员遣返费用和社会保险费用的给付请求”，具有船舶优先权。此处采用了劳动合同的表述。第二百零八条第（五）项规定，“船舶所有人或者救助人的受雇人提出的赔偿请求，根据调整劳务合同的法律”，船舶所有人或者救助人无权限制赔偿责任。此处采用了劳务合同的表述。

《中华人民共和国劳动法》（以下简称《劳动法》）第十六条对劳动合同作了定义，而关于劳务合同，法律、司法解释、行政法规、行政规章之中未见对其有所规定。

（三）海事法院受理船员劳务合同纠纷案件的范围模糊

虽然海事法院受理船员劳务合同纠纷案有明确的法律依据，且案由确定为船员劳务合同纠纷，但由于对船员劳务合同纠纷与劳动合同纠纷案存在的区别并未形成一致认识，造成了实践中对该类案件受案范围的模糊。一种观点认为船员劳务合同纠纷就是劳动合同纠纷，只要是船员与用工方之间的民事纠纷，海事法院就应该直接受理，不必区分是劳动关系还是劳务关系。另一种观点认为船员劳务合同纠纷并不同于船员劳动合同纠纷，船员劳务合同纠纷案海事法院可直接受理，而船员劳动合同纠纷适用仲裁前置，起诉也只能到地方法院。对于是否应当区分海事法院仅直

---

① 《海商法》第三十四条：“船员的任用和劳动方面的权利、义务，本法没有规定的，适用有关法律、行政法规的规定。”

接受理船员在船期间的劳务合同纠纷，地方法院在适用“仲裁前置”的前提之下，应受理船员非因上船服务，而与用工方之间的劳务合同纠纷，各地的审判实践也有不同做法。

此外，对于船员劳务关系中，涉及工资、其他劳动报酬、船员遣返费用等诉讼请求以外的纠纷，应当由海事法院还是地方法院管辖也有意见分歧。

（四）举证责任分配及证据认定的尺度不一

船员法律意识薄弱，文化素质也比较低，书面合同普遍缺失，凭船员个人力量收集到充足的证据较为困难。审判实践中如完全适用“谁主张谁举证”的原则，对处于弱势地位的船员并不公平。不同法官在举证责任的分配上理解不同，也导致裁判结果不同。

另外，在没有书面合同的条件下，船员能够向法院提供的证据大多数为证人证言，且证人证言的提供者，多为其亲戚或是同样被拖欠工资的船员，即证人与船员之间有利害关系，因此对该类证据效力的认定较为棘手。

（五）直接规定劳务关系的法律法规少

我国现行法律关于劳动关系的规定比较完备，但对于劳务关系特别是船员劳务关系的规定不多，且概念不清，实践中的法律适用不规范、不统一。如一些船员请求支付拖欠工资的案件中附随提出连续工作、加班、节假日工资、医疗保险、事故保险待遇等诉讼请求时，如何适用法律，能否参照劳动法律规定处理，这成为困扰审判实践的难题。

（六）船员劳务派遣关系中交织着多重相关联的法律关系

船员劳务派遣通常是船员先与船员服务机构签署一个合同，这个合同在实践中有各种名称，但其性质可以概括为两种：一是船员与船员服务机构签订的劳动合同，双方是劳动者与用人单位的关系；二是自由船员与船员服务机构签订的雇佣合同，双方是雇佣关系或者说是劳务关系。该两种形式一般统称为劳务合同，但是在法律适用上大不相同。

另外一种情形是船员外派。该情形往往是船员与境外雇主没有签署任何劳务合同，他们之间的关系需要三方两个合同来界定。如何界定船员、用工方和派遣方三方的责任，法律没有明确规定，船员外派使船员劳务派遣关系更加复杂。

（七）船员船舶优先权的争议

《海商法》第二十二条规定，船长、船员和在船上工作的其他在编人员根据劳动法律、行政法规或者劳动合同所产生的工资、其他劳动报酬、船员遣返费用和社会保险费用的给付请求具有船舶优先权。但司法实践中，对上述主体规定存在不同的理解，主要体现在：

首先，上述规定所适用的是劳动合同，而船员依据劳务合同的请求权是否能享有船舶优先权，在法律适用上存有障碍。

其次，在船舶未被扣押的情况下，船员可否向法院请求确认其工资、其他劳动报酬等享有船舶优先权；因船员劳务合同纠纷，船舶已被其中一名船员申请扣押，同船的其他船员是否还需要申请扣押该船才能享有船舶优先权。

再次，不适格船员的船舶优先权。不适格船员是指没有船员适任证书或者低资质船员任高资质岗位。一种观点认为，船员自身应当清楚其资格所能胜任的职务范围，其对船东隐瞒实情的行为属于欺诈，不应受到法律保护，更不能赋予其船舶优先权。①

最后，船员服务机构与劳务派遣单位垫付了船员工资，其向用人单位追索垫付的船员报酬，该工资请求权是否享有船舶优先权。

三、处理船员劳务合同纠纷案件难题的对策和建议

（一）船员劳务合同的定义

在民事案由规定中，仅规定了船员劳务合同纠纷而没有船员劳动合同纠纷，以往海事法院受理的涉及船员劳动或劳务的纠纷均定性案由为船员劳务合同纠纷。最高人民法院近期出台的《最高人民法院关于海事法院受理案件范围的规定》对船员劳动合同和劳务合同在名称上进行了区分，但对各自的内涵没有作出说明。《上海市高级人民法院关于船员劳务合同纠纷和船员劳动争议案件管辖的若干问题意见》对船员劳务合同纠纷作了定义，即指船员就在船工作或服务，与船舶所有人或船舶经营人之间发生的劳务合同纠纷。该定义给我们启发，但我们认为，在审判实践中，合同的相对方不仅仅包括上述规定的船舶所有人和船舶经营人，有时也包括个人。因此，参考《劳动法》关于劳动合同中劳动者的相对方称为用人单位，② 参照《船员服务管理规定》第十七条“使用未与船员用人单位解除劳动合同船员的单位，为船员用工单位”关于用工单位的规定，并基于用工方并不限于单位，有时也包括个人的现实情况，我们将船员劳务合同中劳动者的相对方统称为用工方。为此，可以将船员劳务合同定义为：船员就其登船、在船服务与离船遣返等与用工方之间确立劳务关系、明确双方权利义务关系的协议。

（二）船员劳务合同与船员劳动合同的区别

目前所审理的船员劳务合同纠纷案件，既包含劳务关系也包含基于劳动法律、行政法规或者劳动合同产生的劳动关系。为了正确区分这两类合同，经查阅资料，

---

① 参见李璐玲：《对船员工资优先权几个问题的再思考》，《中国海商法年刊》2010 年 3 月，第 69 页。

② 《劳动法》第十六条：“劳动合同是劳动者与用人单位确立劳动关系、明确双方权利和义务的协议。”

下面从法律适用、争议解决程序、发生劳动者人身伤亡时的责任认定方式、社会保障等方面进行说明：①

1. 合同主体和人身依附关系不同。劳务合同的主体一方是劳动者，另一方可以是自然人、法人和其他组织；而劳动合同的主体一方是劳动者，另一方根据劳动合同法规定，劳动合同的用人单位包括中国境内的企业、个体经济组织、国家机关、事业单位、社会团体。②

另外，理论界占主流的观点是，两者关键区别在于船员与用人单位是否存在人身紧密依附关系，即行政隶属关系。船员劳动合同的用人单位与船员之间是组织领导关系，法律地位并不平等。船员劳务合同当事人有管理关系的特点，但并非行政领导关系，而是一种平等的民事关系。

2. 争议解决程序不同。因劳动合同纠纷发生争议的，首先要到单位的劳动争议调解委员会申请调解；调解委员会调解不成，当事人可以向劳动争议仲裁委员会申请仲裁。当事人对劳动争议仲裁裁决不服的，可以在仲裁之后再向人民法院提起诉讼。用人单位劳动争议调解委员会的调解程序不是必经程序，但是向劳动仲裁委员会提出仲裁是必经程序。未经劳动仲裁委员会裁决，当事人不能向人民法院起诉，即通常所说的仲裁前置。劳动争议申请仲裁的时效期间为一年。而劳务合同属于一般的民事合同，适用《中华人民共和国民法通则》和《合同法》等民事法律进行调整。当事人因劳务合同即一般民事合同发生争议的，可直接向人民法院提起诉讼，而无需先经过劳动争议仲裁委员会仲裁，且其权利受保护的诉讼时效期间为两年。

3. 法律适用和责任认定不同。基于劳务合同建立的属于劳务雇佣关系，雇员的人身伤害损害赔偿由《中华人民共和国民法通则》《合同法》和《侵权责任法》等民事法律调整，当事人可直接向人民法院提起诉讼。如系个人之间形成的个人劳务关系，则需按照《侵权责任法》第三十五条的规定，按各自的过错责任比例承担责任。而对于劳动关系，如构成工伤的，则依据《劳动法》和《工伤保险条例》的相关内容享受工伤待遇，工伤事故赔偿的解决途径需通过劳动仲裁委员会仲裁，对仲裁裁决不服的，才能向人民法院提起诉讼。

4. 社会保障不同。在劳动合同关系中，劳动者依法享受社会保险待遇，即用人单位必须根据劳动法的相关规定，为劳动者缴纳社会保险费用，当事人不能协商改变。而在劳务合同中，接受劳务一方只需按照劳务合同约定支付报酬即可，额外的社会保险费用不是强制性支付的，可由劳务合同双方协商确定。③

---

① 以下观点主要参见《关于船员劳务法律问题的调研》，作者是宁波海事法院立案庭和海事庭联合课题组。

② 参见许武军：《劳动合同若干问题研究》，《经济师》2007 年第 7 期。

③ 参见李晓兰：《船员劳务合同若干法律问题研究》，中国海洋大学 2009 年硕士学位论文，第 6 页。

（三）主体

顾名思义，船员劳务合同纠纷的主体为船员和与其构成劳务合同关系的相对方。

1. 船员。

《海商法》第三十一条规定："船员，是指包括船长在内的船上一切任职人员。"《船员条例》第四条规定：本条例所称船员，是指依照本条例的规定经船员注册取得船员服务簿的人员，包括船长、高级船员、普通船员。①

从上述关于船员的定义可以看出，《海商法》第三十一条规定指的是任职的船员，而在实践中，一些人员没有按照《船员条例》的规定经船员注册取得船员服务簿，但其又确实在船工作或服务，如基层渔事纠纷案件中，在个体自然人所有的渔船上从事渔业捕捞的船员，基本上都没有船员注册。因此，我们借鉴《船员条例》第四条第一款的规定，列举了任职船员，同时将非任职船员也作为船员予以分类。

2. 船员劳务合同纠纷中船员的相对方。

一般情况下，与船员形成劳务合同关系的另一方主体为船舶所有人、船舶经营人；在船员劳务派遣中则为劳务派遣单位或实际用工单位。但在实践中，船员劳务合同关系的用工主体并不限于船舶所有人和船舶经营人，与船员签订服务合同的光船承租人也可以成为用工单位。个人用工方，其并非劳动法意义上的用人单位，船员受其雇佣在船上工作，双方之间也形成劳务合同关系。

因此，我们将船员劳务合同中船员的相对方统称为用工方。即船员劳务合同关系的用工方是与船员签订劳务合同或形成事实上的劳务关系的人，船舶所有人并不必然成为劳务合同的一方主体；不是劳务合同的相对人不负有支付劳动报酬的义务。

（四）纠纷范围（类型）

《最高人民法院关于海事法院受理案件范围的规定》第二十四条规定，船员劳动合同、劳务合同（含船员劳务派遣协议）项下与船员登船、在船服务、离船遣返相关的报酬给付及人身伤亡赔偿纠纷案件属于海事法院管辖。根据该规定，对于船员劳务合同纠纷，只有该类合同项下的相关报酬给付及人身伤亡赔偿纠纷案件才属海事法院管辖，该类合同项下的其他纠纷案件如社会保险费用的给付等请求，均不属于海事法院管辖的范围。另外，船员劳务合同纠纷案件项下的人身伤亡赔偿案件，其实质是海上人身损害责任纠纷案件。广州海事法院已出台《广州海事法院关于审理海上人身损害责任纠纷案件若干问题的意见》，船员劳务合同纠纷案件项下的人

① 该条例第四条规定：本条例所称船长，是指依照本条例的规定取得船长任职资格，负责管理和指挥船舶的人员；本条例所称高级船员，是指依照本条例的规定取得相应任职资格的大副、二副、三副、轮机长、大管轮、二管轮、三管轮、通信人员以及其他在船舶上任职的高级技术或者管理人员；本条例所称普通船员，是指除船长、高级船员外的其他船员。

身伤亡赔偿案件应参照该意见处理，本调研报告不赘述。

《海商法》第二十二条规定："下列各项海事请求具有船舶优先权：（一）船长、船员和在船上工作的其他在编人员根据劳动法律、行政法规或者劳动合同所产生的工资、其他劳动报酬、船员遣返费用和社会保险费用的给付请求。"社会保险费用虽具有船舶优先权，但企业没有为职工办理基本养老保险、基本医疗保险和失业保险登记并按时依法缴纳社会保险费的行为，属于社会保险费征缴中的违法行为，并不属于企业与职工之间的劳动争议，应当由劳动社会保障部门进行处理，不属法院受理案件的范围。

我们将"其他劳动报酬"限定为伙食费、劳务费、加班费和津贴等，主要理由是：首先，《劳动法》中的"工资"是指用人单位依据国家有关规定或劳动合同的约定，以货币形式直接支付给本单位劳动者的劳动报酬，一般包括计时工资、计件工资、奖金、津贴和补贴、延长工作时间的工资报酬以及特殊情况下支付的工资等。其次，《关于贯彻执行〈中华人民共和国劳动法〉若干问题的意见》（劳部发〔1995〕309号）明确了不属于工资范围的劳动收入：单位支付给劳动者个人的社会保险福利费用，如丧葬抚恤救济费、生活困难补助费、计划生育补贴等；劳动保护方面的费用，如用人单位支付给劳动者的工作服、解毒剂、清凉饮料费用等；按规定未列入工资总额的各种劳动报酬及其他劳动收入，如根据国家规定发放的创造发明奖、国家星火奖、自然科学奖、科学技术进步奖、合理化建议和技术改进奖、中华技能大奖等，以及稿费、讲课费、翻译费等。再次，《关于工资总额组成的规定》将出差伙食补助费、误餐补助、调动工作的旅费和安家费等排除在工资总额范围之外。结合上述规定，我们认为船员劳务合同纠纷中的"其他劳动报酬"范围限定在伙食费、劳务费、加班费和津贴等比较合适。

（五）管辖

《最高人民法院关于民事案件案由的规定》第一百九十三条将船员劳务合同纠纷单独归类为海事海商纠纷。第一百二十二条将普通劳务合同纠纷归类为合同纠纷一节。第一百六十九条单独列明了劳动合同纠纷（包括确认劳动关系等），归类为劳动人事争议一节。由此可见，劳务合同纠纷与劳动合同纠纷在公布的案由中分别列明，两者并不相同。是否属于海事法院管辖的船员劳务合同纠纷案件，我们认为可以参考以下的审查标准[①]：

一是审查船员身份。即审查一方当事人是否为船员，依据《船员条例》第四条规定取得船员服务簿的人员，或个人之间劳务关系的非职务船员及劳务派遣关系中的船员为适格的船员主体。

---

① 参见王建新：《船员劳动合同纠纷与劳务合同纠纷辨析——以海事法院受理诉讼案件为视角》。

二是审查法律关系。即审查当事人之间的合同内容，确定当事人之间是否属劳动合同关系。凡明显属劳动合同关系的，则应当定性为船员劳动合同纠纷。当事人之间既不是船员劳务合同关系，又不是船员劳动合同关系，而是船员派遣（或服务）合同关系的，即按船员派遣（或服务）处理。

三是审查当事人的诉讼请求和理由。如果当事人请求解除或确认劳动关系，其应先申请劳动仲裁，对仲裁不服再到相关地方法院起诉。

四是审查诉讼主体。如果双方当事人是自然人之间追索劳动报酬的，一般都是属于船员劳务合同纠纷，因为自然人之间不能形成劳动合同关系。如果当事人一方是船员，另一方是法人单位的，根据用人或用工特点确定是船员劳动还是劳务法律关系。如果双方当事人都是法人单位，追索垫付船员劳动报酬的，既不是船员劳动合同纠纷，也不是船员劳务合同纠纷，属垫付船员工资纠纷。

（六）举证责任

由于书面合同的普遍缺失以及船员在工作中的从属地位，决定了船员很难对在船上工作的事实、工作时间（上下船的时间）及工资标准进行举证，船员要凭借个人的能力收集到充足的证据确有困难。例如：船东不给船员办理有关手续，发生争议时，不提供原始的考勤、工资表等证据，致使船员个人无法举证或举证不力。如果在船员劳务合同纠纷案件中完全适用“谁主张谁举证”的原则，可能会造成案件处理的法律效果和社会效果的不一致，甚至可能损害一方当事人的利益。对此，我们根据相关法律规定，对举证责任划分和证据认定做如下考虑：

1. 船员就船员劳务合同纠纷向法院提起诉讼的，应就其与用工方之间的法律关系、工作时间、报酬数额承担举证责任。船员主张与用工方成立事实劳务关系的，船员负有证明劳务关系存在的举证责任。

2. 船员一方主张船员劳务合同存在的，可提交如下证据予以证明：（1）工资支付凭证或记录（职工工资发放花名册）、缴纳各项社会保险费的记录；（2）用人单位向劳动者发放的“工作证”“服务证”等能够证明身份的证件；（3）劳动者填写的用人单位招工招聘“登记表”“报名表”等招用记录；（4）考勤记录；（5）加盖了用人单位的签证章或船章的船员服务簿；（6）其他劳动者的证言等。船员有证据证明用工方持有上述（1）（3）（4）项的有关凭证的，由用工方负举证责任。

3. 船员劳务合同的举证责任分配：船员需证明其在船上任职的时间及月工资的数额；用工方举证证明其支付工资的事实。

4. 在船员证明其与用工方存在用工关系时，因用工方作出除名、辞退、解除合同、减少劳动报酬等决定而发生争议的，由用工方负举证责任。[①]

① 《最高人民法院关于民事诉讼证据的若干规定》第六条。

5. 船员主张用工方拖欠工资报酬的，由船员举证证明其月工资标准，没有证据的，可参照订立合同时履行地的市场价格确定。用工方对月工资标准有异议的，由其证明其实际发放工资的标准以及是否已足额发放工资。①

6. 船员主张在船上的加班工资和节假日加班工资的，根据合同约定处理，约定不明的，根据适航的船舶须配备最低安全配额的船员、航行期间轮流当班和休息的航运惯例，在没有证据证明船员在船上有额外加班或就休息日、法定节假日有特别约定的，不予支持船员的主张。但船员有证据证明用工方掌握加班事实存在的证据，而用工方不提供的，由用工方承担不利后果。

7. 船员有证据证明其加班事实的，用工方应证明延长船员工作时间或者在休息日、法定休假日安排船员工作，其已发放相应加班工资。用工方在工资清单中未列明发放加班工资，且不能举证证明已支付的，视为未支付加班工资。②

8. 在船舶已办理光船租赁手续，船员主张船舶所有人为用工方的，应当提供证据证明。

（七）关于船员劳务派遣

在实践中，船员未与实际用工方签订劳动合同，而与劳务派遣机构签订劳务合同的情况比较多见，通常劳务派遣机构仅负责招录签约，日常管理和工资发放均由实际用工方负责。目前，由于我国法律对船员服务机构定位不明，又存在境内外船东之分，我们认为，该类船员劳务合同纠纷处理的总原则为，根据具体合同内容和用工方式来认定。

1. 境内船员劳务派遣。

境内船员劳务派遣指船员服务机构将船员派遣到国内的船舶上工作，按照法律规定属于劳务派遣的关系，此时三方主体都在中国境内，应当适用《劳动法》及《船员条例》等国内相关规定。根据《船员条例》第二十七条和第四十四条规定，船员的用工方应根据劳动合同相关法律法规与船员签订劳动合同，船员服务机构应督促用人单位与船员签订劳动合同。交通运输部海事局 2010 年发布的《〈船员条例〉释义》对《船员条例》第四十四条作如下解释：船员在与船员服务机构应签订劳动合同的同时，必须再与用人单位签订劳动合同以明确责任义务，否则船员服务机构不得再向用人单位提供船员。可见境内劳务派遣中，船员须分别与船员服务机构及船东签订两个劳动合同，此时船员与服务机构及船东都建立了劳动合同关系，

---

① 主要依据：一是《最高人民法院关于民事诉讼证据的若干规定》第五条第二款的规定，对合同是否履行发生争议的，由负有履行义务的当事人承担举证责任。二是《广东省工资支付条例》第十六条、第十七条和《工资支付条例》第六条第三款。三是《中华人民共和国合同法》第六十二条第（二）项规定：“价款或者报酬不明确的，按照订立合同时履行地的市场价格履行。”

② 《广东省工资支付条例》第十七条。

不属于船员劳务合同纠纷处理的范围。

2. 船员外派关系。

境外船员劳务派遣是指具备法律规定资质的船员服务机构将中国船员派遣到外籍或港澳台籍的船舶上工作，并提供船员管理服务的经济活动。① 此时船员服务机构为被派遣船员的用人单位，境外船东则为船员的用工单位。与国内船员劳务派遣一样，此时船员与船员服务机构之间为劳动合同关系，应当适用《劳动合同法》等国内法律规定。

但对于境外船东，由于此种关系下涉及的都是境外主体，不能适用《劳动合同法》《船员条例》相关规定，且境外船东为规避责任经常会以三方主体之间业已形成劳务派遣关系为由，不再与船员签订劳动合同，因而实务中外派船员与外国船东间往往不存在任何书面合同，但他们之间有事实上的劳务关系。因此，在境外船员劳务派遣中，即使境外船东与船员间不存在书面合同，境外船东也应当基于事实劳务关系成为相应的责任主体。

3. 船员服务机构居间介绍船员。

居间介绍船员指船员服务机构作为船员和船东的中介，居间介绍没有与境内主体签订劳动合同的中国船员与境内外船东签订劳动合同。此种情况下服务机构、船东、船员的关系是平等的民事法律关系，而不再是劳务派遣关系。

（八）关于船舶优先权

船舶优先权作为一项特殊法定权利，其适用范围是法定的，在没有明确的法律依据时，应严格理解与适用。我们注意到，《1967 年统一船舶优先权和抵押权某些规定的国际公约》将相关权利阐述为“在船上任职而应付与船长、高级船员及其他船员的工资及其他款项”，而《1993 年船舶优先权和抵押权国际公约》则将相关权利阐述为“就船长、高级船员和其他船上在编人员由于在船上任职而应得到工资和其他款项的索赔，包括遣返费用和应为他们支付的社会保险费”，与《海商法》规定最明显的区别便在于后者有“劳动法律关系”的限定上，而《海诉法》第二十一条关于可以申请扣押船舶的海事请求第（十五）项规定，也为船员的工资和其他款项，包括应当为船员支付的遣返费和社会保险费。因此，我们认为，无论劳务合同还是劳动合同，在工资、报酬或遣返费用方面的规定本质并没有差异，故对船员劳务合同纠纷中的船舶优先权可做以下处理：

1. 根据《海商法》第二十二条第一款第（一）项的规定，船长、船员和在船上工作的其他在编人员根据劳务法律、行政法规或者劳务合同所产生的工资、其他

① 境外船东是指外国籍或港澳台地区籍船舶的所有人、经营人或管理人，参见《中华人民共和国海员外派管理规定》第四十八条第二款。

劳动报酬、船员遣返费用的给付请求系具有船舶优先权的海事请求。① 该请求可以向船舶所有人、光船承租人、船舶经营人提出。另外具有船舶优先权的海事请求应当是船员在船上工作期间产生的工资报酬请求，船员在船舶以外的工作地点工作产生的工资报酬、其他费用不属于《海商法》第二十二条规定的具有船舶优先权的海事请求。

2. 船员请求的未签订书面劳动合同的二倍工资和赔偿金以及经济补偿金、赔偿金等，其功能在于对被告违反劳动合同法而依法向劳动者承担的带有惩罚性的赔偿责任，不具有劳动报酬性质，不是具有船舶优先权的海事请求。

3. 船员服务机构与劳务派遣单位垫付了船员工资，其向用人单位追索垫付的船员报酬是否享有船舶优先权。我们认为，虽然主张权利的原告并非船员，但该费用仍然符合《海商法》第二十二条第（一）项的规定，可以享有优先权。但该费用仅限于工资部分，对于工资以外的其他费用，如中介费、工资差价、利润等，则不具有船舶优先权。至于垫付的主体能否在垫付后直接向法院主张船舶优先权，应当分情况处理：相关主体垫付工资后，船员将其工资请求权转让给垫付人的，可允许该垫付人直接参与诉讼主张船舶优先权。船员未向垫付人转让工资请求权的，船员向用工方要求给付工资的请求权并未消灭，为便于查明案件事实，仍应由船员向用工方主张给付工资和船舶优先权，垫付人可以作为船员的代理人参加诉讼和参与分配。②

4. 行使船舶优先权是否要申请扣押船舶，能否以限制船舶处分代替实际扣押船舶。在确认船舶优先权时，《海商法》并未要求实际扣押船舶，但《海商法》对船舶优先权的行使期限、行使方式都有明确规定，且该法第二十八条规定，船舶优先权应当通过法院扣押产生优先权的船舶来行使。因此，船员要行使船舶优先权，其必须申请扣押船舶。另外，《最高人民法院关于扣押与拍卖船舶适用法律若干问题的规定》第一条第一款规定："海事请求人申请对船舶采取限制处分或者抵押等保全措施的，海事法院可以依照民事诉讼法的有关规定，裁定准许并通知船舶登记机关协助执行。"据此，对船舶采取限制处分或者抵押，是依照民诉法采取的保全措施，不是《海诉法》规定的扣船，也不是《海商法》第二十八条规定的扣押船舶。故船员不能通过以限制船舶处分代替实际扣押船舶来行使船舶优先权。但在船员劳务合同纠纷的系列案件中，机械地要求每一名原告都必须申请法院扣押船舶以行使优先权，则既不方便当事人行使权利提供担保，也不方便法院的审判工作。我们主张，在系列案件的审理中，为了不违反法律关于通过法院扣押产生优先权的船舶行

① 参见北海海事法院审理的原告念其俊与被告防城港碧海之星海运有限公司船员劳务合同纠纷案。

② 参见浙江省高级人民法院"浙高法民四〔2016〕3号"《船员劳务纠纷若干疑难问题解答》。

使优先权的要求，可以规定主张优先权的船员提交他人申请法院扣押船舶后自己曾主张船舶优先权的证据即可。

四、结束语

为服务保障海洋强国等国家战略及海事审判工作发展和改革的需要，最高人民法院在时隔 14 年后再次对海事法院受案范围进行调整，船员劳务合同纠纷案件也是该司法解释中的重要内容之一。本文之调研仅对船员劳务合同纠纷案件审理中的几个难点问题提出了一些浅显的建议。对新出台的司法解释尚没有深入理解与领会，本调研报告中的相关观点也不尽准确。我们将以本次调研为契机，在未来的审判实践中对船员劳务合同的相关问题不断进行思考改进。

关于审理船员劳务合同纠纷案件若干问题的意见

（课题组建议稿）

一、案件范围

1. 本意见所称的“船员劳务合同纠纷”，是指船员就其登船、在船服务与离船遣返等，与船舶所有人、船舶经营人、劳务派遣单位或实际用工方之间因工资、其他劳务报酬、船员遣返费用等发生的劳务合同纠纷。

其他劳务报酬包括伙食费、劳务费、加班费和津贴等。

2. 双方当事人是自然人，追索船员劳务报酬的，属船员劳务合同纠纷，适用本意见。

当事人一方是船员，另一方是法人单位的，应根据用人或用工特点，确定他们之间是否属于船员劳务法律关系。

3. 当事人的诉讼请求是解除或确认劳动关系，但证据显示为船员劳务关系的，通过行使释明权，告知当事人变更诉讼请求，按船员劳务合同纠纷案直接到相关海事法院起诉。

4. 船员因用工方逾期支付劳务报酬而要求赔偿损失如支付逾期付款利息的，可予受理。

5. 船员非因上船工作而产生的劳务合同纠纷，非船员与船舶所有人、船舶经营人、劳务派遣单位或实际用工方因劳务合同发生的纠纷，不适用本意见。

确认船员劳动仲裁裁决效力以及船员劳动合同纠纷，不适用本意见。

6. 双方当事人是法人单位，追索垫付船员相关报酬的，不是船员劳动合同或船员劳务合同纠纷，除本意见第 28 条外，不适用本意见。

7. 船员以用人单位的工资欠条为证据直接向人民法院起诉，诉讼请求不涉及劳动关系其他争议的，视为拖欠劳动报酬争议，适用本意见。

8. 当事人请求解除或确认劳动关系、工伤认定、主张社会保险金、追索经济补偿金等，且请求的法律关系与提供的证据相符的，告知当事人先申请劳动仲裁。

二、诉讼主体

船员劳务合同纠纷案件的一方当事人为船员，另一方当事人为船舶所有人、船舶经营人、劳务派遣单位或实际用工方。

（一）原告

9. 任职船员，包括船长、大副、二副、三副、轮机长、大管轮、二管轮、三管轮、事务员（管事）、无线电员（报务员）、水手长、木匠、一水、二水、机工、（大台）服务员、随船医生、厨师等在船上工作和提供服务的在编人员。

10. 非任职船员人员，即没有按照《中华人民共和国船员条例》取得船员服务簿，但又实际在船工作或提供服务的人员，如在个体自然人所有的渔船上从事渔业捕捞的人员。

11. 第9条、第10条规定的人员死亡又无遗嘱的，其法定继承人可依法代为行使相关权利。

（二）被告

12. 船舶所有人、光船承租人或船舶经营人。船员与相对方的法律关系以及船员劳务合同中的用工方，以双方签订合同的内容确定。没有签订书面合同的，船舶所有人、光船承租人或船舶经营人为用工方。

13. 因与挂靠经营的船舶发生船员劳务合同纠纷而起诉船舶实际所有人的，可以将该船舶的被挂靠方列为共同被告。

14. 船舶所有人与经营人不一致时，以登记经营人为船员的用工方，除非登记经营人证明因船舶存在挂靠关系、其未实际控制经营该船舶。

15. 劳务派遣单位或实际用工方。

三、举证责任的负担

16. 船员就船员劳务合同纠纷向法院提起诉讼的，应就其与用工方之间的法律关系、工作时间、报酬数额等承担举证责任。

船员主张与用工方成立事实劳务关系的，船员负有证明劳务关系存在的举证责任。

17. 船员一方主张船员劳务合同存在的，可提交如下证据予以证明：

（1）工资支付凭证或记录（职工工资发放花名册）、缴纳各项社会保险费的记录；

（2）用工方向劳动者发放的“工作证”“服务证”等能够证明身份的证件；

（3）劳动者填写的用工方招工招聘“登记表”“报名表”等招用记录；

（4）考勤记录；

（5）加盖用工方签证章或船章的船员服务簿；

（6）同船船员的证言；

（7）其他证据。

船员有证据证明用工方持有上述（1）、（3）、（4）项所列凭证的，则由用工方对该凭证负举证责任。

18. 船员劳务合同纠纷的举证责任分配：船员需证明其在船上任职的时间及月工资的数额；用工方举证证明其支付工资的事实。

19. 在船员证明其与用工方存在用工关系时，因用工方作出除名、辞退、解除合同、减少劳务报酬等决定而发生争议的，由用工方负举证责任。

20. 船员主张用工方拖欠工资报酬的，由船员举证证明其月工资标准，没有证据的，可参照订立合同时履行地相对应职位的市场价格确定。用工方对月工资标准有异议的，由其证明实际发放工资的标准以及是否已足额发放工资。

21. 船员主张在船上的加班工资和节假日加班工资的，根据合同约定处理。合同约定不明的，根据适航船舶须配备最低安全配额船员、航行期间轮流当班和休息的航运惯例，在没有证据证明船员在船上有额外加班或就休息日、法定节假日有特别约定的，不予支持船员的主张。但船员有证据证明用工方掌握加班事实存在的证据，而用工方不提供的，由用工方承担不利后果。

22. 船员有证据证明其加班事实的，用工方应证明延长船员工作时间或者在休息日、法定休假日安排船员工作，其已发放相应加班工资。用工方在工资清单中未列明发放加班工资，且不能举证证明已支付的，视为未支付加班工资。

23. 船舶已办理光船租赁手续，船员主张船舶所有人为用工方的，应当提供证据证明。

四、船员劳务派遣纠纷的处理

24. 船员与劳务派遣单位之间签订劳动合同，双方之间的劳动合同关系依法成立。接受劳务派遣的用工方，与船员之间形成劳务合同关系。

25. 被派遣船员在无工作期间，劳务派遣方应当按照所在地人民政府规定的最低工资标准，向其按月支付报酬。

26. 劳务派遣方跨地区派遣船员的，被派遣船员享有的劳动报酬和劳动条件，按照用工方所在地的标准执行。

27. 对外劳务合作企业与船员的法律关系，依照双方订立合同确定。

对外劳务合作企业以劳务派遣单位身份与船员签订合同的，其属于用人单位的，应当履行用人单位对船员的义务。为与船员服务机构签订劳动合同的船员提供船舶配员服务的，船员服务机构为船员用人单位，船员服务机构应当同时履行船员用人单位的责任和义务。

对外劳务合作企业为船员提供船员服务业务，与船员签订船员服务协议的，国外雇主为船员的用人单位，对外劳务合作企业不是船员的用工方。

五、船舶优先权纠纷

28. 具有船舶优先权的海事请求，是指船员在船上工作期间产生的工资、其他劳务报酬和船员遣返费用等请求。该请求可以向船舶所有人、光船承租人、船舶经营人提出，对产生该海事请求的船舶具有优先受偿的权利。

船员与船舶所有人、光船承租人、船舶经营人没有劳务合同关系，但主张船舶优先权的，应当将劳务合同关系的相对方和登记的船舶所有人列为共同被告。

相关主体垫付船员工资、其他劳务报酬和船员遣返费用后，以自己名义起诉要求对所垫付的费用享有船舶优先权的，应予支持。但垫付上述费用以外的其他费用，如中介费、工资差价、利息等，不具有船舶优先权。

29. 船员在船舶以外的地点工作产生的工资、其他劳务报酬，不具有船舶优先权。船员请求的未签订书面劳动合同的二倍工资以及经济补偿金、赔偿金等，不具有劳务报酬性质，不具有船舶优先权。

30. 船员主张船舶优先权的，应当通过法院扣押产生优先权的船舶行使，或者提交他人申请法院扣押船舶后自己曾主张船舶优先权的证据。

船员申请对船舶采取限制处分、抵押等保全措施的，不构成船舶优先权行使的条件。

31. 船员仅要求确认其债权具有船舶优先权的，可予受理，但应向当事人释明船舶优先权的行使期限、方式等内容。

六、其他

32. 船员主张工资、其他劳务报酬、船员遣返费用等的诉讼时效期间为两年，从船员最后离船之日起计算。

船员连续在同一船上工作（含按规定的休假期间），其之前被拖欠的上述费用无论是否超过两年，均从船员离船之日起重新计算诉讼时效。

船员离船后又回到该船上工作，为新的劳务关系，船员离船前被拖欠的上述费用从前次离船之日起计算诉讼时效。

33. 外籍船员与用人单位发生争议，双方之间为劳务合同关系的，用人单位应当按照合同约定，支付工资及其他费用。

34. 外籍船员与用人单位的劳务合同纠纷准据法，依合同约定；无约定的，适用最密切联系原则确定准据法。

35. 本意见在实施过程中，如发现与法律法规、司法解释和上级法院的意见相冲突的，以后者为准。

船员劳务合同纠纷案件要素表

表格说明：（1）由原告如实填写，承办法官参照表格内容审理案件。

（2）表格中有“证据编号”的项目须附证据，并将证据进行编号。

<table>
<tr><td rowspan="5">原告</td><td colspan="2">姓名</td><td>国籍</td><td>性别</td><td colspan="2">出生日期</td><td>身份证件及号码</td><td>住址</td><td>联系方式</td></tr>
<tr><td colspan="2"></td><td></td><td></td><td colspan="2"></td><td></td><td></td><td></td></tr>
<tr><td rowspan="3">身份</td><td rowspan="2">任职船员□</td><td>船舶名称</td><td>是否海船</td><td>职务</td><td>上船时间及地点</td><td>下船时间及地点</td><td>船章信息</td><td>证据</td></tr>
<tr><td></td><td></td><td></td><td></td><td></td><td></td><td>船员服务簿□
船员电子申报信息□
证据编号：</td></tr>
<tr><td>非任职船员□</td><td colspan="7">证据说明：

证据编号：</td></tr>
</table>

<table>
<tr><td rowspan="4">被告</td><td rowspan="2">自然人□</td><td>身份</td><td>姓名</td><td>性别</td><td>身份证件及号码</td><td>住址</td><td>联系方式</td></tr>
<tr><td>船舶所有人□
船舶经营人□
其他：</td><td></td><td></td><td></td><td></td><td></td></tr>
<tr><td rowspan="2">法人或其他组织□</td><td>身份</td><td colspan="2">名称</td><td colspan="2">住所和实际办公地址</td><td>联系方式</td></tr>
<tr><td>船舶所有人□
船舶经营人□
船舶被挂靠企业□
其他：</td><td colspan="2"></td><td colspan="2"></td><td></td></tr>
</table>

续表

<table>
<tr><td rowspan="2">被告</td><td rowspan="2">法人或其他组织□</td><td>身份</td><td>名称</td><td>住所和实际办公地址</td><td>联系方式</td></tr>
<tr><td>劳务派遣合同的用人单位□</td><td></td><td></td><td></td></tr>
<tr><td rowspan="4">劳务关系的成立</td><td rowspan="3">书面合同证据编号：</td><td></td><td>职务</td><td>任职船舶</td><td>合同期限</td><td>工资标准</td><td>工资支付方式</td></tr>
<tr><td>劳务合同□</td><td></td><td></td><td></td><td></td><td></td></tr>
<tr><td>劳务派遣合同□</td><td></td><td></td><td></td><td></td><td></td></tr>
<tr><td colspan="7">其他证明劳务关系成立的证据：
证据编号：</td></tr>
</table>

<table>
<tr><td rowspan="17">请求事项及金额</td><td rowspan="6">工资
金额：</td><td rowspan="3">工资标准</td><td>按日：</td><td colspan="2" rowspan="3">证据：合同□ 工资表□
转账记录□ 其他：
证据编号：</td></tr>
<tr><td>按月：</td></tr>
<tr><td>按年：</td></tr>
<tr><td rowspan="3">欠付期限</td><td>天数：</td><td colspan="2" rowspan="3">证据：欠条□ 其他：
证据编号：</td></tr>
<tr><td>月数：</td></tr>
<tr><td>年数：</td></tr>
<tr><td rowspan="2">遣返费用
金额：</td><td colspan="2">交通费□： 元
证据编号：</td><td colspan="2">医疗费□： 元
证据编号：</td></tr>
<tr><td colspan="2">食宿费□： 元
证据编号：</td><td colspan="2">行李运费□： 元
证据编号：</td></tr>
<tr><td rowspan="6">其他劳务报酬
金额：</td><td colspan="2"></td><td>标准</td><td>天数</td></tr>
<tr><td colspan="2">伙食费□： 元
证据编号：</td><td></td><td></td></tr>
<tr><td colspan="2">劳务费□： 元
证据编号：</td><td></td><td></td></tr>
<tr><td colspan="2">加班费□： 元
证据编号：</td><td></td><td></td></tr>
<tr><td colspan="2">津贴□： 元
证据编号：</td><td></td><td></td></tr>
<tr><td colspan="2">其他
证据编号：</td><td></td><td></td></tr>
</table>

关于因强制拍卖船舶引起的债权登记与确认案件的调研报告

周田甜　张　蓉　权　晓[①]

船舶被海事法院依法扣押后，在申请人拒不提供担保且船舶不宜继续扣押的情况下，往往会导致被扣押船舶的强制拍卖，而债权登记与确认是强制拍卖船舶后的重要程序。《中华人民共和国海事诉讼特别程序法》（以下简称《海诉法》）和《最高人民法院关于适用〈中华人民共和国海事诉讼特别程序法〉若干问题的解释》（以下简称《海诉法解释》）等法律和司法解释虽然对债权登记和确认程序有所规定，但是较为宽泛，在实践中缺乏具体的操作规范，亟须统一尺度、规范审理。本文通过梳理广州海事法院审理该类案件的相关情况，指出债权登记和确认程序中存在的问题，在现行法律框架内提出相应的对策，旨在提高债权登记和确认程序的效率，保证船舶拍卖及分配的顺利进行。

一、广州海事法院审理概况[②]

（一）基本情况[③]

仅从2002年起至2014年，广州海事法院共强制拍卖船舶190余艘，涉及债权登记及确权诉讼案件2967件。其中债权登记1979件，案件标的总额为6383833974.64元，平均审理周期为21.3天；确权诉讼988件，案件标的总额为

① 周田甜、张蓉、权晓，均为广州海事法院法官助理。

② 本调研报告的研究范围为因强制拍卖船舶引起的债权登记与确认程序，其中确认程序包括非诉确权程序和诉讼确权程序，由于非诉确权程序在债权登记案件中一并处理，因此本部分的案件数据仅包括债权登记和诉讼确权程序。

③ 本文有关案件情况统计数据仅为广州海事法院2002年至2014年所审理案件的数据，不包括该期间之前或之后的案件情况数据。

481264153.9 元，平均审理周期为 116.9 天。

基本情况如下图：

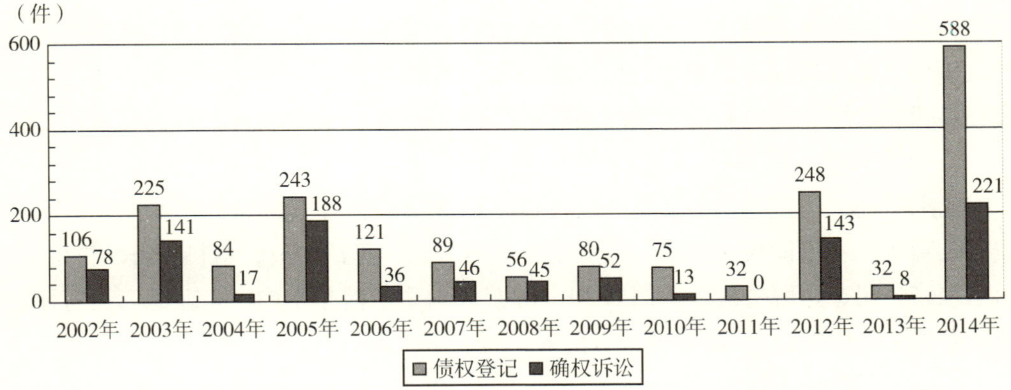

图 1　强制拍卖船舶引起的债权登记与确权诉讼案件数量

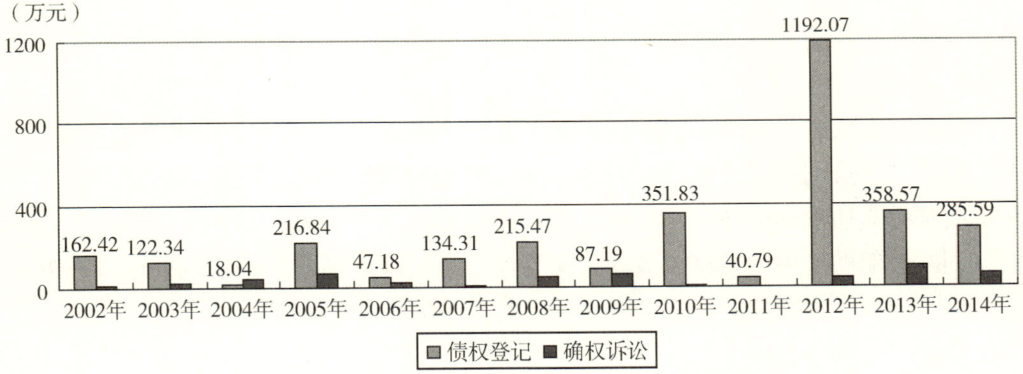

图 2　强制拍卖船舶引起的债权登记与确权诉讼案件平均结案标的

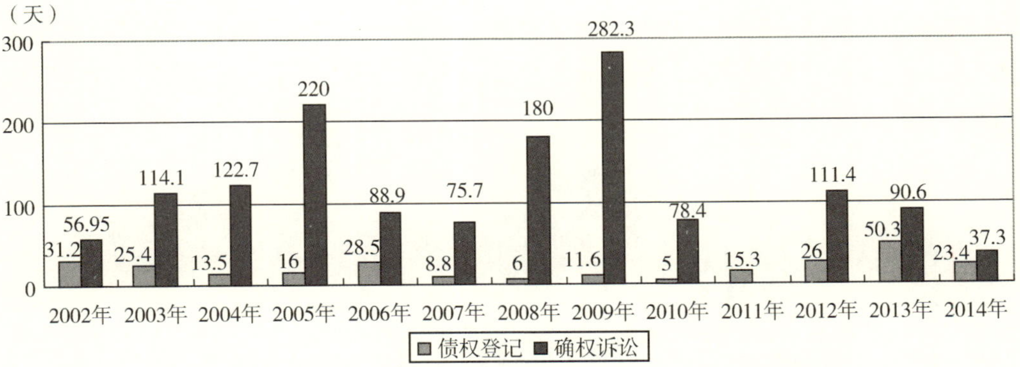

图 3　强制拍卖船舶引起的债权登记与确权诉讼案件平均审理周期

（二）特点

1. 涉案金额大

船舶本身具有较高的经济价值，作为运输工具，在营运过程中又牵涉多种债权债务关系；被法院强制拍卖的船舶，大多数都已经多年经营不善，负债累累，从而导致债权登记及确权诉讼程序的标的额巨大。例如2012年广州海事法院拍卖的广州市穗粤船舶有限公司所有的27艘船舶，仅债权登记案件的结案标的就高达28亿元。

2. 涉案债权人众多

如上所述，负债累累的船舶一旦被强制拍卖，就会有大量与被拍卖船舶有关的债权人到法院主张债权，不仅人数众多且主体多样，包括船员、物料和备品供应商、船舶维修公司、金融机构等。例如2014年广州海事法院拍卖的广东蓝海海运有限公司所有的13艘船舶，仅被拖欠工资的船员就有434人。

3. 案件类型多样

船舶在建造、买卖、转让、营运、租赁等过程中会产生各种类型的纠纷，因此对应的案件也种类繁多，常见的有船员劳务合同纠纷、船舶物料和备品供应合同纠纷、船舶污染损害责任纠纷及海上、通海水域保险合同纠纷等。

4. 案件审理周期短

债权登记案件平均审理周期为21.3天，确权诉讼案件平均审理周期为116.9天，均低于相应的审限。从制度上看，债权登记和确权诉讼程序设计的本意旨在尽快解决被拍卖船舶的债务清偿，使债权人的合法权益能够得到尽快实现；从实践中看，同一艘船舶产生的债权大多具有同类性，为提高审判效率，法院会通过系列案合并审理或集中审理的方式快速审结，大大降低案件的审理周期。

5. 裁判尺度不统一

《海诉法》及其司法解释对因强制拍卖船舶引起的债权登记与确权诉讼程序的规定较为简单概括，[①] 难以解决实践中出现的各种具体问题，导致审判人员在案件审理过程中缺乏统一标准。例如受理债权登记申请的时间如何确定，超过行使船舶优先权期间或诉讼时效期间的债权能否登记，未到期债权能否登记等等，这些问题在实践中均存在争议。

---

① 在法律层面对因强制拍卖船舶引起的债权登记和确权诉讼案件仅有《海诉法》第一百一十一条、第一百一十三条至一百一十九条作出了规定，2002年最高人民法院通过的《海诉法解释》在第八十七条至九十一条作出了补充。

二、存在的问题及原因分析

（一）当事人方面存在的困境

1. 缺乏诉讼指引

由于债权登记与确认程序是海事诉讼特别程序，与一般诉讼程序不同，当事人对该程序较为陌生，而法院又缺乏对当事人进行相应的诉讼指引。从目前来看，法院一般只根据《海诉法》第三十二条的规定，在发布拍卖船舶的公告中告知办理债权登记事项的内容。但拍卖船舶公告内容较多，一般仅告知债权登记的申请期限和联系人等信息，当事人无法通过公告了解具体流程，导致在债权登记申请时出现很多障碍。例如：有些当事人以为只需要口头告知法院其债权情况即完成登记，因此未在法定期间内提出书面申请；有些当事人以为只需要提交一份书面申请即可完成登记，因此未提交任何与债权有关的证据。

2. 诉讼成本较高

启动强制拍卖船舶程序后，当事人若要在船舶拍卖款中实现其海事请求，就必须经过债权登记与受偿程序，其中就包括债权登记、债权确认或确权诉讼、船舶拍卖款的分配等阶段。与一般诉讼相比，上述程序更为复杂，诉讼期限也会更长。当事人不仅需要关注法院发布的船舶拍卖公告，在法定期限内申请债权登记并交纳申请费，收到准予债权登记裁定后，可能还要在法定期限内提起确权诉讼并交纳诉讼费，参与确权诉讼的审理，才能拿到判决进入债权分配阶段。对于当事人来说，要付出比一般诉讼更多的人力、物力和财力等诉讼成本。

3. 诉讼效果不理想

在理想状态下，与船舶有关的海事债权都能在船舶拍卖款中按照法律规定的受偿顺序得到受偿。但是在船舶被强制拍卖的情况下，与船舶有关的债权金额一般比较大，大多数都远远超过船舶拍卖所得的价款，而船舶拍卖的成交价格是随市场变化而波动的，近几年航运市场不景气，造成船舶价格持续走低，很多船舶在拍卖、变卖后获得的价款不足以让所有海事债权都能得到受偿，有的甚至连具有船舶优先权的债权都无法足额受偿。当事人在经历了漫长的债权登记与受偿程序并付出了巨大的诉讼成本后，却无法在船舶拍卖款中得到受偿，这样的诉讼效果对于当事人来说是很难接受的，也容易产生不稳定因素。

（二）法院审理中存在的争议与问题

1. 债权登记程序

（1）受理债权登记申请的时间不统一。

债权登记程序是以拍卖船舶为前提的，如果船舶拍卖因为客观原因终止，债权登记程序便无法再进行。为避免出现债权登记裁定作出后船舶终止拍卖的情形，《最高人民法院关于扣押与拍卖船舶适用法律若干问题的规定》第十七条规定：海事法院受理债权登记申请后，应当在船舶被拍卖、变卖成交后，依照《海诉法》第一百一十四条的规定作出是否准予的裁定。然而上述规定只是规定了作出债权登记裁定的时间，对于何时受理的问题仍然没有解决。现行法律并未对债权登记的受理期限作出规定，在实践中仍存在不同的做法。对于符合受理条件的案件，有的法院在申请人提交债权登记申请后便立即受理，有的则是在申请债权登记期间届满后才统一受理。

（2）债权登记审查存在争议。

可登记债权。根据《海诉法》第一百一十四条的规定，债权人申请登记的债权，应为与被拍卖船舶有关的债权。《海诉法解释》第八十七条则进一步将与被拍卖船舶有关的债权限定为与被拍卖船舶有关的海事债权。而何为海事债权，则可参考《海诉法》第四条以及《最高人民法院关于海事法院受理案件范围的若干规定》。我们认为，海事债权是指因海事侵权纠纷、海商合同纠纷以及法律规定的其他海事纠纷产生的债权。但在实践中，有些船舶所有人或经营人的一般债权也要求进行债权登记，主要涉及以下几个方面：第一，船舶所有人或经营人拖欠非船员员工的工资报酬。广州海事法院在强制拍卖广东蓝海海运有限公司所有的船舶时，就有一批该公司的普通员工要求对该公司欠付的薪酬进行债权登记。第二，船舶所有人或经营人的一般金融借款，该类债权的债权人通常是银行等金融机构。这几类债权明显不是与船舶有关的海事债权，但实践中仍有准予其债权登记的情况。

超过行使船舶优先权期间或诉讼时效期间的债权。根据《中华人民共和国海商法》（以下简称《海商法》）第二十九条的规定，具有船舶优先权的海事请求，自优先权产生之日起满一年不行使，船舶优先权消灭。《海商法》第十三章针对不同法律关系规定了其他海事请求权的诉讼时效。若债权超过行使船舶优先权期间或诉讼时效期间，是否允许其进行债权登记？在审判实际中存在不同的意见。

未到期债权。通常未到期债权分为两种：一是未到期的抵押权；二是未到期的一般债权。实践中也存在两种做法，一种认为未到期的债权不具有强制执行力，债权人不能申请债权登记并提起确权诉讼，[①] 故不准许其债权登记；另一种则认为，虽然船舶抵押权从属于主债权，在主债权未到期的情况下，抵押权不具有强制执行力，但船舶抵押权本身对船舶拍卖价款具有优先受偿权，船舶被依法拍卖，抵押权也将随之消灭。在抵押权将要被依法消灭的情况下，应当允许其债权登记后提起确

① 廖少昆、刘乔发：《海事确权诉讼相关法律问题研究》，《中国海事审判年刊》，人民交通出版社 2005 年版，第 415 页。

权诉讼并参与受偿。而未到期的一般债权通常基于合同产生，根据合同法的规定，当事人一方明确表示或以自己的行为表明不履行合同义务的，对方可以在履行期限届满前要求其承担违约责任。属于债务人所有的船舶被拍卖构成预期违约，因此债权人有权通过债权登记和确权诉讼的方式要求债务人承担违约责任。

根据《海诉法》第一百一十四条的规定，海事法院应当对债权人的申请进行审查，对提供债权证据的，裁定准予登记；对不提供债权证据的，裁定驳回申请。这一条只是简单规定提供债权证据便可裁定准予登记，但是对于是否需要对债权证据进行审查以及审查程度如何并没有详细的规定，关于这个问题在实践中也存在争议。有些案件中，只要提供了债权证据，便可登记，无需进一步审查债权证据的内容。有些案件中，不仅要审查债权存在，还审查债权证据能否证明其对被拍卖的船舶具有海事请求。

2. 非诉确权程序

《海诉法》第一百一十五条规定，债权人提供证明债权的判决书、裁定书、调解书、仲裁裁决书或者公证债权文书的，海事法院经审查认定上述文书真实合法的，裁定予以确认。关于审查的原则，实践中有两种观点。一种认为仅审查法律文书本身是否真实，是否发生法律效力，是否超过申请强制执行期限，以及是否与被拍卖船舶有关等表面内容；[①] 一种认为不仅要从表面进行审查，还要审查法律文书的内容，防止债务人与关系密切的债权人，如船员、船东亲友等进行串通、收买行为，参与拍卖价款的分配，损害其他债权人的合法权益。

3. 确权诉讼程序

（1）未在法定期间提起确权诉讼的法律后果有争议。

根据《海诉法解释》第九十条规定，债权人依据《海诉法》第一百一十六条规定向受理债权登记的海事法院提起确权诉讼的，应当在办理债权登记后7日内提起。但是在实践中，有些申请人因为疏忽等原因，在收到准予债权登记裁定后超过7日才向法院提起确权诉讼。在这种情况下，法院能否受理？若受理，还能否按确权诉讼程序审理？

《海诉法》第一百一十一条规定，海事法院裁定强制拍卖船舶的公告发布后，债权人应当在公告期间，就与被拍卖船舶有关的债权申请登记。公告期间届满不登记的，视为放弃在本次拍卖船舶价款中受偿的权利。可见，《海诉法》规定了未在法定期间内申请债权登记的法律后果，但对于办理债权登记后未在7日内提起确权诉讼的法律后果，并没有明确规定。有观点认为，债权人未在7日内起诉，相当于

① 廖少昆、刘乔发：《海事确权诉讼相关法律问题研究》，《中国海事审判年刊》，人民交通出版社2005年版，第417页。

以不起诉的行为否定了之前的债权登记行为，据此可以认定债权人根据《中华人民共和国民事诉讼法》（以下简称《民诉法》）第十三条的规定行使处分权放弃通过确权诉讼确认其债权以及进行债权分配的权利，其债权不能在船舶拍卖价款中受偿，后果应与未进行债权登记相同，即视为放弃在本次船舶拍卖款中受偿的权利。但其债权仍存在，债权人仍享有胜诉权。也有观点认为，《民诉法》以及《海诉法》均对违反期间规定的法律后果有明确规定，例如《民诉法》第一百六十四条规定，当事人不服地方人民法院第一审判决的，有权在判决书送达之日起15日内向上一级人民法院提起上诉。当事人不服地方人民法院第一审裁定的，有权在裁定书送达之日起10日内向上一级人民法院提起上诉。《民诉法解释》第三百二十条规定，未在法定上诉期间内递交上诉状的，视为未提起上诉。《海诉法》第一百一十一条则规定公告期间届满不登记的，视为放弃在本次拍卖船舶价款中受偿的权利。而《海诉法》并无明文规定7日内不起诉的法律后果，债权人逾期提起的诉讼，仍应视为提起确权诉讼。

三、解决债权登记与确认程序中存在问题的对策和建议

（一）债权登记程序

1. 建立债权登记网上申请系统

在广州海事法院官方网站上建立债权登记网上申请系统，不仅可以方便债权人及时申请债权登记，也有利于法院提高债权登记相关信息的收集和整理的效率。具体设计方案如下：

（1）将进入拍卖程序且处于拍卖公告期内的船舶均纳入系统，债权人可按不同船舶进入申请程序，并填写以下内容：

A. 申请人基本信息

申请人为自然人的，需要填写的内容包括：姓名、性别、出生日期、身份证号码、住址、联系方式等。

申请人为法人或其他组织的，需要填写的内容包括：名称、法定代表人（负责人）姓名、法定代表人（负责人）职务、组织机构代码、地址、联系方式等。

申请人有委托代理人的，还需要填写：代理人的姓名、身份、所在单位、联系方式等。

B. 债权基本信息

申请人需要填写的债权信息包括：债权种类（如船员工资、船舶修理款、船舶抵押借款等）、性质（抵押权、优先权、留置权、一般债权等）、金额等。

申请人还应当写明登记的债权与被拍卖船舶有关的事实、债权成立的依据及申

请债权登记的理由。

上述内容填写完毕后，系统可以生成一份“债权登记申请书”的电子版，申请人可自行下载并打印，将经签名或盖章的“债权登记申请书”、自然人身份证复印件、法人或其他组织的营业执照和组织机构代码证复印件、法定代表人（负责人）身份证明书和身份证复印件、授权委托书、代理人身份证明材料、与债权有关的证据等资料一并提交法院。

法院可在上述系统中导出并生成统计表格，便于掌握债权登记申请的所有信息。

2. 规范债权登记申请的受理

从第一次发出船舶拍卖公告到船舶最终被拍卖、变卖的时间往往是不确定的，短则一个月，长则半年甚至更长。如果法院在债权人提交债权登记申请后或者在申请债权登记期间届满后马上受理案件，是否准予的裁定又必须在船舶被拍卖、变卖成交后才能作出，案件审理的时间往往就会很长。例如广州海事法院拍卖“蓝海创业”轮等6艘船舶，经过三次拍卖，最后以变卖的方式处理。第一次发布拍卖公告的时间为2014年10月10日，第二次拍卖的公告时间为2014年12月3日，第三次拍卖的公告时间为2015年2月28日，变卖公告的时间为2015年4月10日，前后经过整整半年。《民诉法》第一百八十条规定，人民法院适用特别程序审理的案件，应当在立案之日起30日内或者公告期满后30日内审结。有些案件中，为了不影响案件审理期限，采用中止审理的方式，待船舶被拍卖、变卖成交后再恢复案件审理，作出是否准予债权登记的裁定。然而这种中止审理的理由并不属于《民诉法》第一百五十条规定的六种情形之一，可见上述做法是违反法律规定的。我们认为，对符合登记条件的申请，立案法官应当在申请债权登记期间届满后集中进行汇总登记，并按照《民诉法》的规定予以受理。

在申请人提交债权登记申请后，法院应仔细审查申请材料。债权人应提交的申请材料有：（1）债权登记申请书，（2）债权人的身份证明资料，（3）授权委托书、代理人身份证明材料，（4）与债权有关的证据。材料齐备的，应当受理。申请材料有缺漏的，应及时通知申请人进行补正。船舶被拍卖、变卖成交后，作出是否准予登记的裁定。

3. 依法对申请登记的债权进行审查

对债权登记申请的审查应从以下几个方面进行：

（1）审查债权的性质。

申请登记的债权必须是与被拍卖船舶有关的海事债权。

海事债权。如上所述，我们认为，海事债权是指因海事侵权纠纷、海商合同纠纷以及法律规定的其他海事纠纷产生的债权。有些债权明显不是海事债权，例如船舶所有人或经营人拖欠非船员员工的工资报酬、船舶所有人或经营人的一般金融借款等，这些债权不应予以登记。

与被拍卖船舶有关。根据《海诉法》第一百一十一条的规定，申请登记的债权应与被拍卖的船舶有关。“与被拍卖船舶有关”是一个概括性、原则性的概念，其相关性的性质和程度都不易把握。债权登记毕竟不是诉讼程序，无法深入全面地审查证据，因此，对“与被拍卖船舶有关”的审查程度宜从宽不宜从严，对其性质也应该以外延界定而不是以内涵界定。“与被拍卖船舶有关的债权”的反义即为“与被拍卖船舶无关的债权”，那么，只要申请登记的债权不是与被拍卖船舶无关，就应该认定为与被拍卖船舶有关。

（2）审查债权证据。

对于债权证据的审查，我们认为应该把握以下几个方面：

何为债权证据？根据《海诉法》第一百一十三条第二款的规定，债权证据包括证明债权的具有法律效力的判决书、裁定书、调解书、仲裁裁决书和公证债权文书以及其他证明具有海事请求的证据材料。换句话说，是指用来证明申请登记的债权为与被拍卖船舶有关的海事债权的证明材料。有些申请人提供的证明材料与申请登记的债权没有任何关系，例如某公司申请在 A 船上登记船用物料费，但提供的证明材料却显示为给 B 船的供货单，这样的证明材料就不能认定为债权证据。这种情况应视为未提供债权证据，裁定驳回其申请。

证据审查程度。还是以某公司申请在 A 船上登记船用物料费为例，若其提供的证据只能证明其向船舶所有人或船舶经营人交付了船用物料，并未提供证明物料是供应给被拍卖船舶的。债权人主张物料确为被拍卖船舶供应，然而双方并没有书面确认，只能提供船长或船员的证人证言。这种情况是否应准予其债权登记？我们认为，这种情况应准予其债权登记。债权登记毕竟不是诉讼程序，缺少两造当事人之对抗，对证据的审查只能从表面进行形式审查。只要从形式上提供了证据材料，从证据材料的表面上看也是用来证明与被拍卖船舶有关的海事债权的，那么就应该认定其提供了债权证据，裁定准予登记。至于证据的证明力如何，能否支持债权人的海事请求，应通过确权诉讼来解决。

因此，我们认为，债权登记申请必须提供债权证据予以证明。提供债权证据的，裁定准予登记；拒绝提供债权证据的，裁定驳回申请。

（3）审查债权登记种类和数额。

在实践中，准予登记的裁定中会载明申请人申请登记的债权种类和数额，具体内容以申请书为准。一般在确权诉讼阶段，债权人的诉讼标的是不能超出债权登记的种类和数额的，若此时发现登记的种类和金额少于债权证据能够证明的内容，就无法再更改了，债权人的利益就会受到损害。因此我们认为，法院应在债权登记阶段核对申请书列明的债权种类和债权数额是否与提供的债权证据表面相符，不相符的，应通知申请人更正。对于债权人申请登记的债权种类和数额，还应在准予登记的裁定中载明清楚。

同一个申请中包含多种债权的，应当认真审查多种债权是否都符合准予登记的条件。只有部分符合登记条件的，应裁定对符合登记条件的部分债权予以登记，对不符合登记条件的申请予以驳回。

（4）特殊情况的处理。

对船舶优先权可能已消灭、诉讼时效可能已超过的债权，优先权是否消灭、诉讼时效是否超过，均为当事人的实体权利问题，必须经过实体审理才能最终确定；而债权登记并不是诉讼程序，仅对债权进行程序性审查。因此，这类债权也应允许其申请债权登记，是否可以参与船舶拍卖价款的受偿，应通过确权诉讼来解决。当然，债权登记和确权诉讼都是需要缴纳申请费和受理费的，如果债权优先权已消灭或诉讼时效已超过，当事人可能缴纳了各种费用最后却无法参与船舶拍卖价款的分配。

同样，对未到期的债权，也应允许其进行登记。假设未到期债权正好在债权登记申请期间届满后到期，在确权诉讼阶段，该债权依旧是可以被确认的，如果不允许其进行债权登记，就剥夺了债权人的诉权，不利于对当事人合法利益的保护。

对于上述债权，法院应在债权登记申请受理前向当事人释明法律风险并做好笔录。

4. 妥善处理已向其他海事法院起诉的债权

《海诉法》第八十九条规定，在债权登记前，债权人已向受理债权登记的海事法院以外的海事法院起诉的，受理案件的海事法院应当将案件移送至登记债权的海事法院一并审理，但案件已经进入二审的除外。

上述规定在实践操作中存在以下几个问题：一是何时向债权人了解并告知该情况？我们认为在准予债权登记之后了解较为妥当。因为申请时不能确定是否准予，若在受理前或受理时便告知债权人，那么可能出现案件移送过来但债权登记申请被驳回的情况。二是如何移送的问题。法院之间案件的移送需要有明确的法律依据和书面函件，不能随意移送案件。我们认为，在准予债权登记的裁定送达给债权人的同时，应询问债权人是否存在该情况，若存在，应要求其提供受理案件通知书。由债权登记的法院向受理案件的法院发函并附准予债权登记申请的裁定书。

（二）非诉确权程序

1. 审查的法律文书范围

根据《海诉法》第一百一十五条以及《海诉法解释》第八十八条规定，海事法院审查的法律文书有三类：一是人民法院对案件作出的生效判决书、裁定书、调解书，二是国内仲裁机构作出的裁决书，三是公证机关作出的公证债权文书。对于域外法院作出的判决书、裁定书以及国外仲裁机构的裁决，应根据《民诉法》第二百八十一条至第二百八十三条的规定申请认可或承认。

2. 审查原则

应审查法律文书的真实性和合法性。不仅要求当事人提供法律文书的原件，还应要求其提供法律文书已经生效的证明，必要时法院可以向作出法律文书的机构进行核实。

（三）确权诉讼程序

1. 提起确权诉讼的期间

债权登记申请人应在准予债权登记裁定书收到之日起7日内向法院提起确权诉讼或者根据仲裁协议及时申请仲裁。向法院提起确权诉讼的期间是法定期间，不能中断或中止。法院在准予债权登记裁定送达时，应询问当事人是否提起确权诉讼，当事人确认提起的，应明确告知其必须在7日内提起。

2. 可以上诉的几种情况

《海诉法》第一百一十六条第二款规定，海事法院对确权诉讼作出的判决、裁定具有法律效力，当事人不得提起上诉。

《最高人民法院关于扣押与拍卖船舶适用法律若干问题的规定》第二十条规定，当事人在债权登记前已经就有关债权提起诉讼的，不适用海事诉讼特别程序法第一百一十六条第二款的规定，当事人对海事法院作出的判决、裁定可以依法提起上诉。第二十一条规定，债权人依照《海诉法》第一百一十六条第一款的规定提起确权诉讼后，需要判定碰撞船舶过失程度比例的，当事人对海事法院作出的判决、裁定可以依法提起上诉。

综上所述，我们认为，对于以下情况，当事人对法院作出的判决、裁定可以依法提起上诉：

（1）在债权登记前就有关债权提起的诉讼；

（2）提起确权诉讼后，需要判定碰撞船舶过失程度比例的。

3. 确权诉讼的审理思路

在民事诉讼理论中，诉分为确认之诉、给付之诉和变更之诉三类。《海诉法》规定的确权诉讼属于何种性质？法律并未明确，实践中也存在着不同的观点。有的认为确权诉讼是对债权人与债务人之间争执的权利义务关系是否存在进行确认，因此应为确认之诉；① 有的认为确权诉讼不仅要确认当事人之间一定的债权债务关系，而且还要判令被告履行一定的民事义务，因此应为给付之诉。我们认为，确权诉讼应属于确认之诉。在确权诉讼中，法院通过审理，对债权人主张债权成立与否、数额、性质、债权与被拍卖船舶的关系以及能否参与船舶拍卖价款的分配进行审判确

① 廖少昆、刘乔发：《海事确权诉讼相关法律问题研究》，《中国海事审判年刊》，人民交通出版社2005年版，第407页。

认，目的是参与分配船舶拍卖价款，而不是判定债务人承担给付义务。

《海诉法》第一百一十六条第二款规定，海事法院对确权诉讼作出的判决、裁定具有法律效力，当事人不得提起上诉。该规定赋予了海事法院对确权诉讼案件的终审权，这样做的目的在于快速明确债权债务关系，便于船舶拍卖价款尽快分配。那么，为了保障这一目的，我们提供一个确权诉讼的审理思路，意在使案件审理简单明确化，提高审判效率。具体来说，可以从以下四个方面进行审理：一是债权是否真实存在；二是债权的性质，主要审查是否具有船舶优先权、船舶抵押权、船舶留置权；三是债权的金额；四是债权能否参与船舶拍卖价款的分配。

如下表所示：

债权性质	审理要点	判项
当事人主张债权具有船舶优先权、船舶抵押权、船舶留置权的	1. 审查双方之间的法律关系； 2. 审查主债权是否成立及相应的数额； 3. 审查船舶优先权、船舶抵押权、船舶留置权是否成立及相应的金额。 因行使船舶优先权产生的诉讼费用，保存、拍卖船舶和分配船舶价款产生的费用，以及为海事请求人的共同利益而支付的其他费用，债权人请求从船舶拍卖所得价款中先行拨付的，应予支持。	（1）确认原告××对被告××享有××元的债权； （2）确认原告××上述第一项债权对被告××所有的“××”轮具有船舶优先权/抵押权/留置权，依照法定顺序在“××”轮拍卖价款中优先受偿； （3）原告××请求的××费××元（需要先行拨付的费用）和债权登记申请费1000元在“××”轮拍卖价款中先行拨付。 本案受理费××元，由被告××负担，并从“××”轮拍卖价款中先行拨付给预交费用的原告××，本院不再另行退收。
与船舶有关的其他海事债权	1. 审查双方之间的法律关系； 2. 审查债权是否成立以及债权金额（尤其是担保物权的金额）是否确定； 3. 审查该债权是否可以在船舶拍卖款中受偿。 债权人将债权登记申请费列入诉讼请求的，不予支持。	（1）确认原告××对被告××享有××元的债权； （2）原告××对被告××享有的上述债权依照法定顺序在“××”轮拍卖价款中受偿； 本案受理费××元，由被告负担，并从“××”轮拍卖所得款中先行拨付给预交费用的原告，本院不再另行退收。

关于因强制拍卖船舶引起的债权登记与确认案件若干问题的意见

（调研组建议稿）

为提高因船舶拍卖引起的债权登记与确认程序的审判效率，依法规范和统一审判标准和尺度，实现类型化案件的要素式审判，提高当事人对裁判结果的预期，根据相关法律、法规和最高人民法院的有关司法解释，结合审判实践，对本院审理因船舶拍卖引起的债权登记与确认程序提出以下指导意见：

一、债权登记程序

1. 本院发布的裁定强制拍卖船舶公告中应当告知债权人在公告发布之日起60日内就与被拍卖船舶有关的海事债权申请登记，公告期间届满不登记的，视为放弃在本次拍卖船舶价款中受偿的权利。

2. 在立案窗口、门户网站为债权人提供“债权登记申请指南”，并建立网上债权登记系统，建议和指引债权人先在网上进行登记，再向本院提交书面材料。

3. 债权人申请债权登记，应当提交以下申请材料：

（1）债权登记申请书；

（2）债权人的身份证明资料；

（3）授权委托书、代理人身份证明材料；

（4）与债权有关的证据。

申请材料有缺漏的，应当及时通知债权人补正。

4. 受理债权登记申请前发现船舶优先权可能已消灭、诉讼时效可能已超过或者债权未到期的，应当向债权人释明法律风险并做好笔录。

5. 对符合登记条件的申请，应当在申请债权登记期间届满后集中进行汇总登记，并按照《中华人民共和国海事诉讼特别程序法》的规定予以受理。船舶被拍卖、变卖成交后，应作出是否准予登记的裁定。

6. 决定受理债权登记申请的，应当同时向申请人出具缴纳申请费通知书和受理债权登记申请通知书。

7. 受理后，应当对申请登记的债权进行审查：

（1）审查债权性质。申请登记的债权必须是与被拍卖船舶有关的海事债权。申请登记的债权不属于与被拍卖船舶有关的海事债权的，裁定驳回申请。

（2）审查债权证据。对债权人提供的证据仅进行形式和表面审查。对不提供债权证据的，裁定驳回申请。经表面审查证据，能确定债权为与被拍卖船舶有关的海事债权，裁定准予登记；无法认定债权为与被拍卖船舶有关的海事债权的，裁定驳回申请。

（3）审查债权种类和数额。应当核对申请书列明的债权种类和债权数额是否与提供的债权证据表面相符，不相符的，应当通知申请人更正。同一个申请中包含多个债权的，应当审查多个债权是否都符合准予登记的条件。只有部分符合准予登记条件的，应当裁定对符合准予登记条件的部分债权予以登记并对不符合准予登记条件的部分债权驳回申请。作出裁定之前应当向申请人释明情况，允许其补充或重新提交证据材料，避免其确权诉讼权利被剥夺。

8. 准予债权登记的，应当在裁定中载明债权人申请登记的债权种类和数额。

9. 准予债权登记的，应当在裁定送达时询问债权人是否就申请登记的债权在债权登记前已向其他海事法院起诉。债权人已向其他海事法院起诉的，应当要求其提供受理案件通知书。告知受理案件的海事法院将案件移至本院审理的，应当提供书面告知函并附准予债权登记的裁定。

案件已经进入二审的，仍由二审法院继续审理。

二、非诉确权程序

10. 债权人提供证明债权的国内法院作出的判决书、裁定书、调解书及国内仲裁或公证机构作出的仲裁裁决书或者公证债权文书的，应当要求其提供上述文书的原件以及法律文书已经生效的证明，必要时可以主动向作出文书的机构核实文书的真实合法性。经审查能够认定上述文书真实合法的，裁定予以确认。

11. 债权人提供证明债权的域外法院作出的判决书、裁定书以及域外仲裁机构裁决的，应当要求债权人根据《中华人民共和国民事诉讼法》第二百八十一条、第二百八十二条和第二百八十三条的规定申请认可或承认。

三、确权诉讼程序

12. 债权人提供其他海事请求证据的，应当在准予债权登记裁定中告知债权人提起确权诉讼或根据仲裁协议及时申请仲裁。

债权人提起确权诉讼的，应当要求其在收到准予债权登记裁定书后的 7 日内向本院提起；债权人申请仲裁的，应当要求其告知本院申请时间、仲裁机构等信息。

13. 对确权诉讼作出的判决、裁定具有法律效力，当事人不得提起上诉。

对于以下诉讼，当事人对法院作出的判决、裁定可以依法提起上诉：

（1）在债权登记前就有关债权提起的诉讼；

（2）提起确权诉讼后，需要判定碰撞船舶过失程度比例的。

14. 确权诉讼的审理可以围绕债权是否真实存在、债权的金额、债权能否参与船舶拍卖价款的分配进行。

15. 当事人主张债权具有船舶优先权、船舶抵押权、船舶留置权的，可围绕以下问题进行审理：

（1）有关当事人之间的法律关系；

（2）主债权是否成立及相应的数额；

（3）船舶优先权、船舶抵押权、船舶留置权是否成立及相应的金额。

因行使船舶优先权产生的诉讼费用，保存、拍卖船舶和分配船舶价款产生的费用，以及为海事请求人的共同利益而支付的其他费用，债权人请求从船舶拍卖所得价款中先行拨付的，应当予以支持。

16. 除第 15 条以外的其他与船舶有关的海事债权的确权诉讼，可围绕以下几个方面进行审理：

（1）双方之间的法律关系；

（2）债权是否成立以及债权金额（尤其是担保物权的金额）是否确定；

（3）该债权是否可以在船舶拍卖款中受偿。

债权人将债权登记申请费列入诉讼请求的，不予支持。

17. 本意见在实施过程中，如发现与法律法规、司法解释和上级法院的意见相冲突的，以后者为准。

关于因强制拍卖船舶引起的债权登记案件要素表

表格说明：（1）由申请人如实填写，法官参照表格内容审理案件。

（2）表格中有“证据编号”的项目须附证据，并将证据进行编号。

<table>
<tr><td colspan="2">船舶名称</td><td colspan="7"></td></tr>
<tr><td rowspan="4">申请人信息</td><td rowspan="2">自然人（个体工商户）</td><td>姓名（字号）</td><td>性别</td><td>国籍</td><td>出生年月</td><td>身份号码</td><td>住址</td><td>联系方式</td></tr>
<tr><td></td><td></td><td></td><td></td><td></td><td></td><td></td></tr>
<tr><td rowspan="2">法人或其他组织</td><td>名称</td><td colspan="2">法定代表（负责人）姓名及职务</td><td>组织机构代码</td><td colspan="2">地址</td><td>联系方式</td></tr>
<tr><td></td><td colspan="2"></td><td></td><td colspan="2"></td><td></td></tr>
<tr><td colspan="2" rowspan="10">债权信息</td><td>是否海事债权</td><td colspan="3">是□</td><td colspan="3">否□</td></tr>
<tr><td rowspan="4">债权种类
证据编号：</td><td colspan="3">船员劳务报酬□</td><td colspan="3">船舶修理款□</td></tr>
<tr><td colspan="3">船舶建造款□</td><td colspan="3">船舶物料和备品供应款□</td></tr>
<tr><td colspan="3">船舶抵押借款□</td><td colspan="3">船舶代理费□</td></tr>
<tr><td colspan="3">船舶保险费□</td><td colspan="3">其他□</td></tr>
<tr><td rowspan="2">债权性质
证据编号：</td><td colspan="3">船舶抵押权□</td><td colspan="3">船舶优先权□</td></tr>
<tr><td colspan="3">船舶留置权□</td><td colspan="3">一般债权□</td></tr>
<tr><td rowspan="2">债权期限
证据编号：</td><td colspan="3">债权产生的时间</td><td colspan="3">应付时间</td></tr>
<tr><td colspan="3"></td><td colspan="3"></td></tr>
<tr><td>主要事实和理由</td><td colspan="6"></td></tr>
</table>

关于审理因船舶买卖引起的船舶权属纠纷案件的调研报告

谭学文　张　乐　黄耀新　申　晗[①]

船舶所有权，是指船舶所有人依法对其船舶享有占有、使用、收益和处分的权利。船舶所有权作为船舶物权制度的核心和纽结，船舶买卖、互易、赠与、建造、挂靠、共有、融资租赁、以船抵债等行为均可能引发船舶所有权变动，产生权属争议。其中，因船舶买卖引发的船舶所有权争议最为常见和多发，其处理规则对审理船舶互易、赠与、融资租赁等法律行为引起的船舶权属争议具有较强的借鉴意义。由于《中华人民共和国海商法》（以下简称《海商法》）关于船舶买卖的规定并不完善，法官在审理船舶买卖合同纠纷案件时需广泛适用《中华人民共和国民法通则》（以下简称《民法通则》）、《中华人民共和国合同法》（以下简称《合同法》）、《中华人民共和国物权法》（以下简称《物权法》）的相关规定及其司法解释，如何准确适用法律仍面临较大的困难。特别是2012年3月31日颁布的《最高人民法院关于审理买卖合同纠纷案件适用法律问题的解释》（以下简称《买卖合同司法解释》）确立了针对船舶买卖的新的履行规则，对审理此类纠纷产生了深远影响。自2016年3月1日起施行的《最高人民法院关于适用〈中华人民共和国物权法〉若干问题的解释（一）》（以下简称《物权法司法解释（一）》）关于登记对抗主义、善意取得等内容的规定亦适用于船舶买卖。本调研紧紧围绕船舶权属这一核心，通过分析引发权属变动的船舶买卖合同的成立、生效、价款支付、交付、登记等类型化交易环节，提炼出审理此类纠纷的基本要素，并针对审判实践中出现的问题提出相

---

① 谭学文、张乐、黄耀新、申晗，均为广州海事法院法官助理。

应对策和建议，旨在进一步统一因船舶买卖引起的船舶权属纠纷案件的裁判尺度，提高审判质量与效率，以较明确的诉讼预期指引当事人规范交易行为，建立合法、诚信、安全、高效、便捷的市场交易秩序。

一、案件概况及主要特点

（一）基本情况

因船舶买卖引起的船舶权属纠纷涉及两类主要的纠纷案型，即船舶买卖合同纠纷和船舶权属纠纷。在全省法院综合业务系统内通过“模糊立案案由”方式检索这两个关键词，统计出2011—2015年10月，广州海事法院受理的船舶买卖合同纠纷一审案件为73件，船舶权属纠纷一审案件为57件。基本情况如下图表所示：

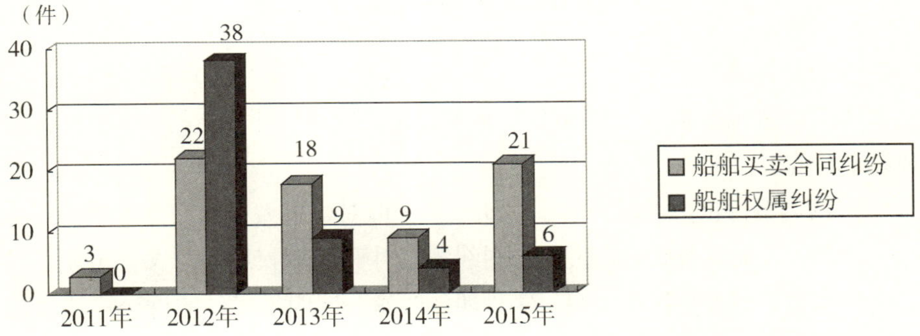

图1　广州海事法院审理的船舶买卖合同纠纷和船舶权属纠纷的案件数量

表　船舶买卖合同纠纷和船舶权属纠纷占一审案件的比例

	2011年	2012年	2013年	2014年	2015年	平均
船舶买卖合同纠纷所占比例	0.39%	1.78%	1.55%	0.67%	1.29%	1.19%
船舶权属纠纷所占比例	0	3.08%	0.78%	0.30%	0.37%	0.93%

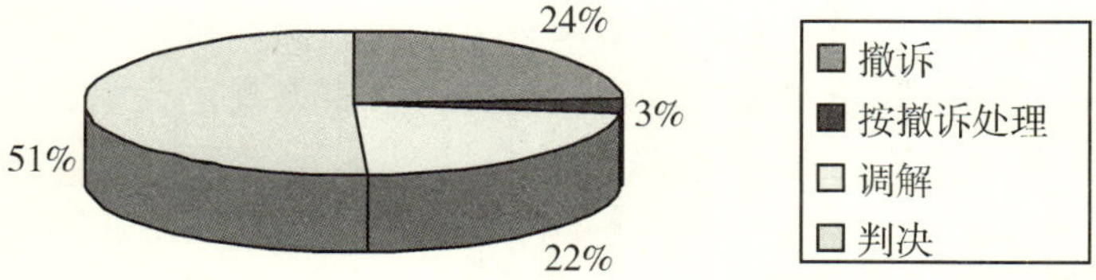

图 2　船舶买卖合同纠纷案件结案方式及比例①

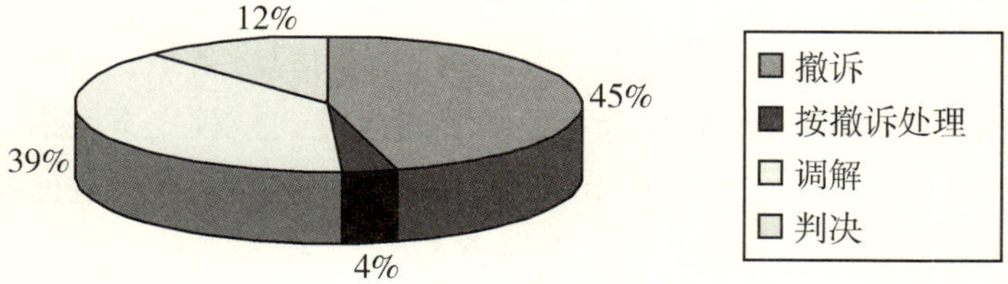

图 3　船舶权属纠纷案件结案方式及比例

（二）主要特点

从调研组对审判数据的整理和分析来看，船舶买卖合同纠纷和船舶权属纠纷案件呈现以下特点：

（1）这两类案件虽然数量不多、占比不高，但对当事人权利义务的影响重大。近五年，广州海事法院审理的船舶买卖合同纠纷案件和船舶权属纠纷案件分别为 73 件、57 件，占一审案件的比例约为 1%。73 件船舶买卖合同纠纷案件的诉讼标的约为 1.11 亿元。船舶买卖作为航运经济的重要支撑点，对市场主体的经营活动影响较大。由于船舶权属纠纷案件不属于金钱给付类案件，无法计算其诉讼标的，但船舶的财产价值较高，其裁判结果事关船舶物权的归属，对当事人而言更是关系甚巨、利益攸关。

（2）法律关系复杂，案件类型多样。船舶买卖合同纠纷涉及合同是否成立、是否生效、出卖人违约、买受人违约、履行不能、不可抗力等情形，船舶权属纠纷涉及船舶买卖、建造、挂靠、共有、一船二卖、无权处分、善意取得等问题。因船舶买卖引起的船舶权属纠纷更是融合了这两类案件的因子，法律关系更为复杂，法官在认定事实和适用法律方面存在较大的困难。同时，此类纠纷涉及共有人买卖、抵押人买卖、多重买卖、所有权保留买卖等多种系争案型，需要法官采取不同的处理规则。此外，由于当事人的争议焦点较多，当事人之间较难达成和解，以判决方式结案的案件比重较大，导致调撤率不高。这无形增加了法官审理此类案件的难度。

（3）产生纠纷的原因较为复杂。因船舶买卖引起的船舶权属纠纷的成因，总体

① 注：2011—2015 年 10 月广州海事法院受理 73 件船舶买卖合同纠纷案件，已结案件 59 件，未结案件 14 件，故该统计仅针对 59 件已结案件。

而言都是由船舶买卖交易引起的，但具体分析起来又有多种情形，主要有：因合同履行产生的纠纷，如船舶转让后因一方反悔未办理变更登记的［（2012）广海法初第505、912号］、共有人转让共有份额后一方不履行过户手续［（2007）广海法初第90号］；因一船多买、无权处分产生的纠纷，如一方擅自出售船舶及设备引发财产分割［（2010）广海法初第78、202、2009号，广海法初第548号］；船舶登记所有人与实际所有人不一致产生纠纷，如一方出资购船后因合作挂靠经营将船舶登记在另一方名下而产生纠纷［（2004）广海法初第181号，（2012）广海法初第475号］、为申请贷款而将船舶过户的假登记担保或让与担保纠纷［（2011）沪海法商初第773号；（2012）沪高民四终字第147号］；因船舶之上的附着利益纠纷，如返还柴油补贴款纠纷［（2012）广海法初第504号］、侵占渔用船舶燃油补助费纠纷［（2008）广海法初第189号］等等。

（4）受立法及司法政策的影响较大。此类案件的审理易受船舶买卖和物权变动的立法、司法政策影响，在不同历史时期裁判标准并不相同。例如，20世纪90年代，涉及“三无船舶”[①] 确权的案件较多，法院一般都承认所有人对“三无船舶”的事实物权，而根据现行政策法院不宜对“三无船舶”的物权归属作出认定。1992年《海商法》第九条确立了船舶登记效力的基本规则，2007年《物权法》第二十四条对登记对抗主义的表述更加规范，[②] 而《买卖合同司法解释》更进一步明确登记只是对抗要件，交付才是船舶物权变动的生效要件，使得海事司法界对这一问题的争议尘埃落定。再如，我国法律对抵押人在抵押期间未经抵押权人同意出卖抵押物的行为是否有效的认定并不统一，《最高人民法院关于贯彻执行〈中华人民共和国民法通则〉若干问题的意见（试行）》（以下简称《民通意见》）、《担保法》《物权法》的相关规定出现了反复。此时，法官在裁判时不能机械地运用法条，应结合相关立法、司法政策寻找依据。

（三）典型案件筛选情况说明

调研组深入研究了广州海事法院及其他法院审理的因船舶买卖引起的船舶权属纠纷案件，筛选了33件典型案件作为提炼审判要素的基础性资料。其中，广州海事法院案件24件，其他法院案件9件。[③] 33件案件中，涉及最高人民法院公报案例1

---

① “三无船舶”是指无船名船号、无船舶证书、无船籍港的船舶。在交通部《关于实施清理、取缔“三无”船舶通告有关问题的通知》中规定，假冒他船船名和船籍港，伪造船舶证书和证书登记事项与船舶实际不相符合者，均按“三无船舶”对待。

② 参见《海商法》第九条规定：“船舶所有权的取得、转让和消灭，应当向船舶登记机关登记；未经登记的，不得对抗第三人。”《物权法》第二十四条规定：“船舶、航空器和机动车等物权的设立、变更、转让和消灭，未经登记，不得对抗善意第三人。”《物权法》较《海商法》删除了“应当”，增加了“善意”。

③ 该统计将本反诉案件、系列案件均作为一个案件。

件［华埠经济贸易公司与中国外运山东威海公司等船舶进口代理合同、废钢船买卖合同纠纷案，即（2000）交提字第3号］，涉及《中国海事审判精品案例》入选案例1件［大连三阳渔业有限公司与大连海洋大学、大连水产集团有限公司破产清算组船舶权属纠纷案，即（2012）辽民三终字第94号］。受时间和能力的限制，调研组未能全面收集关于因船舶买卖引起的船舶权属纠纷的所有案件，但这33个案件已具有较强的代表性，涵盖了船舶买卖和船舶物权变动领域的大多数问题。针对调研中未发现但在未来审判实践中仍可能发生的一些法律问题，调研组予以综合考虑，以求统筹兼顾，使本课题的逻辑体系更为完备，涵盖范围更加广泛。

二、突出问题及原因分析

（一）存在的主要问题

1. 案由认定不统一

从查阅的卷宗资料来看，与本调研有关的案件之案由主要有：请求确认船舶所有权（主要是“三无船舶”的案件）、船舶所有权纠纷、船舶权属纠纷、船舶买卖合同纠纷、非法船舶证书买卖纠纷［（2009）粤高法民四终字第182号］、船舶转让合同纠纷、船舶买卖与经营合同纠纷［（2000）广海法深初第24号］、合资购买船舶合同纠纷［（2003）广海法初第306、421、422号］、船舶所有权转让合同纠纷［（2007）广海法初第90号］、船舶燃油补助费纠纷、船舶共有纠纷、共有财产分割纠纷、因船舶买卖合同引起的不当得利纠纷［（2012）广海法初第504号］、船舶权属侵权纠纷［（2013）沪海法海初第29号］、船舶所有权确认纠纷［（2009）津海法商初第362号］等。这些案由可谓五花八门，反映出司法实践中法官对该类案件的定性不是很准确、很清晰。33件典型案件的结案案由如下图所示：

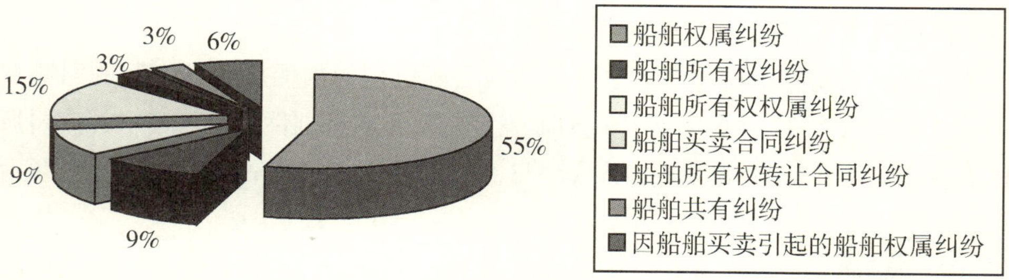

图4　33件典型案件的结案案由

从上图可见，以“船舶权属纠纷”作为结案案由的案件比例较高，占55%，其次是“船舶买卖合同纠纷”，占15%。这也反映了司法实践确定此类案件案由的通常做法。但是，究竟在何种情况下宜定性为“船舶权属纠纷”，在何种情况下宜定性为“船舶买卖合同纠纷”，往往因人而异，随意性较大，缺乏统一的认定规则，不利于案件统计、数据分析和审判管理，也直接导致了本次调研在统计、分析数据方面的困难。

2. 事实认定较困难

船舶买卖引起的船舶权属纠纷涉及船舶买卖交易及物权变动的一系列法律事实，法官在认定要件事实方面仍存在较大的困难，主要体现在：

（1）认定船舶买卖合同是否成立存在困难。《海商法》第九条第二款虽然规定船舶买卖应当签订书面合同，但实践中口头约定船舶买卖的情形依然存在。当事人所签订的书面合同往往很不规范，有的合同以“股份处理结算协议”“股权转让协议”“船舶折价承包合同”等冠名，在涉及船舶挂靠、共有等情形时往往一人代数人签名，在缺乏船舶交接单、结算单、发票、银行汇款凭证等证据时，当事人是否达成船舶买卖或所有权转让的意思表示并不明确。法官在查明意思表示是否达成的过程中，需要综合多个证据或已经形成的证据链进行认定。

（2）认定船舶买卖合同的效力存在困难。在该类案件审理中，法官认定意思表示是否真实及交易是否违反法律、行政法规的强制性规定较为困难。在涉及第三人利益的场合，当事人之间是否存在恶意串通、通谋虚伪表示或者进行虚假诉讼仍应谨慎判断。在实践中，法官们对一些法律规定是效力性强制性规定还是管理性强制规定的结论不一，进而影响其对船舶买卖合同效力的判断。例如，《物权法》第一百九十一条第二款规定：“抵押期间，抵押人未经抵押权人同意，不得转让抵押财产，但受让人代为清偿债务消灭抵押权的除外。”违反此条，船舶买卖合同是否无效？司法实践对此存有分歧。

（3）认定船舶的交付形式存在困难。在通常情况下，船舶买卖的交付方式是现实交付，即现实地占有、管领和控制船舶，但依据《物权法》第二十五条、第二十六条、第二十七条，交付的形式还有简易交付、指示交付和占有改定。法官在实践中往往忽略这些不常见的交付形式，尤其是占有改定这一形式，可能会对船舶是否交付作出误判。实践中，船舶买卖双方之间常签订《船舶交接书》，依照《中华人民共和国船舶登记条例》第十三条第二款①，就购买取得的船舶申请船舶所有权登记的，应当提供船舶的交接文件。交付是否包括《船舶交接书》等形式的文件交付？实践中存有争议。

（4）认定船舶登记证书的证据效力存在困难。由于我国法律对船舶等特殊动产

① 该款规定：“就购买取得船舶申请船舶所有权登记的，应当提供下列文件：（一）购船发票或者船舶的买卖合同和交接文件；（二）原船籍港船舶登记机关出具的船舶所有权登记注销证明书；（三）未进行抵押的证明文件或者抵押权人同意被抵押船舶转让他人的文件。”

的物权变动模式采登记对抗主义，登记并非强制性的，这使得船舶登记的公信力较低。在渔船等小型船舶买卖中，交易主体在船舶买卖后不办理变更登记的现象屡见不鲜，导致船舶的实际所有权人与登记所有权人相分离。在船舶挂靠还是船舶运营的重要方式的背景下，挂靠人与被挂靠人的共生现象使得船舶的事实物权与登记物权不一致成为可能，进而减弱了船舶登记证书的证据效力。当第三人拿着船舶登记证书主张其因信赖登记而构成善意时，法官如何认定证书的效力并作出裁决仍面临较大的困难。

3. 法律适用不统一

（1）对船舶物权的变动模式认定不一。《海商法》第九条第一款规定："船舶所有权的取得、转让和消灭，应当向船舶登记机关登记；未经登记的，不得对抗第三人。"《物权法》第二十四条规定："船舶、航空器和机动车等物权的设立、变更、转让和消灭，未经登记，不得对抗善意第三人。"理论界和实务界对《海商法》《物权法》规定的船舶物权变动的对抗要件为登记并无异议，但是登记是否为船舶物权变动的生效要件却存有四种不同的观点：第一种观点认为船舶物权变动有时以交付为生效要件，特定情形下以登记为生效要件；第二种观点认为船舶物权变动自当事人订立物权变动合同生效时即发生效力，并不以交付或者登记为生效要件；第三种观点认为船舶的交付不能对抗所有权转移登记；第四种观点认为交付是包括船舶在内的一切动产物权变动的生效要件。[①] 虽然《买卖合同司法解释》及《物权法司法解释（一）》最终采纳了第四种观点，认为交付是船舶物权变动的生效要件，但理论界和实务界对此争议较大，尤其是对《买卖合同司法解释》第十条所确立的"交付优先于登记"规则更是备受争议。[②] 有人认为《海商法》第九条第一款中的"应当"二字表明登记才是船舶物权变动的生效要件，《海商法》是法律且是特别法，应优于《买卖合同司法解释》适用。[③]

（2）对船舶物权变动能否适用"当事人另有约定的除外"规则认识不一。《民法通则》第七十二条第二款规定："按照合同或者其他合法方式取得财产的，财产所有权从财产交付时转移，法律另有规定或者当事人另有约定的除外。"《合同法》

---

① 参见最高人民法院民事审判第二庭编著：《最高人民法院关于买卖合同司法解释理解与适用》，人民法院出版社 2012 年版，第 174 页。

② 对此提出质疑的有：王利明：《特殊动产一物数卖的物权变动规则——兼评〈买卖合同司法解释〉第 10 条》，载《法学论坛》2013 年第 6 期；刘奕彤、王云晴：《论船舶买卖中船舶所有权的归属》，载《辽宁大学学报（哲学社会科学版）》2015 年第 3 期；郑蕾：《船舶所有权变动效力立法模式之反思》，载《中国海商法研究》2013 年第 4 期；邓金刚：《对买卖合同司法解释确立船舶买卖中交付优先于登记的质疑》，载《世界海运》2013 年第 3 期；等等。

③ 参见刘奕彤、王云晴：《论船舶买卖中船舶所有权的归属》，载《辽宁大学学报（哲学社会科学版）》2015 年第 3 期。

第一百三十三条规定："标的物的所有权自标的物交付时起转移，但法律另有规定或者当事人另有约定的除外。"《民法通则》和《合同法》均允许当事人对船舶物权的变动适用"当事人另有约定"。而后通过的《物权法》第二十三条删除了"当事人另有约定的除外"，规定"动产物权的设立和转让，自交付时发生效力，但法律另有规定的除外"，即坚持物权变动的法定主义。《买卖合同司法解释》第十条并未提及出卖人与买受人是否可以约定"交付"之外的形式作为船舶物权的变动要件，法官在实践中如何认定此类约定的效力缺乏统一标准。例如，在船舶的分期付款买卖或所有权保留买卖中，出卖人与买受人约定自买受人付清全部价款时船舶所有权才转移，法院该如何认定此类约定的效力并进行裁判和说理？这一问题亟待统一意见。

（3）对《物权法》第九十七条的理解不一。《物权法》第九十七条规定："处分共有的不动产或者动产以及对共有的不动产或者动产作重大修缮的，应当经占份额三分之二以上的按份共有人或者全体共同共有人同意，但共有人之间另有约定的除外。"该规定适用于船舶共有，船舶挂靠形成的共有关系能否适用？"应当"一词是指无权处分的共有人签订的买卖合同无效，还是仅指不发生船舶物权的变动效力仍存有疑问。实践中，就有判决认定船舶买卖合同无效。但这违反了《买卖合同司法解释》第三条①的基本精神。《买卖合同司法解释》严格区分了负担行为与处分行为的法律效力，对于船舶买卖合同应认定为有效，而只是处分行为效力待定，即船舶物权能否发生变动取决于其他共有人是否追认或出卖人事后取得处分权。

（4）对《物权法》第一百九十一条的理解不一。关于抵押人在抵押期间出卖抵押船舶的效力，我国法律规定存在较大的差异。《民通意见》第一百一十五条规定："抵押物如由抵押人自己占有并负责保管，在抵押期间，非经债权人同意，抵押人将同一抵押物转让他人，其行为无效。"《担保法》第四十九条规定："抵押期间，抵押人转让已办理登记的抵押物的，应当通知抵押权人并告知受让人转让物已经抵押的情况；抵押人未通知抵押权人或者未告知受让人的，转让行为无效。"《物权法》第一百九十一条第二款规定："抵押期间，抵押人未经抵押权人同意，不得转让抵押财产，但受让人代为清偿债务消灭抵押权的除外。"立法发生如此变化，主要是立法者对抵押物流通的安全与效率价值取舍不一。在审判实践中，法官对《物权法》第一百九十一条第二款中的"不得"二字有着不同理解，有人认为未经抵押权人同意抵押人转让抵押物的行为无效，也有人认为有效。为统一意见，最高人民法院先后出台了两个《民事审判工作会议纪要》。2011 年《民事审判工作会议纪

① 该条第一款规定："当事人一方以出卖人在缔约时对标的物没有所有权或者处分权为由主张合同无效的，人民法院不予支持。"

要》规定："物权法第一百九十一条第二款并非针对抵押财产转让合同的效力性强制性规定，当事人仅以转让抵押房地产未经抵押权人同意为由，请求确认转让合同无效的，不应予以支持。"2015年《民事审判工作会议纪要》规定："物权法第一百九十一条第二款并非针对抵押财产转让合同的效力性强制性规定，当事人仅以转让抵押房地产未经抵押权人同意为由，请求确认转让合同无效的，一般不予支持。"2015年纪要较2011年纪要而言，表述更加严谨，但"一般"二字意味着在绝大多数情况下抵押财产转让合同是有效的。在实践中，一些法官未注意到这两个纪要所规定的精神，导致对抵押财产转让合同的效力作出错误认定。

（5）对挂靠人、被挂靠人签订船舶买卖合同、转让船舶所有权份额的效力认定不一。船舶挂靠现象广泛存在于沿海、内河水路运输中，挂靠人、被挂靠人签订船舶买卖合同或者转让所有权份额的现象较为普遍。司法实践对此类买卖或者转让行为的效力认定并不统一，而法律和司法解释又欠缺相关规定。最高人民法院《关于国内水路货物运输纠纷案件法律问题的指导意见》对挂靠问题作了原则性规定，即"人民法院在审理与船舶挂靠有关的合同纠纷时，应当严格依照现行船舶管理的法律规范确定法律关系，坚持合同相对性的基本原则，根据合同的签订主体和合同的履行等基本事实，准确认定合同当事人"。该指导意见确立了船舶挂靠在合同纠纷和侵权纠纷中的不同处理规则：在合同纠纷中，坚持合同的相对性，谁签合同谁负责；在侵权纠纷中，挂靠人和被挂靠人承担连带责任。但该指导意见的精神能否适用于船舶买卖仍存有疑问。《最高人民法院关于适用〈中华人民共和国民事诉讼法〉的解释》（以下简称《民诉法解释》）第五十四条规定："以挂靠形式从事民事活动，当事人请求由挂靠人和被挂靠人依法承担民事责任的，该挂靠人和被挂靠人为共同诉讼人。"《民诉法解释》改变了《最高人民法院关于适用〈中华人民共和国民事诉讼法〉若干问题的意见》第四十三条关于"挂靠人和被挂靠人为共同诉讼人"的强制性规定，将选择权赋予当事人。但《民诉法解释》为程序法规范，难以作为法官确定当事人实体权利义务的依据。在挂靠人或被挂靠人以共有人的形式买卖船舶的情形下，认定船舶转让的物权效力变得更为复杂。例如，甲、乙二人共有一艘船舶，且甲将其份额挂靠到丙公司名下，甲又将船舶卖于丁，该行为是否发生所有权转移效力？这类案件涉及船舶挂靠、共有、买卖等多种法律关系，法官在查明法律关系和适用法律方面存在一定的难度。

（6）对多重买卖下船舶的所有权权属认定不一。由于《海商法》《物权法》并未对船舶物权变动的生效要件作出明确规定，在《买卖合同司法解释》出台之前，法院裁判多尊重登记的公示效力，以"登记优先于交付"作为船舶多重买卖的履行顺序规则。2012年出台的《买卖合同司法解释》第十条专门规定了船舶等特殊动产的多重买卖规则，使法官有了较为全面和清晰的裁判依据，这个问题才基本得到了解决。但有观点认为，《海商法》是特别法，《海商法》第三条规定的船舶应适用海商法，所以应对海船等采用登记对抗主义，交付不能优先于登记。[①] 而《海商法》第三条规定以外的船舶（如内河船）适用《买卖合同司法解释》第十条的规定。

（7）对无权处分规则的适用范围存有分歧。《合同法》第五十一条规定："无处分权的人处分他人财产，经权利人追认或者无处分权的人订立合同后取得处分权的，该合同有效。"理论界与实务界曾对该条文的具体含义争持不下，对"处分"究竟是指处分行为还是负担行为理解不一。《买卖合同司法解释》第三条第一款进一步明确了无权处分情形下买卖合同本身是完全有效的，只是标的物所有权是否发生转移处于效力待定的状态。[②] 但是，就共有人未经其他共有人同意而处分共有财产，是否属于无权处分，理论界和实务界存在很大争议。[③] 在船舶共有的情形下，部分共同共有人或者未达到2/3以上份额的按份共有人未经其他共有人同意处分共有船舶的，是否构成无权处分、能否适用《合同法》及《买卖合同司法解释》仍有不同意见。

（8）对善意取得制度的适用条件存有分歧。《物权法》第一百零六条规定了善意取得制度。该条第一款规定："无处分权人将不动产或者动产转让给受让人的，所有权人有权追回；除法律另有规定外，符合下列情形的，受让人取得该不动产或者动产的所有权：（一）受让人受让该不动产或者动产时是善意的；（二）以合理的价格转让；（三）转让的不动产或者动产依照法律规定应当登记的已经登记，不需要登记的已经交付给受让人。"但善意取得制度在船舶多重买卖下能否适用仍存在争议。有观点认为船舶等特殊动产的善意占有应理解为"已经交付占有"，仅办理了船舶所有权登记而未实际受领交付的买受人因不满足善意取得制度的第三个要件而不构成善意取得。[④] 有观点则认为船舶等特殊动产的转让在需要进行转让登记的情形下，以登记的时间作为财产所有权转移的时间标志，此时已办理所有权转移登记的买受人可以主张善意取得。[⑤] 此时，如何理解"依照法律规定应当登记"和

① 参见刘奕彤、王云晴：《论船舶买卖中船舶所有权的归属》，载《辽宁大学学报（哲学社会科学版）》2015年第3期；邓金刚：《对买卖合同司法解释确立船舶买卖中交付优先于登记的质疑》，载《世界海运》2013年第3期；等等。

② 参见最高人民法院民事审判第二庭编著：《最高人民法院关于买卖合同司法解释理解与适用》，人民法院出版社2012年版，第81页。

③ 参见最高人民法院民事审判第二庭编著：《最高人民法院关于买卖合同司法解释理解与适用》，人民法院出版社2012年版，第71页。

④ 参见最高人民法院民事审判第二庭编著：《最高人民法院关于买卖合同司法解释理解与适用》，人民法院出版社2012年版，第182页。

⑤ 参见最高人民法院物权法研究小组编著：《〈中华人民共和国物权法〉条文理解与适用》，人民法院出版社2007年版，第328页。

“不需要登记”又得回到《海商法》第九条和《物权法》第二十四条上来，即船舶物权的变动是交付生效还是登记生效。如果认定交付是船舶物权变动的生效要件，将带来的一个问题是：因善意信赖登记的买受人不能取得船舶所有权，是否有悖诚实信用和交易安全？《海商法》第九条中的“应当向船舶登记机关登记”是否为《物权法》第一百零六条第一款第（三）项“依照法律规定应当登记”？仅从条文的字面含义来看，信赖登记的买受人似乎可以凭“依照法律规定应当登记”主张其已完成登记而有权善意取得。但如果承认信赖登记的买受人可以善意取得船舶物权的话，《买卖合同司法解释》第十条第四款将失去意义。不过，最近实施的《物权法司法解释（一）》对如何正确理解和适用善意取得制度作了较为详细的规定，较好地解决了这些问题，进一步明确“已经交付给受让人”是船舶等特殊动产适用善意取得的条件。因为善意取得制度旨在解决物权变动问题，故《物权法》第一百零六条中“依照法律规定应当登记”之含义，应解释为就物权变动发生物权效力而言依法应当登记；登记仅系特殊动产物权变动具备对抗力之要件，认其所有权可依交付发生善意取得当为合理。① 但是，亦不能完全否认登记对判断买受人是否构成善意的意义，其仍是参考因素之一。

（9）对合同履行中的抗辩权适用存在争议。在船舶买卖合同的履行中，出卖人往往以买受人未能付清价款为由拒绝交付船舶或拒绝为买受人办理船舶变更登记手续，此时出卖人依据的是合同履行中的哪类抗辩权，是同时履行抗辩权，还是先履行抗辩权？在广州海事法院审理的案件中，一般认为出卖人行使的是同时履行抗辩权，如（2013）广海法初字第484号案，② 或认定转让船舶所有权和支付价款是相互的义务，在合同没有约定支付船舶价款时间的情况下，买受人在受让船舶所有权的同时，依法应向出卖人支付价款。③ 但也有观点认为支付价款与办理船舶所有权变更登记有先后履行顺序，只有买受人支付全部价款后，出卖人才有义务协助办理所有权变更登记，因此出卖人应以《合同法》第六十七条行使先履行抗辩权。这背后的原因与法官对办理所有权变更登记手续为合同项下哪种类型的义务的理解有关。有人认为办理所有权变更登记为出卖人的主给付义务，有人认为是从给付义务，甚至有人认为是附随义务。④ 严格说来，就船舶买卖合同而言，转移船舶所有权当为合同项下的主给付义务，因为取得标的物的所有权是买受人的交易目的，将标的物

① 参见最高人民法院民事审判第一庭编著：《最高人民法院物权法司法解释（一）理解与适用》，人民法院出版社2016年版，第453页。

② 该案判决认为，原告无法证明其已履行股权转让合同中的付款义务，依照《合同法》第六十六条的规定，债权合同下梁××有权拒绝基于股权转让合同向原告交付船舶的所有权。

③ 广州海事法院（2007）广海法初字第90号民事判决。

④ 参见广州海事法院（2008）广海法初字第458号民事判决。

的所有权转移给买受人是出卖人的另一项主要义务。[①] 而与转移所有权相关的交付船舶证书的义务应属于从给付义务。司法实践需要对出卖人所主张的抗辩权类型的认定统一意见。

（10）对办理船舶所有权登记是否适用诉讼时效有争议。在一类案件中，出卖人在船舶买卖后一直未协助办理过户登记手续，买受人将其诉至法院，出卖人以买受人的请求已过诉讼时效为由进行抗辩。有观点认为，办理所有权登记手续为买卖合同项下的主给付义务，既然为“给付”，就具备请求权性质，应当适用诉讼时效，该时效自出卖人交付船舶于买受人时起算，为两年，超过两年不予保护。相反意见认为，办理所有权登记手续是买受人的一项具有物权性质的权利，不应适用诉讼时效，不存在是否已过诉讼时效的问题。这个问题在审判实践中也亟待统一意见。

（11）对燃油补贴款的归属有争议。在渔船买卖合同纠纷中，当事人通常会在请求确认渔船所有权的同时提请将燃油补贴款划归其所有。燃油补贴款是我国为鼓励渔业生产的一项惠渔政策。财政部、农业部制定的《渔业成品油价格补助专项资金管理暂行办法》第三条规定，补助资金是指“中央财政预算安排的，用于补助渔业生产者因成品油价格调整而增加的成品油消耗成本而设立的专项资金”。第四条规定：“补助对象，即渔业生产者，包括依法从事国内海洋捕捞、远洋渔业、内陆捕捞及水产养殖并使用机动渔船的渔民和渔业企业。辅助渔船不得作为补助对象。”关于燃油补贴款的归属，多数法院判决认定应归船舶所有人取得，如厦门海事法院的（2012）厦海法商初字第459号民事判决，存在当事人约定时约定优先，如福建省高级人民法院的（2010）闽民终字第226号民事判决[②]，也有判决认为应当归实际使用机动渔船的渔民和渔业企业取得，如广州海事法院（2012）广海法初字第414、500号民事判决[③]。但是，也有裁判认为“审核、确定补贴款发放对象的资格是发放渔业成品油价格补助（即渔船柴油补贴款）的行政机关的职责”，因此“是否属柴油补贴款的适格发放对象，应由负责发放渔船柴油补贴款的行政机关审核认定，不属于民事诉讼的主管范围”[④]。因此，司法实践对燃油补贴款的性质和归属仍存在较大的争议。

（12）对渔船转让是否包括船牌存在争议。在渔船买卖中，有买受人就渔船转让是否包括船牌发生争议起诉到法院。通常情况下，出卖人和买受人之间事先并无

---

① 参见崔建远主编：《合同法》，法律出版社2010年版，第385页。

② 该判决书认为：根据《协议书》第③条“甲方（即陈××）船证油价补贴领到2008年12月31日为止，接下由乙方接管船证油价补贴费所有权”的约定，2008年12月31日以后的渔船燃油补贴款应由林××享有。

③ 该判决虽最终认定燃油补贴款归所有权人取得，但说理的重心在于取得依据是“一直占有使用该渔船”。

④ 广东省高级人民法院（2013）粤高法民四终字第12、13号民事判决。

关于渔船买卖是否包括船牌的明确约定，在合同履行中，出卖人主张该买卖并不包括船牌，而拒绝为买受人办理船舶登记过户手续。有观点认为，既然当事人之间没有明确约定该买卖包括船牌，买受人应自行承担没有约定或约定不明的风险，就应当驳回买受人的诉讼请求。反对意见认为，在我国现行的渔业生产政策下，渔船船牌的重要性尤重于渔船本身，不承认渔船买卖包括船牌，既不符合渔船买卖的交易习惯，也对买受人非常不公，并将强化渔船的船证分离现象，不利于形成健康有序的渔业生产秩序，因此应当支持买受人的诉讼请求。可见，司法实际亟待对这个问题统一意见。

4. 裁判文书不规范

（1）事实表述不清。部分裁判文书对船舶的原始状况、登记证书、他项权利状况、挂靠情况等缺乏说明，对船舶买卖的合同成立、生效、价款支付、交付、登记等交易环节表述不清，容易遗漏重要事实，导致裁判文书的本院查明部分的表述较为混乱。

（2）裁判说理不足。部分裁判文书的说理部分略显薄弱，未围绕诉讼请求与抗辩事由进行逐项说理，对船舶买卖中的共有人买卖、无权处分、多重买卖等特定情形缺乏针对性说理，或者运用比较晦涩、当事人难以理解的法学理论进行过分说理，降低了裁判文书的可接受性与公信力。

（3）援引法律依据不当。部分裁判文书在主文部分援引法律依据不全，例如一些船舶权属纠纷案件的裁判文书遗漏了《物权法》第三十三条①这一重要条文；部分裁判文书仅援引了《合同法》，而没有援引《海商法》《物权法》。这导致裁判的依据不是很完整，使裁判文书的质量打了折扣。

（二）原因分析

1. 对船舶买卖的类型化交易环节缺乏认识

因船舶买卖引起的船舶权属纠纷中，船舶买卖是因，权属争议是果。此类案件的审理，必须深入探究引起船舶物权变动的原因要素，即涉及船舶买卖的一些要件事实。在船舶买卖合同纠纷中，合同的成立、生效、价款支付、船舶的交付、登记等是船舶买卖的类型化交易环节。这些环节各有其不同的法律意义，是判断法律关系变动的重要时点。合同的成立意味着买卖双方达成了一致的意思表示，形成了债权债务关系；合同的生效表明这种债权债务关系受法律保护，已具有法律效力；价款支付在分期付款、所有权保留买卖中意味着买受人已取得了物权期待权等中间型权利；交付使船舶在出卖人与买受人之间完成了物权变动；登记使买受人对船舶的所有权取得了对抗第三人的效力。实践中，部分法官对船舶买卖的类型化交易环节

① 该条规定："因物权的归属、内容发生争议的，利害关系人可以请求确认权利。"

缺乏考察和认识，导致对引起法律关系变动的要件事实抓不住、理不清、看不透，不能做到有的放矢、事半功倍，不利于审判工作质量与效率的提高。

2. 审判方法不科学

此类案件因交织了船舶买卖与船舶权属两种法律关系，导致实践中一些法官的裁判方法不是很科学，先审什么，后审什么，应该注意什么，缺乏统一的规则。主要体现在：（1）对当事人类型缺乏研究。在船舶买卖合同纠纷中，有出卖人、先买受人、次买受人、无权处分人、善意第三人等类型。在船舶权属纠纷中，有对船舶主张所有权的人和异议人，异议人中又有共有人、善意第三人、所有权保留买卖的出卖人等。（2）对船舶类型缺乏研究。此类纠纷涉及的船舶类型有《海商法》规定下的船舶（海船和其他海上移动式装置，但是用于军事的、政府公务的船舶和20总吨以下的小型船艇除外）、内河船、渔船、趸船等。（3）对当事人的诉讼请求缺乏梳理。此类纠纷中，当事人的诉讼请求多种多样，有的仅请求确认船舶所有权归属，有的同时请求被告协助办理变更登记手续，或者返还柴油补贴款，有的通过主张船舶买卖合同无效来确认船舶所有权等。这些诉讼请求中，有的属于确认之诉的诉请，有的属于给付之诉的诉请，部分诉讼请求可能存在重叠或矛盾的地方，宜加以甄别和梳理。（4）审判思路不清晰。船舶买卖交易是此类纠纷产生的原因，抛开船舶买卖，孤立地审查船舶权属状况将难以查明案件事实、作出正确裁判。因此，审查船舶买卖合同的效力是审理案件的前提，如“一船二卖”后，后手的买受人没有行使撤销权，其合同是否继续有效；买卖合同标的物附着有第三人抵押权，抵押人未经抵押权人同意出售抵押船舶的，该买卖合同是否有效等问题。因此，较为科学的方法是先审查买卖合同的效力，再判断船舶所有权的归属。

3. 部分海事法官欠缺民法思维与知识

因船舶买卖引起的船舶权属纠纷虽为海事法院受理和管辖的案件，但所适用的法律多为《合同法》《物权法》等民事基本法律，在本质上更接近“民事案件”而非“海事海商案件”。依据最高人民法院文件精神，在海事审判中，涉及如何适用民商事基本法律的，要从民商审判格局乃至整个法律体系的视角出发，保持法律的统一适用。[①] 因此，此类案件的审理需法官具备较深厚的民法知识，熟悉和掌握民商事司法实践中的裁判热点与共识，运用民法思维、法理进行充分阐释和说理，进而作出更加符合法律规定、更为当事人理解和接受的司法裁判。实践中，部分海事法官忽略了对民法理论与热点的学习，导致其思维与知识结构跟不上审判工作需要。例如，少数法官对《物权法》第九十七的规定不熟悉，对合同履行中的抗辩权在船

① 参见最高人民法院贺荣副院长在第二十二届全国海事审判研讨会上的讲话：《深入贯彻落实党的十八届三中全会精神，努力将海事审判工作推向一个新的发展阶段》。

舶买卖中的适用规则不掌握，对船舶所有权转移登记诉请是否适用诉讼时效不清楚等等。此外，要正确审理船舶买卖中的无权处分、善意取得等特殊法律问题，法官没有一定的民法思维与知识作为支撑也是不可能的。

4. 部分基础法律规定不明确

由于船舶买卖的具体规则在《海商法》中付之阙如，一些基础法律规定的不明确增加了法官在解释和适用法律上的困难。例如，制约此类案件审理的关键问题是：我国法律对船舶等特殊动产的物权变动究竟是采用何种立法模式：意思主义？登记要件主义抑或交付要件主义？《海商法》第九条一方面规定“应当登记”，另一方面又规定登记具有对抗效力，但对船舶物权变动的生效要件未作明确规定。《物权法》第二十四条仅规定登记是对抗要件，回避了船舶等特殊动产物权变动的生效要件问题。由于这个问题一直缺乏法律层面上的明确规定，导致司法裁判尺度上的一系列问题。要最终解决这一问题，需要立法者在起草民法典的过程中对船舶等特殊动产物权变动的生效要件作出明确规定，而不是仅仅规定对抗要件，从而进一步理顺特殊动产物权变动的基础法律规定。

三、对策建议

（一）厘清审判思路

因船舶买卖引起的船舶权属纠纷案件法律关系较为复杂，当事人争议较大，调解撤诉率低。正确审理此类案件，最为关键的是厘清审判思路，以科学的审判方法抓住审判要点，从而有效掌握庭审进程、提高庭审效率。

1. 明确法院是否有权管辖

受诉法院在接到当事人的起诉状时，首先应审查本院对该案是否有管辖权。《中华人民共和国海事诉讼特别程序法》（以下简称《海事诉讼特别程序法》）第六条第二款第（七）项规定：“因海船的船舶所有权、占有权、使用权、优先权纠纷提起的诉讼，由船舶所在地、船籍港所在地、被告住所地海事法院管辖。”《最高人民法院关于适用〈中华人民共和国海事诉讼特别程序法〉若干问题的解释》第七条规定：“《海事诉讼特别程序法》第六条第二款第（七）项规定的船舶所在地指起诉时船舶的停泊地或者船舶被扣押地。”因此，因船舶买卖引起的船舶权属纠纷由起诉时船舶的停泊地、船舶被扣押地、船籍港所在地、被告住所地海事法院管辖。[①]船舶买卖合同纠纷中不涉及船舶所有权的，如单纯的价款争议、合同履行等方面的

① 《海事诉讼特别程序法》及其司法解释仅规定了海船，对于内河船等未作出明确规定。

纠纷，不应适用该规定，而应当适用《民事诉讼法》第二十三条确定管辖法院。①因船舶买卖引起的船舶权属纠纷属于海事法院专门管辖的案件，也不得违反《民事诉讼法》第三十四条规定确定管辖法院。② 受诉法院发现受理的案件不属于本院管辖的，应当移送有管辖权的法院。

2. 固定诉讼请求

诉讼请求不固定、不明确是影响审判效率的首要因素。在该类案件中，当事人提出的诉讼请求主要有以下几种类型：请求确认船舶所有权归原告所有，或请求确认原告为船舶的所有权人；请求确认原告对船舶享有一定百分比的份额（股份、产权）；请求确认原告对船舶拥有实际所有权；请求法院判令被告将船舶所有权转让过户给原告，或请求法院判令被告履行办理所有权变更登记手续，并承担相应的费用；请求确认船舶买卖合同有效并判令船舶归原告所有；请求确认转移船舶行为无效，返还非法占有船舶及赔偿损失；请求确认船舶转让行为无效并请确认原告对船舶享有一定百分比的份额，并赔偿船期损失；请求确认船舶归原告所有并解除与被告的挂靠关系；请求解除原告与被告的船舶买卖合同关系，收回船舶等等。这些诉讼请求通常涉及三种类型的权利：本权利、请求权和形成权，分别对应三种类型的诉：确认之诉、给付之诉和形成之诉。针对本权利的归属发生争议，可以通过确认之诉来解决，例如请求确认船舶的所有权或所有权份额等；针对因本权利遭侵害而请求他人作为或不作为的情形，可以通过给付之诉来解决，例如请求协助办理所有权变更登记手续、请求返还燃油补贴款等；针对一方意图单方设立、变更或消灭法律关系的情形，可以通过形成之诉解决，例如分期付款买卖的出卖人行使解除权解除船舶买卖合同等。由于确认之诉、形成之诉具有一个天然的缺陷，即不具有强制执行性③，在当事人诉讼能力较弱的情形下，易出现遗漏诉讼请求后再次起诉发生诉累的情形。例如，当事人仅提起确认船舶归其所有之诉，如其胜诉，法院的判决只能是确认船舶归其所有，但如其希望办理过户手续，则必须另外提起办理船舶登记手续之诉，该诉属于给付之诉。再如，分期付款买卖的出卖人仅请求解除买卖合同的（形成之诉），即使判决其胜诉，也缺乏执行力，其想要重新拿回船舶还得提起返还船舶的给付之诉。此时，法官应向当事人释明，引导当事人追加诉讼请求，

---

① 该条规定："因合同纠纷提起的诉讼，由被告住所地或者合同履行地人民法院管辖。"

② 该条规定："合同或者其他财产权益纠纷的当事人可以书面协议选择被告住所地、合同履行地、合同签订地、原告住所地、标的物所在地等与争议有实际联系的地点的人民法院管辖，但不得违反本法对级别管辖和专属管辖的规定。"该条虽未涉及专门管辖，但最高人民法院有关司法解释、政策性文件一贯坚持，违反海事诉讼专门管辖的，也应当认定为无效。参见最高人民法院民事诉讼法修改研究小组编著：《〈中华人民共和国民事诉讼法〉修改条文理解与适用》，人民法院出版社 2012 年版，第 49 页。

③ 参见邹碧华：《要件审判九步法（纪念版）》，法律出版社 2010 年版，第 61 页。

避免当事人今后难以执行或者导致重复起诉。

3. 准确界定案由

课题组通过调研发现，33个典型案件的结案案由主要是“船舶权属纠纷”和“船舶买卖合同纠纷”，仅有两个案件的结案案由是“因船舶买卖合同引起的船舶权属纠纷”。法官在界定案由时，应当从当事人的诉讼请求及诉讼争议的实质内容出发，并结合《最高人民法院民事案件案由规定理解与适用》（2011年修订版）合理确定。首先，从当事人的诉讼请求出发，明确当事人所诉为何种类型之诉。如果当事人的诉请为给付之诉的诉请，例如对船舶权属本身无争议，只是针对移交船舶证书等船舶买卖合同履行中的问题，就宜将此案定为“船舶买卖合同纠纷”；如果当事人的诉请为确认之诉的诉请，如实际所有人请求确认其对船舶的所有权、共有人请求确认其对船舶所享有的份额等，就宜将此案定为“船舶权属纠纷”。其次，明确当事人诉讼争议的实质内容。例如，当事人的诉请为请求确认船舶买卖合同有效，并主张船舶归其所有，或者是仅主张船舶买卖合同有效，对船舶所有权并不主张。在这类案件中，船舶买卖合同的效力是争议问题的中心，也是审判工作的重点。船舶买卖审清楚了，船舶所有权的归属就一目了然。这类案件就宜定性为“船舶买卖合同纠纷”。燃油补贴款的归属等与船舶权属相关的诉请，一般附着于当事人的主要诉请即确认船舶权属之下，一般将其列入“船舶权属纠纷”。值得研究的是，当燃油补贴款作为一项唯一诉请出现时，法官将如何确定此类案件的案由？广州海事法院审理的一起案件将其认定为“船舶买卖合同纠纷”，① 因为燃油补贴款的归属在船舶买卖合同中有约定。调研组也倾向于将其认定为船舶买卖合同纠纷，因为单纯的燃油补贴款的返还之诉，从诉的性质来看属于给付之诉，定为“船舶买卖合同纠纷”更为合理。最后，案由确定应当符合《最高人民法院民事案件案由规定理解与适用》的精神。根据该规定，船舶买卖合同纠纷是指当事人因船舶买卖合同的订立、履行、变更和终止而产生的纠纷，船舶权属纠纷是指有关船舶权利的确认归属的纠纷（船舶权利是指有关船舶的所有权、使用权、占有权、处分权、收益权及抵押权、留置权和优先权等）。② 船舶买卖合同纠纷属于物权变动的原因关系，船舶权属纠纷则涉及物权权属变动的结果意义上的法律关系。法官应根据当事人诉争的法律关系的性质，查明该法律关系涉及的是物权变动的原因还是物权变动的结果关系，以正确确定案由。因此，如果当事人是对船舶买卖合同的订立、履行、变更和终止而产生的纠纷，应该以船舶买卖合同纠纷确立案由；如果当事人是对船舶所有权的

① 参见广州海事法院（2015）广海法初字第828号民事判决。

② 参见最高人民法院民事案件案由规定课题组编著：《最高人民法院民事案件案由规定理解与适用》（2011年修订版），人民法院出版社2011年版，第356页。

转让登记或者共有关系以及妨碍船舶所有权行使的情形提起诉讼，则应以船舶权属纠纷确立案由。① 法官在确定案由时应遵循上述规则。

4. 明确当事人类型

在此类案件中，当事人的类型较为复杂。原告的主要类型有：船舶买卖交易中的买受人，包括先买受人、次买受人等；船舶的实际所有人；船舶挂靠人；船舶共有人；所有权保留买卖中的出卖人；等等。被告的主要类型有：船舶买卖交易中的出卖人，包括多重买卖的出卖人等；船舶的登记所有人；船舶被挂靠人；无权处分人；船舶的其他共有人；所有权保留买卖的买受人；等等。第三人的主要类型有：善意取得中的第三人；以船舶作为抵押物的抵押权人；等等。

5. 明确船舶类型与船舶状况

船舶类型也是审理该类案件一个重要的事实因素。船舶类型主要有：海船、内河船等。只有涉及《海商法》第三条规定的船舶的买卖，才能适用《海商法》规定。这一点应当注意，以防止在援引法律依据时出错。与船舶自身状况有关的事实状况还有：船舶权属证书，船舶国籍证书，船舶登记部门，船舶原所有权人、原所有权的取得方式、本身是否有抵押权、船舶挂靠情况、船舶是否为其他人占有等。

6. 以类型化交易环节考察船舶权属变动

因船舶买卖引起的船舶权属纠纷，船舶买卖交易中的买卖合同的成立、生效、价款支付、船舶的交付、登记等环节是法院需要查明的要件法律事实。对这些事实的依次检索，可以规范有序地推行庭审进程，完整无缺地查明案件事实。对一个完整的船舶买卖交易而言，这五个要素好比医院体检单上的必检项目，是影响法律关系变动的重要时点。法官以此为依据可以绘制出自己审理此类案件的流程图，并根据案情的复杂程度加以删减增补，以快速把握案情脉络，提高阅卷、庭审和合议工作效率。以下是课题组绘制的较简易的审判流程图，仅供参考。

（二）准确查明案件事实

1. 准确认定船舶买卖合同是否成立

船舶买卖合同的成立需具备合同成立的一般要件，即存在双方或多方当事人、当事人具有相应的民事权利能力和行为能力及当事人就合同的主要条款达成合意。在实践中，当事人就渔船买卖未签订书面合同的现象较为常见。《买卖合同司法解释》第一条第一款规定：“当事人之间没有书面合同，一方以送货单、收货单、结算单、发票等主张存在买卖合同关系的，人民法院应当结合当事人之间的交易方式、

① 参见最高人民法院民事案件案由规定课题组编著：《最高人民法院民事案件案由规定理解与适用》（2011 年修订版），人民法院出版社 2011 年版，第 324 页。

因船舶买卖引起的船舶权属纠纷案件审判流程图

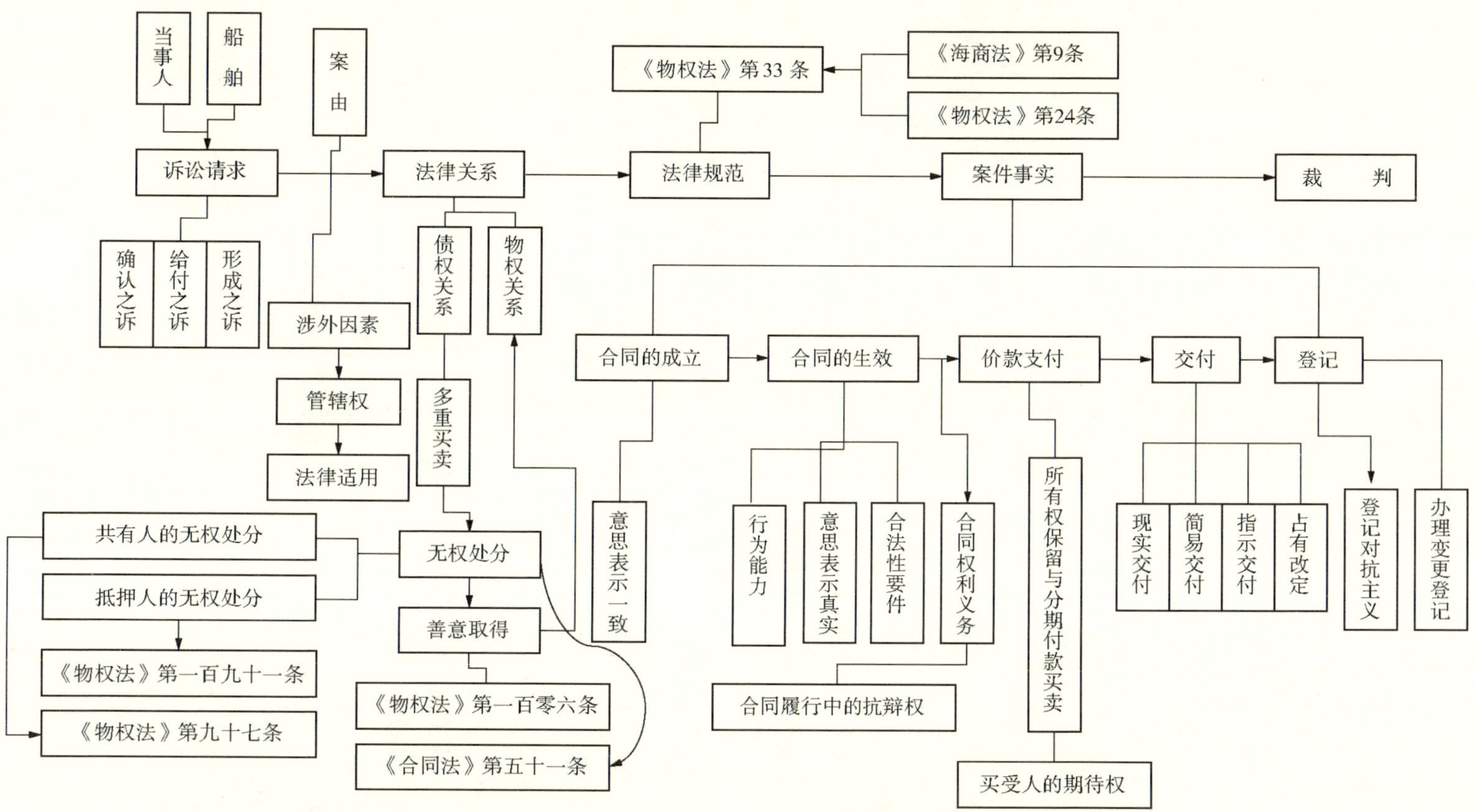

交易习惯以及其他相关证据，对买卖合同是否成立作出认定。”因此，对于没有书面合同的船舶买卖，法官应当结合收据、银行汇款凭证等关联证据进行综合判断。对于以“股份转让协议”“股权转让协议”等冠名，涉及船舶股份转让、股权转让等内容的协议，一定要结合当事人的真实意思表示认定船舶买卖合同或所有权转让合同是否成立。对于一人代数人签名、一人代其他共有人订立船舶买卖合同的问题，一定要考察该行为是否得到其他人的授权或事后获得追认，否则不能认定船舶买卖合同已经订立。

2. 准确认定船舶买卖合同是否生效

《民法通则》第五十五条规定：“民事法律行为应当具备下列条件：（一）行为人具有相应的民事行为能力；（二）意思表示真实；（三）不违反法律或者社会公共利益。”《合同法》第四十四条规定：“依法成立的合同，自成立时生效。法律、行政法规规定应当办理批准、登记等手续生效的，依照其规定。”我国法律对合同的生效要件作了明确规定，法官应结合这三个要件判断船舶买卖合同是否生效。这一问题的关键在于船舶买卖的意思表示是否真实，即是否存在欺诈、胁迫、重大误解或乘人之危等情形。《合同法》第五十二条规定了合同的无效情形：（一）一方以欺诈、胁迫的手段订立合同，损害国家利益；（二）恶意串通，损害国家、集体或者第三人利益；（三）以合法形式掩盖非法目的；（四）损害社会公共利益；（五）违反法律、行政法规的强制性规定。对该条中“法律、行政法规的强制性规定”的解释应从严把握，仅限于法律和行政法规而不包括规章，仅限于效力性强制性规定而不包括管理性或取缔性强制性规定。[①] 实践中，关于船舶买卖是否构成违反法律的强制性规定而归于无效，主要涉及两种类型的案件：一是渔船买卖中渔船船牌转让的效力；二是抵押期间抵押人出卖抵押物的效力。第一种类型的案件，渔船船牌的转让属于捕鱼资质的转让，该行为违反了我国渔业生产秩序的管理性规定，构成行政违法行为，但转让船牌的民事行为仍属于有效；第二种类型的案件，涉及对《物权法》第一百九十一条第二款规定的理解，2015 年《民事审判工作会议纪要》认为这一条文并非针对抵押财产转让合同的效力性强制性规定，即认为抵押人出卖抵押物的行为仍是有效的。

3. 正确认定交付的形式

在船舶买卖中，船舶的交付通常是现实交付，但法官对可能出现的简易交付、指示交付、占有改定等交付形式也应全面考察。《物权法》第二十五条规定：“动产物权设立和转让前，权利人已经依法占有该动产的，物权自法律行为生效时发生效

① 《最高人民法院关于适用〈中华人民共和国合同法〉若干问题的解释（二）》第十四条规定：“合同法第五十二条第（五）项规定的‘强制性规定’，是指效力性强制性规定。”

力。”该条规定的简易交付形式需要受让人先行占有该动产，并且在当事人之间存在物权让与的合意。船舶买卖中，存在的情形一般为先租后买。《物权法》第二十六条规定：“动产物权设立和转让前，第三人依法占有该动产的，负有交付义务的人可以通过转让请求第三人返还原物的权利代替交付。”该条规定的指示交付形式是通过转让原物返还请求权代替实际交付。《物权法》第二十七条规定：“动产物权转让时，双方又约定由出让人继续占有该动产的，物权自该约定生效时发生效力。”该条规定的占有改定形式是以受让人的间接占有为前提的，在船舶售后租回交易中较为常见。因此，简易交付、指示交付和占有改定也构成船舶的交付，能发生船舶物权变动的效力。在审判实践中，买卖双方之间仅签订《船舶交接书》但未实际交付船舶的行为是否构成物权变动意义上的交付？由于动产物权的证券化，物权变动中出现了以交付表彰该动产物权的证券来代替交付动产本身的现象，如仓单、提单的交付。① 但是，这种拟制交付的法律效力依赖于动产物权的证券化，即证券的占有与动产的所有高度合一、权券一体，而《船舶交接书》本身并不具备相应的形式特征和法律效力。因此，课题组认为，单纯的《船舶交接书》等文件形式的交付并不符合船舶交付的实质要件，不发生物权变动的法律效果。

4. 谨慎认定船舶证书的证据效力

在海事审判中如何认定船舶证书的证据效力一直是法官所面临的难题。在我国船舶登记只具有对抗效力，再加上船舶挂靠等现象的存在，法官在认定船舶登记证书的证据效力时应更加谨慎，对证书记载的船舶权属状况和担保物权如抵押权状况应持合理怀疑的态度。《民诉法解释》第一百一十四条规定：“国家机关或者其他依法具有社会管理职能的组织，在其职权范围内制作的文书所记载的事项推定为真实，但有相反证据足以推翻的除外。必要时，人民法院可以要求制作文书的机关或者组织对文书的真实性予以说明。”法官对船舶证书的认证应遵循这一规则。

（三）正确适用法律

1. 以三步走方法明确涉外案件的法律适用

因船舶买卖引起的船舶权属纠纷中有少部分案件属于涉外案件。审理这种类型的涉外案件仍需遵循“涉外因素——管辖权——法律适用”三步走的裁判思路。关于涉外因素的判断，应依据《最高人民法院关于适用〈中华人民共和国涉外民事关系法律适用法〉若干问题的解释（一）》第一条②规定判断。《海商法》第二百七十

① 参见梁慧星、陈华彬：《物权法》，法律出版社2007年版，第100页。

② 该条规定：“民事关系具有下列情形之一的，人民法院可以认定为涉外民事关系：（一）当事人一方或双方是外国公民、外国法人或者其他组织、无国籍人；（二）当事人一方或双方的经常居住地在中华人民共和国领域外；（三）标的物在中华人民共和国领域外；（四）产生、变更或者消灭民事关系的法律事实发生在中华人民共和国领域外；（五）可以认定为涉外民事关系的其他情形。”

条规定："船舶所有权的取得、转让和消灭，适用船旗国法律。"《中华人民共和国涉外民事关系法律适用法》（以下简称《法律适用法》）第三十七条规定："当事人可以协议选择动产物权适用的法律。当事人没有选择的，适用法律事实发生时动产所在地法律。"对于因船舶买卖引起的船舶权属纠纷案件，存在涉外因素的应认定为涉外案件，在明确广州海事法院有管辖权的基础上，进一步确定应适用什么法律。在法律适用上，应区分海船与非海船。如果船舶属于《海商法》第三条规定的船舶，则应依据特别法优先于普通法原则，适用《海商法》第二百七十条；如果船舶不属于《海商法》第三条规定的船舶，则依据《法律适用法》第三十七条规定，当事人可以协议选择法律适用，在没有选择时，适用法律事实发生时动产所在地即船舶买卖时船舶所在地的法律。① 但如何确定法律事实发生地，尤其是何谓动产买卖发生时船舶的所在地，仍有待研究。② 课题组倾向性意见认为船舶买卖事实发生时船舶所在地，主要指船舶买卖合同订立、价款支付、船舶交付时船舶的所在地；不一致时，以后者为准。

2. 对登记对抗主义的理解应予统一

在司法实践中，对船舶物权变动采纳登记对抗主义并无异议，即认为登记是船舶物权变动的对抗要件。但交付和登记哪个是船舶物权变动的生效要件，存在合同生效说、交付说、登记说等不同认识。如前所述，《买卖合同司法解释》最终采纳了交付是船舶物权变动的生效要件这一观点。最近出台的《物权法司法解释（一）》第六条也承续了这一精神。尽管理论界对船舶等特殊动产的物权变动模式的认识并不统一，如王利明教授与崔建远教授的观点就截然相反，③ 但广州海事法院作为初审法院，在最高人民法院已有明确司法解释的情形下，自应遵循该司法解释的规定，认为交付是船舶物权变动的生效要件。在审理因船舶买卖引起的船舶权属纠纷案件中，法官应将登记对抗主义及交付是船舶物权变动的生效要件的精神贯彻始终。针对登记对抗主义本身，司法实践对《海商法》第九条中的"第三人"和《物权法》

① 在广州海事法院审理的（2007）广海法初字第90号案中，原告与被告分别为澳门自然人和内地自然人，且双方没有约定处理合同争议所适用的法律。法院认为本案合同签订地与履行地、标的物登记地与所在地、被告住所地均在内地，内地的法律是与本案合同有最密切联系的法律，根据《合同法》第一百二十六条的规定，适用中华人民共和国内地的法律。该案审理在《法律适用法》出台之前。

② 参见最高人民法院民事审判第四庭编著的《〈中华人民共和国涉外民事关系法律适用法〉条文理解与适用》（中国法制出版社2011年版）一书也并未明确这一问题。

③ 王利明教授认为，交付并非特殊动产物权变动的唯一方式，不能简单地认为交付就是特殊动产物权变动的生效要件，也不能认为登记只是对抗要件。参见王利明：《特殊动产一物数卖的物权变动规则——兼评〈买卖合同司法解释〉第10条》，载《法学论坛》2013年第6期。崔建远教授认为交付是包括船舶、航空器、机动车在内的一切动产物权变动的生效要件，登记仅为对抗善意第三人的要件。参见崔建远：《再论动产物权变动的生效要件》，载《法学家》2010年第5期。

第二十四条的“善意第三人”的理解和适用也存在一些问题。《物权法司法解释（一）》较好解决了“善意第三人”的认定难题。第六条规定：“转让人转移船舶、航空器和机动车等所有权，受让人已经支付对价并取得占有，虽未经登记，但转让人的债权人主张其为物权法第二十四条所称的“善意第三人”的，不予支持，法律另有规定的除外。”在特殊动产之上存在未办理登记的受让人与转让人的债权人时，前者的权利一般应优先于后者。转让人的一般债权人，包括破产债权人、人身损害债权人、强制执行债权人、参与分配债权人，均应排除于物权法第二十四条所称的“善意第三人”范畴之外，但这里的债权人不应包括针对该标的物享有担保物权的债权人。① 此外，该规定中的“法律另有规定的除外”包括海商法第二十二条关于船舶优先权的特殊规定。在船舶营运中发生人身伤亡的赔偿请求权人，属于法律特别规定享有法定优先权的债权人，不管船舶物权变动登记与否，均应属于绝对不可对抗的善意第三人的范畴。但是，已完成特殊动产登记但未完成交付的第三人是否属于《物权法》第二十四条所称的“善意第三人”的范畴？最高人民法院民一庭认为善意第三人应对标的物具有正当物权利益，而所谓物权利益系指该人与转让人具有物权关系。② 上述已完成登记但未完成交付的买受人，因特殊动产的物权变动并未生效，因此其与转让人之间不具有物权关系，不应属于善意第三人的范畴。

3. 优先适用“当事人另有约定的除外”规则

法官在审理此类案件时，要特别注意当事人在买卖合同中对船舶物权变动是否另有约定。为尊重当事人意思自治和符合船舶买卖的实际情况，法官应当认可这种约定的优先效力，并在审判中优先适用。主要理由：一是对《物权法》第二十三条的理解不应过于机械，应结合物权法定原则进行解释。《物权法》第五条规定：“物权的种类和内容，由法律规定。”这表明我国在采取严格的物权法定主义的同时，又将法定的内容仅限于物权的种类和内容，不包括物权的变动模式和公示方法。因此，在物权变动中优先适用“当事人另有约定的除外”规则并不违反物权法定主义。二是该条规定虽然删除了“当事人另有约定的除外”，但对船舶买卖中所有权保留条款等当事人约定仍可纳入《合同法》等法律对分期付款买卖的另有规定加以解释，即当事人在船舶分期付款买卖中约定的所有权保留条款并不违反《物权法》第二十三条。三是《买卖合同司法解释》用一节四个条文的形式专门规定了“所有权保留”内容，若不承认“当事人另有约定的除外”对所有权保留条款的效力，将

---

① 参见罗书臻：《进一步提升保障财产权利及市场交易安全与效率的法治化程度——最高人民法院民一庭负责人就物权法司法解释（一）答记者问》，载《人民法院报》2016 年 2 月 24 日。

② 参见最高人民法院民事审判第一庭编著：《最高人民法院物权法司法解释（一）理解与适用》，人民法院出版社 2016 年版，第 180 页。

使这一制度完全落空。

4. 正确适用《物权法》第九十七条

对《物权法》第九十七条的理解，应把握两点：一是对共有人未经其他共有人同意而处分船舶的行为，构成无权处分。《合同法》第五十一条规定的“无处分权的人”可以涵盖未经其他共有人同意而擅自出卖共有物的单个共有人。① 二是共有人无权处分船舶的，船舶买卖合同本身有效，但船舶所有权是否发生转移则效力待定。其他共有人事后追认的，该处分行为有效，船舶所有权发生转移；其他共有人不予追认的，该处分行为无效，船舶仍由全体共有人所有。因此，涉及共有人擅自转让船舶的案件，法官除了援引《物权法》第九十七条外，还需援引《合同法》第五十一条及《买卖合同司法解释》第三条进行说理，以增强裁判文书的说服力。

5. 正确理解《物权法》第一百九十一条

《物权法》第一百九十一条第二款规定抵押人在抵押期间未经抵押权人同意不得转让抵押财产，但受让人代为清偿债务消灭抵押权的除外。对“不得”二字的理解，应结合2015年《民事审判工作会议纪要》来解释，即不属于效力性强制性规定。这表明该转让行为本身是有效的，发生船舶所有权变动的效力。

6. 正确认定挂靠人、被挂靠人转让船舶的效力

船舶买卖中，一类案件是船舶挂靠人或者被挂靠人与第三人签订船舶买卖合同，约定转移船舶所有权或所有权的部分份额。根据最高人民法院《关于国内水路货物运输纠纷案件法律问题的指导意见》就船舶挂靠案件所确立的基本原则，在船舶买卖案件中也应坚持合同相对性原则，即挂靠人、被挂靠人谁签订合同谁负责。这符合商行为的表示主义和外观主义原则，有利于保护善意第三人的合法权益，维护交易安全。挂靠人与第三人签订船舶买卖合同，挂靠人能提供挂靠合同或者被挂靠人认可其为船舶实际所有人的证据的，该船舶买卖合同有效，船舶所有权自交付时发生转移。被挂靠人依据其提供的船舶所有权证书记载的船舶所有权或所有权份额为转让时，其与第三人之间的船舶买卖合同有效。至于是否发生船舶所有权转移的效力，在船舶不存在共有情形时，船舶所有权自被挂靠人交付船舶于第三人时发生转移；在存在共有情形时，仍需具备《物权法》第九十七条的相应要件，在未经三分之二以上按份共有人或全体共同共有人同意的情形下该处分行为效力待定。

7. 正确运用船舶多重买卖的履行顺序规则

《买卖合同司法解释》第十条确立了船舶多重买卖的履行顺序规则：“出卖人就同一船舶、航空器、机动车等特殊动产订立多重买卖合同，在买卖合同均有效的情

① 参见最高人民法院民事审判第二庭编著：《最高人民法院关于买卖合同司法解释理解与适用》，人民法院出版社2012年版，第71页。

况下，买受人均要求实际履行合同的，应当按照以下情形分别处理：（一）先行受领交付的买受人请求出卖人履行办理所有权转移登记手续等合同义务的，人民法院应予支持；（二）均未受领交付，先行办理所有权转移登记手续的买受人请求出卖人履行交付标的物等合同义务的，人民法院应予支持；（三）均未受领交付，也未办理所有权转移登记手续，依法成立在先合同的买受人请求出卖人履行交付标的物和办理所有权转移登记手续等合同义务的，人民法院应予支持；（四）出卖人将标的物交付给买受人之一，又为其他买受人办理所有权转移登记，已受领交付的买受人请求将标的物所有权登记在自己名下的，人民法院应予支持。”该条文对船舶买卖中已先受领交付、均未受领交付、既未交付又未登记、交付与登记冲突等四种典型情形作了明确规定，具有较强的可操作性。在涉及船舶的多重买卖案件时，法官只需依据该规则即可确定船舶所有权的归属。

8. 正确理解和适用善意取得制度

《买卖合同司法解释》第十条确立了特殊动产物权变动的“交付优先于登记”规则，但这并不意味着善意取得制度在船舶的多重买卖中完全没有适用空间，在某些特定情形下第三人仍可构成善意取得。基于以下三种情形，出卖人仍然占有该特殊动产并将该动产再次出卖的，后买受人有可能构成善意取得：（1）第一次交付的形式为占有改定，出卖人继续占有该动产的；（2）出卖人将该动产交付给先买受人后，又通过借用、租赁等方法重新占有该动产的；（3）出卖人通过骗取等方法非法侵占该动产。① 在上述情形中，出卖人均构成无权处分，具备适用《物权法》第一百零六条的基本条件。但在通常的情形下，出卖人将船舶交付给买受人后丧失对该船舶的占有，又将船舶过户登记到第三人即后买受人名下，第三人依据登记主张所有权并要求占有该船舶的买受人返还船舶，此时产生该买受人是否有权对抗信赖登记的第三人的问题。依照《买卖合同司法解释》第十条第一款第（四）项规定，已完成交付的买受人取得船舶所有权，后买受人即第三人不能取得所有权，且先买受人有权请求后买受人为更正登记。关于占有改定下是否存在善意取得的问题，最高人民法院物权法研究小组认为，鉴于占有改定方式公示效力不足，否定占有改定下善意取得的适用，更有利于保护当事人的合法权益及维护交易安全。② 而最高人民法院民一庭在《最高人民法院物权法司法解释（一）理解与适用》一书中却对此持肯定性的倾向性意见，即认为占有改定下存在善意取得的适用空间，但司法解释最

① 参见最高人民法院民事审判第二庭编著：《最高人民法院关于买卖合同司法解释理解与适用》，人民法院出版社 2012 年版，第 182 页。

② 关于善意受让人能否以占有改定方式取得动产所有权的问题，理论界存在肯定说、否定说、折中说等观点，最高人民法院物权法研究小组倾向认为占有改定下不能发生善意取得。参见最高人民法院物权法研究小组编著：《〈中华人民共和国物权法〉条文理解与适用》，人民法院出版社 2007 年版，第 123 页。

终没有对占有改定情形下的善意判断时点作出明确规定，仍交由司法实践继续探索总结。[①] 依据《买卖合同司法解释》第十条，后买受人不能凭登记主张善意取得。这无疑降低了船舶登记的公信力，不利于鼓励人们进行登记，因而使登记对抗主义的适用范围大幅压缩。但“交付优先于登记”作为司法解释所确立的基本规则，法官在司法解释未修改前，仍应遵照该司法解释进行处理。最近公布的《物权法司法解释（一）》第十五条至第二十一条规定了善意取得制度在适用中的一些具体法律问题，该规定亦适用于船舶买卖中的善意取得。例如，该司法解释第十五条规定：“受让人受让不动产或动产时，不知道转让人无处分权，且无重大过失的，应当认定受让人为善意。真实权利人主张受让人不构成善意的，应当承担举证证明责任。”这为如何理解“善意”并分配举证责任提供了依据。该司法解释第十七条、第十八条、第十九条分别为如何正确理解“重大过失”、形成善意的时点、“合理的价格”作了较为明确的指引，第二十条将“交付”而非“登记”作为船舶等特殊动产适用善意取得的条件，第二十一条将构成合同无效及欺诈、胁迫、乘人之危等可撤销情形排除在善意取得制度的适用范围之外，解决了善意取得制度在司法适用中的一些重大问题，能较好统一法官裁判此类案件的尺度。

9. 正确认定出卖人行使的抗辩权类型

在船舶买卖中，出卖人往往以买受人未付清船舶价款为由拒绝为之办理过户登记手续。此时，出卖人行使的抗辩权究竟是同时履行抗辩权还是先履行抗辩权？法院在认定时首先应看当事人之间是否就债务的履行顺序有明确约定，若有相应约定，应认定出卖人行使的是先履行抗辩权；[②] 在双方之间没有约定时，认定出卖人行使的抗辩权为同时履行抗辩权较为恰当。在无约定的情形下认定出卖人行使的抗辩权为同时履行抗辩权的理由有：一是出卖人办理过户登记的义务即转移所有权的义务属于船舶买卖合同项下的主给付义务，其与买受人支付价款的义务构成对待给付；[③] 二是办理过户登记的义务与支付价款的义务具有发生上的牵连性、存续上的牵连性和功能上的牵连性，一方不履行义务，相对人原则上亦可不履行。

---

① 参见最高人民法院民事审判第一庭编著：《最高人民法院物权法司法解释（一）理解与适用》，人民法院出版社 2016 年版，第 418 页。

② 先履行抗辩权要求两个债务之间须有先后履行顺序，至于该顺序是当事人约定，还是法律直接规定，在所不问。参见崔建远主编：《合同法》，法律出版社 2010 年版，第 144 页。

③ 崔建远主编的《合同法》一书认为，出卖人协助办理移转登记的义务，在形式上为附随义务，实质上是移转买卖物所有权的主给付义务。于此场合，应当更加看重出卖人协助办理移转登记的实质，认定该项义务与买受人的付款义务形成同时履行关系，在出卖人怠于履行协助办理移转登记义务时，买受人有权拒付款项，行使同时履行抗辩权。（在两项债务的履行期存在先后顺序的场合，成立先履行抗辩权。）同理，出卖人在买受人不履行付款义务时，有权拒绝办理过户登记手续，行使同时履行抗辩权。参见崔建远主编：《合同法》，法律出版社 2010 年版，第 139 页。

10. 正确认定船舶变更登记中的诉讼时效问题

最高人民法院2011年、2015年发布的《全国民事审判工作会议纪要》都规定："已经合法占有转让标的物的受让人请求转让人办理物权变更登记，登记权利人请求无权占有人返还不动产或者动产，利害关系人请求确认物权的归属或内容，以及权利人请求排除妨碍、消除危险，对方当事人以超过诉讼时效期间抗辩的，均不应予以支持。"由此可见，最高人民法院民一庭倾向性认为请求协助办理变更登记系受让人的一项具有物权请求权性质的权利，不应适用诉讼时效。在海事审判中，法院也应遵循这一规则，对出卖人提出的买受人已超过诉讼时效期间的抗辩不予支持。

11. 正确认定燃油补贴款的归属

燃油补贴款是国家为鼓励渔业生产而对利用机动渔船从事捕捞作业的渔民和渔业企业的一项优惠措施。燃油补贴款是产生于机动渔船之上的利益，对其归属应首先尊重当事人的约定，在当事人没有约定或约定不明时，依据《物权法》第三十九条关于"所有权人对自己的不动产或者动产，依法享有占有、使用、收益和处分的权利"的规定，应由机动渔船的船舶所有人取得。由于实践中燃油补贴款是按年度分别发放的，法官应结合船舶所有权转移的具体时点，即船舶完成交付的时间，按比例最终确定燃油补贴款在出卖人与买受人之间的分配。燃油补贴款表面上是补贴给渔民或者渔业企业的，但本质上是对机动渔船所有人的一种补偿。因燃油补贴款的归属产生的纠纷，课题组倾向性认为应属于海事法院受理海事案件的范围，不宜指引当事人另行提起针对发放燃油补贴款的渔政机关的行政诉讼。

12. 正确认定渔船买卖是否包括船牌

关于渔船买卖是否包括船牌，法官首先要看当事人是否有约定，在没有约定或约定不明时，应综合渔船买卖的合同内容、合同标的、渔船价值、交易习惯等因素综合认定当事人在订立合同时是否存在转让渔船船牌的真实意思表示，进而认定渔船买卖是否包括船牌。若案件没有明确相反证据支持的，我们倾向于认为渔船买卖包括船牌。

（四）规范制作裁判文书

如前所述，因船舶买卖引起的船舶权属纠纷案件的裁判文书存在事实认定不清、说理不足、法律依据援引不当等问题。在司法公开持续深入、裁判文书公开上网的新形势下，如何增强裁判文书的规范性、说理性和可接受性显得更为重要。因此，需要进一步规范此类案件的裁判文书制作，提高裁判文书的质量和水平。调研组在梳理案件时发现，一些当事人请求确认船舶权属的案件中，裁判文书主文并未援引《物权法》第三十三条，这造成了援引法律依据的不完整。该条规定："因物权的归属、内容发生争议的，利害关系人可以请求确认权利。"像《物权法》第三十三条这样的权利请求基础规范,[①] 在裁判文书主文中不应遗漏。

四、结语

因船舶买卖引起的船舶权属纠纷案件法律关系较为复杂，涉及的裁判要点较多，课题组在对有关裁判文书进行调研分析的基础上，提炼出以下可能影响船舶所有权归属的基本要素，以更好地引导当事人举证，方便法官厘清审判思路、提高审判效率。

（1）船舶证书，包括所有权登记证书和国籍证书等。

（2）船舶买卖前的原始状况：船舶状况（船舶是否为海船、内河船，船舶登记部门是否为海事或渔政）；船舶原所有权人及原所有权的取得方式。

（3）船舶上的担保物权设定情况：船舶本身是否存在抵押、质押、留置等担保物权；船舶抵押权人，抵押权所担保债权是否已清偿，船舶抵押权是否登记，买受人是否了解船舶已经抵押等。

（4）船舶挂靠情况：船舶挂靠合同；船舶挂靠人、船舶登记经营人、船舶日常经营负责人，船员管理和聘用负责人等情况。

（5）船舶共有情况：船舶是按份共有还是共同共有；各共有人的份额等。

（6）船舶买卖合同的订立情况：包括买卖合同当事人、船舶买卖合同（签订的地点、时间、在场人）；其他能够证明存在船舶买卖关系的材料；买卖合同中是否有分期付款和所有权保留条款等。

（7）船舶买卖合同的履行情况：船舶价款支付情况；是否存在履行抗辩情形；违约情况等。

（8）船舶交付情况：船舶是否已经交付，交付的方式；船舶相关证书是否交付；船舶交付的时间、地点、交接方，有无其他人在场，有无交接清单等。

（9）船舶登记情况：出卖人是否为买受人办理船舶转让登记；已完成交付的买受人是否请求已完成登记的后买受人为更正登记等。

（10）船舶是否存在一船多卖情形：签订买卖合同时间，买受人受领交付时间，办理所有权转移登记手续时间等。

---

① 权利请求基础规范，是指当事人提出的权利主张所依据的法律基础。参见邹碧华：《要件审判九步法（纪念版）》，法律出版社2010年版，第27页。

关于审理因船舶买卖引起的船舶权属纠纷案件若干问题的意见

（调研组建议稿）

为依法规范和统一因船舶买卖引起的船舶权属纠纷案件的裁判标准与尺度，实现类型化案件的要素式审判，提高当事人对裁判结果的预期，依照《中华人民共和国海商法》《中华人民共和国民法通则》《中华人民共和国合同法》《中华人民共和国物权法》《中华人民共和国海事诉讼特别程序法》等法律及《最高人民法院关于审理买卖合同纠纷案件适用法律问题的解释》《最高人民法院关于适用〈中华人民共和国物权法〉若干问题的解释（一）》等司法解释，结合海事审判实践，对广州海事法院审理因船舶买卖引起的船舶权属纠纷案件提出以下意见：

1. ［意见适用范围］本意见所称的船舶权属纠纷，仅指因船舶买卖引起的有关船舶权属纠纷案件，包括但不限于以下案件：

（1）因船舶买卖引起的确认船舶所有权或船舶所有权份额的案件；

（2）因船舶买卖引起的请求出卖人交付船舶、船舶证书或协助办理船舶变更登记的案件；

（3）因船舶多重买卖引起的船舶权属纠纷案件及协助办理更正登记的案件；

（4）因共有人、抵押人等擅自买卖船舶引起的船舶权属纠纷案件；

（5）因分期付款买卖或所有权保留买卖引起的船舶权属纠纷案件。

与船舶权属争议无关，当事人就船舶买卖合同的内容、价款支付等发生争议的案件不适用本意见。

2. ［管辖］因船舶买卖引起的船舶权属纠纷案件由海事法院专门管辖，地域管辖适用《中华人民共和国海事诉讼特别程序法》第六条第二款第（七）项以及《最高人民法院关于适用〈中华人民共和国海事诉讼特别程序法〉若干问题的解释》第七条的规定。

3.［诉讼请求］因船舶物权的归属、内容发生争议的，利害关系人可以请求确认权利。

当事人仅请求确认船舶所有权的，或者仅主张船舶买卖合同有效或无效的，法院应就是否请求交付船舶、协助办理变更登记手续、解除合同、返还船舶、请求排除妨碍、消除危险等事项在立案、庭审前一并向当事人释明。

4.［案由］依据当事人的诉讼请求及诉讼争议的实质内容，并结合《最高人民法院民事案件案由规定（2011）》，将因船舶买卖引起的船舶权属纠纷案件的案由确定为船舶买卖合同纠纷或者船舶权属纠纷。

5.［船舶买卖合同的成立］当事人之间没有书面合同，一方以船舶交接单、结算单、发票等主张存在买卖合同关系的，应当结合当事人之间的交易方式、交易习惯以及其他相关证据，对买卖合同是否成立作出认定。

6.［船舶买卖合同的生效］依法成立的船舶买卖合同，自成立时生效，但附生效条件和附期限的合同除外。

7.［船舶证书的证据效力］海事、渔政等行政机关在其职权范围内制作的船舶证书所记载的事项推定为真实，但有相反证据足以推翻的除外。必要时，可以要求制作证书的机关对证书及其记载内容的真实性予以说明。

8.［船舶所有权的确认］合法有效的船舶买卖合同，买受人自船舶交付之日起对船舶享有所有权，但法律另有规定或当事人另有约定的除外。

当事人可以在船舶买卖合同中约定买受人未履行支付价款或其他义务的，船舶的所有权属于出卖人。

9.［交付的方式］出卖人依照《中华人民共和国物权法》第二十五条、第二十六条、第二十七条交付船舶的，船舶所有权自交付时发生转移。

出卖人仅将船舶证书、船舶交接书等法律文件交与买受人，并未实际交付船舶的，不产生船舶所有权转移的法律效果。

10.［变更登记］除当事人另有约定外，已付清船舶价款且完成交付的买受人请求出卖人协助办理船舶所有权变更登记手续的，应予支持。

11.［诉讼时效］已经合法占有船舶的买受人请求出卖人办理物权变更登记，登记权利人请求无权占有人返还船舶，利害关系人请求确认船舶物权的归属或内容，以及权利人请求排除妨碍、消除危险，对方当事人以超过诉讼时效期间抗辩的，不予支持。

12.［共有人的处分］处分共有的船舶，应当经占份额三分之二以上的按份共有人或者全体共有人同意，但共有人之间另有约定的除外。

共有人无权处分共有船舶的，在能够认定船舶买卖合同有效的情况下，处分行为是否有效及船舶所有权是否发生转移，应依据《中华人民共和国物权法》第二十三条、第二十四条、第九十七条，《中华人民共和国合同法》第五十一条及《最高人民法院关于审理买卖合同纠纷案件适用法律问题的解释》第三条确定。

13. ［抵押人的处分］抵押期间，抵押人经抵押权人同意转让抵押船舶的，应当将转让所得的价款向抵押权人提前清偿债务或者提存。转让的价款超过债权数额的部分归抵押人所有，不足部分由债务人清偿。

抵押期间，抵押人未经抵押权人同意，不得转让抵押船舶，但买受人代为清偿债务消灭抵押权的除外。当事人仅以转让抵押船舶未经抵押权人同意为由，请求确认转让合同无效的，一般不予支持。

14. ［无权处分］无处分权的人处分他人船舶，经权利人追认或者无处分权的人订立合同后取得处分权的，该合同有效。

当事人一方以出卖人在缔约时对船舶没有所有权或者处分权为由主张合同无效的，一般不予支持。

15. ［善意取得］无处分权人将船舶转让给买受人的，所有权人有权追回；除法律另有规定外，买受人受让船舶满足《中华人民共和国物权法》第一百零六条及《最高人民法院关于适用〈中华人民共和国物权法〉若干问题的解释（一)》第十五条、第十七条至第二十一条规定的善意取得条件而主张其取得船舶所有权的，应予支持。

16. ［船舶多重买卖的合同效力］出卖人与多个买受人就同一船舶订立多重买卖合同的，船舶买卖合同没有《中华人民共和国合同法》所规定的合同无效、效力待定、可撤销等情形的，合法有效。

17. ［船舶多重买卖的履行顺序］出卖人就同一船舶订立多重买卖合同，在买卖合同均有效的情况下，买受人均要求实际履行合同的，应当按照以下情形分别处理：

（1）先行受领交付的买受人请求出卖人履行办理所有权转移登记手续等合同义务的，应予支持；

（2）均未受领交付，先行办理所有权转移登记手续的买受人请求出卖人履行交付船舶等合同义务的，应予支持；

（3）均未受领交付，也未办理所有权转移登记手续，依法成立在先合同的买受人请求出卖人履行交付船舶和办理所有权转移登记手续等合同义务的，应予支持；

（4）出卖人将船舶交付给买受人之一，又为其他买受人办理所有权转移登记，已受领交付的买受人请求将船舶所有权登记在自己名下的，应予支持。

18. ［冲突时的适用］本意见在实施过程中，如发现与法律法规、司法解释和上级法院的意见相冲突的，以后者为准。

因船舶买卖引起的船舶权属纠纷案件要素表

表格说明：（1）由申请人如实填写，承办法官参照表格内容审理案件。

（2）表格中有“证据编号”的项目须附证据，并将证据进行编号。

<table>
<tr><td rowspan="3">主体身份</td><td>原告</td><td>出卖人□　买受人□　船舶登记所有人□　船舶实际占有人□
船舶挂靠人□　船舶被挂靠人□　船舶共有人□
其他□__________</td></tr>
<tr><td>被告</td><td>出卖人□　买受人□　船舶登记所有人□　船舶实际占有人□
船舶挂靠人□　船舶被挂靠人□　船舶共有人□
其他□__________</td></tr>
<tr><td>第三人</td><td>船舶实际所有人□　抵押权人□　其他□__________</td></tr>
<tr><td rowspan="3">船舶状况</td><td>基本情况</td><td>船名__________　船号__________　船籍港__________
船舶所在地（即起诉时船舶的停泊地或者船舶被扣押地）__________
船舶是否被扣押：是□　否□　扣押方式：死扣□　活扣□</td></tr>
<tr><td>船舶登记物权现状</td><td>登记所有人__________
登记机关：海事□　渔政□　登记时间：__________
共有关系：共同共有□　按份共有□　各方所占份额：__________
是否存在挂靠关系：是□　否□　挂靠人__________　被挂靠人__________
是否设有抵押权：是□　否□　抵押权人__________　顺位__________
船舶权属证书□　证据编号：</td></tr>
<tr><td>船舶登记物权变动状况</td><td>按登记时间填写最近一次登记物权变动前情况
登记所有人__________
登记机关：海事□　渔政□　登记时间：__________
共有关系：共同共有□　按份共有□　所占份额__________
是否存在挂靠关系：是□　否□　挂靠人__________　被挂靠人__________
是否设有抵押权：是□　否□　抵押权人__________　顺位__________
船舶权属证书□　证据编号：</td></tr>
</table>

续表

基本事实	合同订立	是否签订书面买卖合同：是□　否□　证据编号： 是否有其他证据（船舶交接单、结算单、发票等）：是□　否□　证据编号： 签订时间：________　签订地点：________ 出卖人：________　买受人：________
	合同生效	合同生效是否有附款：附条件□　附期限□ 是否约定分期付款：是□　否□　内容：________ 是否约定未付清价款前船舶所有权归出卖人：是□　否□
	价款支付	船舶价款是否支付：是□　否□　部分支付□ 支付形式：现金□　转账□　支票□　刷卡□　其他形式□　证据编号： 是否存在船舶价款抵扣情形：是□　否□　抵扣金额：________
	船舶交付	船舶是否交付：是□　否□　交付时间：________　交付地点：________ 是否有船舶交接单：是□　否□　是否交付船舶证书：是□　否□ 买受人对船舶的占有形式：直接占有□　间接占有□
	船舶登记	是否办理了船舶权属变更登记：是□　否□
诉讼请求	原告诉请	是否主张船舶买卖合同有效：有效□　无效□ 是否请求解除船舶买卖合同：是□　否□ 是否请求确认船舶所有权：是□　否□　确认份额：________ 是否主张出卖人无权处分船舶：是□　否□ 是否主张善意取得船舶所有权：是□　否□ 是否请求返还船舶：是□　否□ 是否请求排除妨碍：是□　否□ 是否请求消除危险：是□　否□ 是否请求协助办理变更登记手续：是□　否□ 是否请求办理更正登记：是□　否□ 是否请求移交船舶证书：是□　否□ 其他：____________
	被告反诉	是否主张买受人未付清价款：是□　否□ 是否主张船舶买卖合同无效：是□　否□ 是否主张船舶所有权未发生转移：是□　否□ 是否主张原告诉讼请求已过诉讼时效：是□　否□ 其他：____________

填写人：　　　　　　　　　　填写时间：

【年度报告】

广州海事法院2015年度审判情况通报

广州海事法院

2015年，全球经济复苏疲软，中国经济增速放缓，下行压力加大。受需求增速降低、新增运力持续扩张等因素的影响，航运市场供需失衡局面加剧，主流航线运价屡创新低，反映航运业景气程度的BDI指数（波罗的海干散货指数）跌入历史低谷，航运领域的矛盾纠纷持续多发频发。

作为社会矛盾的聚集地、风暴眼，人民法院受理的案件是经济社会发展的晴雨表。海事法院在促进航运经济发展、建立良性市场秩序及维护社会稳定方面发挥着重要作用，担负着重大使命。在当前经济背景下，海事海商案件收结案数居高不下，海事法院的司法工作压力持续加大。

2015年，广州海事法院深入学习贯彻党的十八大、十八届三中、四中、五中全会精神，紧紧围绕实施海洋强国、“一带一路”以及中国（广东）自由贸易试验区战略，以提高海事司法的国际公信力为重点，加强海事海商审判和涉外审判，推动完善法治化、国际化、便利化的营商环境，为参与全球经济治理提供司法保障。2015年，广州海事法院配合广州国际航运中心建设，出台了《广州海事法院关于积极为广州国际航运中心建设提供司法服务保障的工作意见》。2016年1月，最高人民法院周强院长到广州海事法院视察调研，充分肯定了广州海事法院的工作，并对广州海事法院今后的发展寄予殷切期望，要求广州海事法院走在建设国际海事司法中心的前列并发挥带头作用。

为了更好发挥司法服务和保障职能，广州海事法院针对海事诉讼立案、国内水路货物运输、承运人免责条款、保险代位求偿权、船舶抵押借款融资、船舶油污损害赔偿、海事行政诉讼等问题，在分析原因、阐释风险的基础上，提出一些建议，并汇编成为本通报，希望能对有关部门决策和企业开展经营活动起到一定的参考作用，为促进海洋强国战略、“一带一路”战略的实施和海洋经济发展而共同努力。

一、海事审判基本情况

2015 年，广州海事法院共新收各类案件 3150 件，比上年增长 35.42%；结案 2896 件，比上年增长 19.12%；结案率 86.40%，比上年下降 5.93%；未结案件 456 件，比上年增长 125.74%。新收案件立案标的额为 57.69 亿元，比上年下降 5.17%；结案标的额为 51.03 亿元，比上年下降 3.55%。

广州海事法院新收案件中，一审诉讼案件 1732 件，执行案件 961 件，程序性案件 457 件。一审诉讼案件中海事海商一审案件 1720 件，海事行政一审案件 12 件。海事海商一审案件中涉外、涉港澳台案件 706 件，占海事海商一审案件的 41.04%。

海事海商一审案件中，船员劳务合同纠纷 476 件，占海事海商一审案件的 27.67%；货运代理合同纠纷 307 件，占 17.85%；船舶污染损害赔偿纠纷 282 件，占 16.40%；海上货物运输合同纠纷 239 件，占 13.90%；船舶租用合同纠纷 66 件，占 3.84%；船舶建造、买卖、修理、拆解合同纠纷 62 件，占 3.60%；船舶物料和备品供应纠纷 47 件，占 2.73%；海上保险合同纠纷 37 件，占 2.15%；船舶碰撞损害责任纠纷 33 件，占 1.92%；海上人身损害赔偿纠纷 27 件，占 1.57%；港口作业纠纷 23 件，占 1.34%；船舶触碰损害责任纠纷 15 件，占 0.87%；船舶抵押合同纠纷 14 件，占 0.81%；港口货物保管合同纠纷 11 件，占 0.64%；船舶权属纠纷 6 件，占 0.35%；多式联运合同纠纷 6 件，占 0.35%；船舶代理合同纠纷 5 件，占 0.29%；其他海事海商纠纷 64 件，占 3.72%。

海事行政一审案件中，不服行政处罚的 3 件；认为行政机关侵犯权利的 4 件；其他 5 件。

程序性案件共计 457 件。其中，申请海事债权登记 317 件，占海事特别程序案件数的 69.36%；申请扣押船舶 86 件，占 18.82%；诉前财产保全 33 件；占 7.22%；申请海事强制令 6 件，占 1.31%；申请宣告公民死亡 3 件，占 0.66%；申请海事证据保全 3 件，占 0.66%；申请扣押船载货物 2 件，占 0.44%；申请支付令 1 件，占 0.22%；其余类型的海事特别程序案件 6 件，占 1.31%。

2015 年一审诉讼案件共审结（包括旧存）1623 件。其中，判决结案 960 件，占一审结案数的 59.15%；因未交诉讼费等原因裁定按照撤诉处理 251 件，占 15.47%；以调解方式结案 231 件，占 14.23%；因调解等原因原告撤诉结案 149 件，占 9.18%；移送结案 13 件，占 0.80%；驳回起诉 6 件，占 0.37%；不予受理 6 件，占0.37%；以其他方式结案7件，占0.43%。

2015年依法扣押船舶71艘，比上年增长195.83%；共拍卖船舶17艘，拍卖船载货物1批，房产3套，均采用网络拍卖形式。其中，正在拍卖3艘，成功拍卖船舶7艘，不成功7艘，成功拍卖船舶比上年减少1艘，拍卖总金额16732.6万元，比上年增长189.31%。

2015年广州海事法院案件呈现以下特点：

——船员劳务合同纠纷继续保持高发态势。2015年共新收476件船员劳务合同纠纷案件，而2013年收案143件，2014年收案266件。船员劳务合同纠纷持续高发，原因是受经济下行影响，运价、舱位利用率和盈利等反映航运企业景气程度的指标均大幅下跌，投资者从事船舶投资的意愿下降，航运企业融资难，负债压力大，经营状况持续恶化，亏损面扩大，无法支付船员工资。

——船舶污染损害赔偿纠纷案件数量大增。2015年共新收282件船舶污染损害赔偿纠纷案件，而2014年仅受理3件。主要原因是香港籍散货船“夏长”轮在珠海万山群岛附近海域沉没，部分燃油泄漏，200多位遭受污染损害的粤港澳三地渔民和养殖公司、贸易公司、村委会等其他利益受损方向广州海事法院提起诉讼。

——扣押和拍卖船舶案件增多。申请扣押船舶的案件数从上年44件上升至2015年86件，扣押船舶艘数由上年24艘增长到71艘。拍卖成功船舶数虽比上年少1艘，但拍卖总金额增长了189.31%。原因是随着航运经济持续低迷，部分航运公司经营不善，被拖欠工资的船员及与该公司有债权债务关系的上下游企业纷纷起诉主张债权，航运公司因资金链紧张，无法提供担保或者偿还债务，导致所属船舶被扣押甚至拍卖。被拍卖标的物价值大，则说明一些大型航运企业也开始面临经营困境。

——执行案件收案数大幅增长。新收执行案件961件，比上年增长224.66%。航运市场不景气，败诉方履行能力降低，不愿或不能履行生效判决，这是新收执行案件大幅增长的主要原因。

——立案登记制对收案数的影响大。实行立案登记制后，案件数大幅增长，2015年广州海事法院新收案件超过3000件，为建院以来最高值。立案登记制方便当事人诉讼，实现有案必立、有诉必理，在解决起诉难方面的作用十分明显。但个别当事人将不属于法院管辖的案件提起诉讼，2015年经广州海事法院登记后裁定不予受理的案件为6件，而上年仅有1件。

——行政机关主动改变具体行政行为的案件占一定比例。2015年广州海事法院一审行政诉讼案件收案持续增加，结案也相应增加，共计结案16件。其中2件因被告主动改变具体行政行为致原告申请撤诉，占一审行政诉讼案件结案数的12.5%。这种结案方式使得原告的合理诉讼请求得以满足，有效避免了案件上诉和信访投诉等事件的发生。

二、依法行使诉讼权利——立案登记制下当事人起诉存在的问题和建议

（一）起诉不符合法定条件的问题

A公司称其与B公司签订了《船舶修理承包合同》，约定A公司将船舶修理工程发包给B公司。工程完工后，A公司向B公司支付了工程款，同时双方签订了《工程结算协议》，确认工程结算款支付完毕、双方已不存在任何争议。后B公司拒不承认该结算协议，并向A公司索要280万元。其间B公司曾就该船舶修理合同提起诉讼，后申请撤诉。A公司因此向法院起诉，请求确认双方签订的结算协议合法有效。法院立案登记后，依据《中华人民共和国民事诉讼法》（以下简称《民事诉讼法》）第一百一十九条的规定，认定A公司的诉讼请求不属人民法院受理范围，不是对法律关系或身份关系的确认，裁定不予受理。

法院依法裁定不予受理，其理由是：第一，原被告之间并不存在与诉请相关的争议。民事诉讼的目的在于解决民事争议，无争议则无诉讼必要。判断当事人的起诉是否符合法定要件，首先要确认原被告之间是否存在民事纠纷。根据原告陈述，A、B公司均已按工程承包合同履行了各自义务，并在履行完毕后签订《工程结算协议》，原被告之间对该协议并不存在争议。第二，在确认之诉中，提请法院确认的应当是法律关系或法律规定的特定法律事实。A公司并非要求确认船舶修理合同法律关系，而是在没有争议的情况下，请求法院确认《工程结算协议》有效，这既不属于确认民事法律关系有效，也不属于法律规定的有待确认的特定法律事实。因此，原被告间并无权利义务争议，A公司的诉讼请求不构成其所称的确认之诉。

立案登记制对起诉材料不进行实质性审查，但这并不意味着任何问题均可通过诉讼方式解决。A公司面临的问题是如何增强《工程结算协议》的证明力，以便未来可能面临诉讼时提高胜诉几率。对处于类似情况的民事主体，我们建议，在双方协议签订之时或之后，通过公证、律师见证等方式，增强相关证据的证明力；与合同相对方加强沟通，或通过行业协会组织协调等方式，提前化解矛盾。

（二）起诉请求撤销财产保全裁定的问题

在一起港口货物保管合同纠纷案中，法院依法作出诉讼保全裁定，查封了油罐等涉案货物。嗣后，案外人A公司向法院提起诉讼，称该批货物的所有权属A公司，且A公司曾在保全裁定作出后向法院提出了财产保全复议申请，但被驳回，故起诉请求法院撤销诉讼保全民事裁定书，解除涉案货物的查封。法院立案登记后，经审查认为其诉讼请求不属于人民法院受理民事诉讼的范围，亦不符合案外人提起执行异议之诉的条件，裁定不予受理。

在本案中，A 公司的起诉不符合案件受理的法定条件，其诉讼请求实质上是对生效财产保全裁定提出的异议。《民事诉讼法》第三条规定："人民法院受理公民之间、法人之间、其他组织之间以及他们相互之间因财产关系和人身关系提起的民事诉讼，适用本法的规定。" A 公司的诉讼请求并不属于上述法律规定的情形，且法院已经驳回其财产保全复议申请，可见，A 公司的诉请不属于人民法院的受理案件范围。另外，A 公司的诉讼请求也不构成执行异议之诉。《民事诉讼法》第二百二十七条规定："执行过程中，案外人对执行标的提出书面异议的，人民法院应当自收到书面异议之日起十五日内审查，理由成立的，裁定中止对该标的的执行；理由不成立的，裁定驳回。案外人、当事人对裁定不服，认为原判决、裁定错误的，依照审判监督程序办理；与原判决、裁定无关的，可以自裁定送达之日起十五日内向人民法院提起诉讼。"案外人提起执行异议之诉须在执行过程中，但涉案财产保全的裁定是在一审诉讼阶段作出，并非在案件执行阶段，故不能构成案外人执行异议之诉。

在实行立案登记制后，立案法官仅对诉讼材料进行形式审查，原告必须确认相关纠纷是否由受案法院管辖，否则可能导致起诉不被受理或被驳回。我们建议，原告提起诉讼时，应当根据法律规定先行判断所涉纠纷是否属于法院的受案范围；如自己无法判断，则应借助法律援助渠道或聘请律师协助判断，也可预先咨询立案法官。

（三）当事人提起不属于法院管辖案件的问题

在一起航次租船合同案件中，A 公司与 B 公司签订《租船确认书》，约定：租船纠纷与共同海损分摊纠纷提交香港仲裁，适用英国法律。A 公司起诉，请求法院判令 B 公司支付货款和违约金共计 150 万美元。立案法官向 A 公司授权代理人进行了充分的法律释明，再三说明该案应依照双方《租船确认书》的约定提交仲裁，但 A 公司仍执意起诉。法院在立案登记后，依法裁定不予受理。

这是一起明显不属法院管辖但当事人漠视立案法官指引而增加诉累的典型案件。《民事诉讼法》第二百七十一条第一款规定："涉外经济贸易、运输和海事中发生的纠纷，当事人在合同中订有仲裁条款或者事后达成书面仲裁协议，提交中华人民共和国涉外仲裁机构或者其他仲裁机构仲裁的，当事人不得向人民法院起诉。"《中华人民共和国仲裁法》第五条也规定："当事人达成仲裁协议，一方向人民法院起诉的，人民法院不予受理，但仲裁协议无效的除外。"本案中，双方当事人已经约定仲裁条款，且不存在仲裁条款无效的情形，则应当依法提请仲裁。若执意起诉，法院只能依法裁定不予受理。

立案登记制改革旨在保障当事人诉权，要求人民法院对"依法应该受理的案件"做到有案必立、有诉必理，但对于不属其受理范围的案件应裁定不予受理。我们建议，当事人在签订协议时，应尽可能约定有利于己方的仲裁或者诉讼条款；在纠纷发生后，应当及时依照双方的约定，向相关仲裁机构申请仲裁或向有管辖权的法院提起诉讼。起诉时，当事人应认真听取立案法官的指引和建议，否则，既浪费自身的时间与精力，也浪费有限的司法资源。

三、依法行使水路货物运输合同项下的权利——国内水路货物运输中的问题和建议

（一）承运人应规范记录装载货物的基本情况

在一起通海水域货物运输合同纠纷中，承运人A公司承运托运人B公司的一批玉米自广东某港至广西某港。玉米运抵目的港后，收货人发现玉米有霉变，拒收该批货物。托运人向收货人赔偿了全额货损，并及时折价销售霉变玉米，后向法院请求承运人负责赔偿货物损失。A公司辩称，在装货港装载时，该批玉米已发生霉变；且适逢小雨，托运人仍要求继续装载，后因雨势变大曾中断装载，雨停后又继续装载。因此，玉米霉变是因货物自身性质及托运人要求冒雨装载所致，承运人并无过错。法院认定，运单上并无货物装载时不良质量状况以及托运人要求冒雨装载等记载，故承运人的抗辩不成立，其应对玉米霉变的损失承担相应责任。

从本院受理的沿海、内河货物运输合同纠纷来看，承运人与托运人一般不会签订书面合同，大多以口头方式达成合意后，由承运人按托运人指示到港口经营人处装载货物。承运人一般也不出具运单，而是由港口经营人出具一式多份的水路货物运单；承运人按托运人指示与港口经营人交接货物后，在该运单上载明实际装载的货物重量并加盖船章。一旦发生纠纷，如无其他证据，则运单会成为承运人与托运人之间订立合同的唯一证据；如无相反证据，则运单上的载明事项即为确定托运人与承运人之间权利义务的“最终证据”。如果运单上没有记载货物质量以及装载天气等事项，则视为货物质量良好、天气良好。货物被运抵目的港时发生损坏的，承运人将可能承担不利法律后果。

我们建议，从事沿海国内水路货物运输的承运人在承运货物时，应尽可能与托运人签订书面合同，明确运输货物的重量、质量、装载时天气情况；如不能签订书面合同，则仍需在自己签发或港口经营人出具的运单上，对货物表面状况（如是否存在霉变等）、接收货物的重量、装载货物时的天气情况等进行记载；如在装载过程中，发生不适宜装载货物的情形且不能记载在运单时，应要求托运人或其代理人或者港口经营人对相关情况形成书面文件，并由相关方签名确认。通过前述方式，承运人妥善保留装载货物的相关证据，在面临托运人或收货人的索赔时，才能形成有效抗辩，避免不必要的法律风险。

（二）托运人或收货人起诉时应准确选择合同相对方

在一起水路货物运输合同纠纷中，C船舶由船舶所有人D挂靠在E公司名下经营，船舶证书上登记的船舶所有人为D，登记的船舶经营人为E。在该案中，托运人F公司通过第三人介绍与D口头联系，确定了装货港、卸货港、装载时间、装货玉米的重量、货物损耗率、运费费率。后D按F指示到港口经营人处提取了货物，并按约定时间运抵广西某港。装货时，D在运单上加盖了船章。卸货时，部分玉米因水湿全损。F要求D处理未果；F向收货人赔偿了该部分全损玉米的价款后向E索赔。E辩称其虽系C船舶的登记经营人，但并非该案的合同相对方，未参与合同订立、履行，不应承担法律责任。法院经审理认为，F负有证明与E成立合同关系的证明责任。但根据该案查明的事实，F的合同相对方是D，不是登记船舶经营人E。且F也无法证明E是该案所涉运输的实际承运人或者D的行为足以表见代理E，故支持了E的抗辩，判决驳回F的诉讼请求。

船舶挂靠经营在国内水路货物运输中比较常见。在船舶登记上，被挂靠方一般会被登记为船舶经营人。2012年12月24日，最高人民法院发布的《关于国内水路货物运输纠纷案件法律问题的指导意见》（以下简称《水路货物运输指导意见》）第8条明确规定，审理船舶挂靠经营合同仍需坚持合同相对性原则。船舶挂靠经营情形下，如果托运人或收货人提起合同索赔之诉，其负有证明与哪一方主体成立合同关系的举证证明责任。而确定合同相对方最主要的证据是合同的订立（要约和承诺）以及履行的相关事实。只有在前述事实无法查清之时，运单上的船章以及船舶登记簿的登记才具有确定合同当事人的证明意义，船舶的登记经营人如果未实际参与运输合同的订立与履行，并不当然成为合同当事人。

我们建议，国内水路货物运输的托运人或收货人在货物遭受损毁、灭失或短量等情形时，必须根据合同订立及履行等事实准确识别和确定合同当事人。具体而言，在合同订立阶段，要特别注意与己方达成运输合同的主体是实际控制经营船舶的船舶所有人，还是船舶的登记经营人或是其他租赁船舶从事运输的主体。在订立合同过程中，尽量采用书面形式；对于口头达成或通过第三方达成的运输合同，要特别注意核实要约方或承诺方的身份。在交付或委托第三方交付货物时，也应注意核实接收货物主体的身份；如果确实无法确定合同相对方的身份，则提起诉讼时应考虑将挂靠船舶的所有人和经营人或光船承租人均作为被告提起诉讼，以避免因识别当事人错误带来的不必要利益损失。

（三）当事人行使索赔权应注意诉讼时效期间的特别规定

本院受理的一宗通海水域货物运输合同纠纷中，收货人G在收到承运人H交付的货物14个月后，向本院提起货损索赔之诉。H除对货损金额提出异议外，还提出诉讼时效抗辩，称该案货物交付已超过一年，且 G 也未能举证证明存在诉讼时效中止或中断的情形，起诉应予驳回。另外一宗内河货物运输合同纠纷中，承运人 I 将托运人 J 委托承运的货物交付给收货人 18 个月后，因 J 未向其支付运费，向本院提起运费索赔之诉。J 对运费数额并无异议，但提出诉讼时效抗辩，辩称 I 对其起诉已经超过一年诉讼时效。法院经审理认为，前述两案中收货人 G 和承运人 I 提起索赔之诉时，均超过一年诉讼时效期间，且均无诉讼时效中止或中断情形，故判决驳回两者在各自案件中的诉讼请求。

关于国内水路货物运输合同纠纷的诉讼时效问题，《最高人民法院关于如何确定沿海、内河货物运输赔偿请求权时效期间问题的批复》（法释〔2001〕18 号）予以了明确。该司法解释规定："托运人、收货人就沿海、内河货物运输合同向承运人要求赔偿的请求权，或者承运人就沿海、内河货物运输向托运人、收货人要求赔偿的请求权，时效期间为一年，自承运人交付或者应当交付货物之日起计算。"《水路货物运输指导意见》第 13 条明确了国内水路货物运输赔偿请求权诉讼时效期间的中止、中断应当适用《中华人民共和国民法通则》（以下简称《民法通则》）有关诉讼时效中止、中断的规定。国内水路货物运输合同的相关当事人在提起诉讼时，均需遵守前述规定。

我们建议，无论是承运人索要运费，还是托运人或收货人索赔货损、货差，均应特别注意国内水路货物运输的特别诉讼时效期间规定，在承运人交付或者应当交付货物之日起一年内及时提起诉讼，或者在诉讼时效期间内通过向对方提出要求、主张权利等方式及时中断诉讼时效期间，避免因疏忽大意导致超过一年法定诉讼时效期间而丧失胜诉权，使自己合法的实体权益无法得到保护。

四、依法拟定货物运输合同的免责条款——货物运输中承运人免责的问题与建议

（一）"封仓交接"条款的效力问题

在一起航次租船合同纠纷中，A 公司作为承租人，向 B 公司租用船舶运载玉米从东北某港至广东某港，并向 C 保险公司投保国内水路、陆路货物运输险。A 公司与 B 公司在航次租船合同中约定：货物交接形式为封仓交接，货损货差与船方无关，货物水湿由船方负责；有关承租人与出租人之间的权利义务和责任界限，适用《国内水路货物运输规则》的有关规定。货物抵达目的港后，在码头卸货的过程中，忽降大雨，值班船员未能及时关闭舱盖，造成货舱内的玉米被水淋湿，部分玉米发黑霉变。依据保险公估公司出具的评估报告，水湿玉米的损失金额超过 110 万元。C 公司在赔付 A 公司货物损失之后，依据 A 公司出具的保险赔款收据和权益转让

书，向B公司提起代位求偿之诉。在诉讼中，B公司以“封仓交接”条款主张免责。法院判决认为，合同约定货物交接方式为封仓交接，货损并未发生在出租人的责任期间内，B公司的免责抗辩成立，遂驳回C公司的诉讼请求。

本案属于沿海货物运输，依照我国法律规定，不适用《中华人民共和国海商法》（以下简称《海商法》），而适用《民法通则》《中华人民共和国合同法》（以下简称《合同法》）等法律的有关规定。因当事人在航次租船合同中明确约定其权利义务适用交通部《国内水路货物运输规则》，故还适用《国内水路货物运输规则》。与《海商法》中承运人责任期间的强制性不同，在沿海和内河运输中，承运人的责任期间应坚持约定优先的原则，只有当事人没有约定时，方可适用《合同法》第三百一十一条规定，要求承运人对整个运输期间负责。本案中，航次租船合同约定“货物交接形式为封仓交接”，因此当事人约定优先于法律规定适用于本案。依据合同的文义解释规则，“封仓交接”应是指货物在装货港装上船后封闭舱盖运至卸货港后打开舱盖卸货前的期间。再结合航次租船合同关于“货损货差与船方无关，货物水湿由船方负责”的条款，以及本案货物由承租人A公司负责装卸的事实，可以认为“封仓交接”本质上是“封仓交付”，是出租人与收货人之间的货物交付行为。因此，当事人约定的“封仓交接”条款合法有效，交付后发生风险转移，货物损失发生在出租人的责任期间之外，B公司无须就交付后的货物损毁、灭失承担赔偿责任。

我们建议，托运人应谨慎同承运人拟定“封仓交接”等类似的免责条款。“封仓交接”条款缩短了承运人和航次租船出租人的责任期间，对船方而言较为有利，但是对货方（即托运人、收货人）及航次租船承租人非常不利。货方在订立合同时，应谨慎评估法律风险，不要过于追求低运价而忽视背后的法律陷阱，可以拒绝接受类似免责条款，以防止将来出现货损货差时无法向船方索赔。此外，货方在货物运输合同或航次租船合同中约定“封仓交接”且放弃就货损货差向船方索赔的，即使货方已投保货物财产险，保险人也可以拒绝赔付。这意味货方请求保险赔偿的目的也将落空，最终只能自担损失。

（二）货损货差自负条款的效力问题

在一起海上货物运输合同纠纷中，托运人A公司与承运人B公司签订班轮运输协议，约定由A公司自行办理货物运输保险，如货物发生货损货差，由A公司向保险公司索赔，B公司不负赔偿责任；A公司若不购买保险，则在运输过程中发生的一切货损货差由其自负；双方争议按交通部《国内水路货物运输规则》办理。随后，A公司向B公司发出托运委托书，委托B公司将3个20英尺集装箱从江苏某港运至广东某港。涉案集装箱在启运港码头吊运的过程中发生跌落事故，造成箱内货物受损。A公司提起本案诉讼，要求B公司赔偿货物损失。法院判决认为，该货损货差自负条款有效，驳回A公司的诉讼请求。

A、B公司之间签订的班轮运输协议及托运委托书系双方的真实意思表示，在不违反法律的强制性规定的情形下，合法有效，对双方均有约束力。《合同法》第五十二条第五项规定，违反法律、行政法规的强制性规定，合同无效。依照最高人民法院《关于适用〈中华人民共和国合同法〉若干问题的解释（二）》第十四条规定，该“强制性规定”是指效力性强制性规定。A公司上诉答辩称，该货损货差自负条款违反了《合同法》第三百一十一条，系违反法律的效力性强制性规定，应归于无效。实际上，该条文是关于承运人对货物的毁损、灭失是否承担赔偿责任的规定，当中并不涉及赔偿责任约定的效力及强制程度的判断，故不属于效力性强制性规定。此外，从运输协议及托运委托书的内容上看，并无关于B公司因故意或重大过失造成A公司财产损失而仍可免于赔偿的表述，故本案不属于《合同法》第五十三条的免责条款无效情形。最后，运输协议及托运委托书为双方共同签署，本案并无证据证明包括免责条款在内的各项条款由B公司单方预先拟订且未与A公司协商，故其并非格式条款，《合同法》第四十条关于格式条款无效的规定亦不适用于本案情形。因此，该条款合法有效，当事人应受其约束。

我们建议，托运人在与承运人订立货物运输合同时应谨慎从事，不要与承运人签订货损货差自负等类似免责条款。在沿海或内河货物运输中，当事人的权利义务适用《民法通则》《合同法》等法律的有关规定，同时可以参照《国内水路货物运输规则》的有关规定，以合同自由和当事人意思自治为基本原则。托运人在订立合同时明确放弃对承运人的货损货差索赔权，系对其自身民事权利的处分，之后托运人再以该货损货差自负条款违反法律的强制性规定为由请求法院确认无效的，将得不到支持。托运人应加强法律风险控制和合同管理，在订立合同时聘请律师等专业人士就合同内容把关，以避免或减少法律风险，防止发生不必要的损失。

（三）承运人援引免责条款抗辩时应注意的问题

在上述两个案件中，承运人均通过援引免责条款而最终免除了赔偿责任。这两个案件均是发生在中华人民共和国港口之间的沿海运输，适用《合同法》等法律的有关规定，而非《海商法》，又因当事人的约定而适用《国内水路货物运输规则》。在国际海上货物运输中，类似免责条款的合法性亦值得关注。依据《海商法》第四十六条规定，承运人对其责任期间的货物发生灭失或损坏应承担赔偿责任，对于散货等非集装箱货物运输而言，承运人需就装后卸前发生的货损负责。该责任期间是承运人的最低责任期限，具有法定的强制性，不得通过当事人约定而缩短。在国际海上货物运输中，散货运输的“封仓交接”条款因违反《海商法》关于承运人责任期间的效力性强制性规定而无效。除《海商法》第五十一条至第五十三条规定的承运人免责事由之外，承运人应对在责任期间内货物发生的灭失或者损坏承担赔偿责任。上述货损货差自负条款完全免除了海上货物运输中承运人的管货义务，违反了《海商法》第四十六条及第五十一条关于集装箱货物运输的效力性强制性规定，归于无效。可见，在国际海上货物运输中，承运人援引上述“封仓交接”及货损货差自负条款作免责抗辩，将得不到法院支持。

承运人在履行合同的过程中明确表示或者以自己行为表明放弃免责条款时，不得再援引上述条款免责。在一起港口作业纠纷中，港口经营人与委托人签订港口作业合同，并约定按“原来、原转、原交”原则（以下简称“三原”条款）完成货物交付，货物损耗由委托人自行负责。港口经营人依据货物交接清单上的货物数量向委托人出具了卸货证明，其后又对货物进行了出场过磅计重，但计重数量少于卸货证明所载明的货物重量。委托人遂将港口经营人诉至法院，要求其承担货物短量的赔偿责任。法院判决认为，该卸货证明是港口经营人专司计量检测的部门作出的，对其具有法律约束力；由于港口经营人对卸入及离开其库场的货物重量都进行了确认，其不得再以“三原”条款主张免责。在本案中，进出场计重且出具卸货证明的行为意味着港口经营人变更了货物交付的方式，即以自己的行为放弃了“三原”条款，之后不得再以此主张免责。由于在大宗散货运输中，承运人也通常援引“三原”条款主张其对运输过程中发生的货差免责，因而该案对承运人而言也具有较强的警示意义。

承运人过度援引免责条款将可能损害自身的商业形象，并可能违反经济管理法规而承担相应的行政法律责任。上述免责条款虽然免除或大幅降低了承运人的管货义务，但也极大地损害了承运人的商业形象。即使在沿海及内河运输中，承运人也不宜滥用免责条款，使其并不履行实质义务却仍然享有收取运费的权利，导致船货双方的利益失衡。承运人援引上述免责条款还可能违反有关市场规制方面的经济法规。《中华人民共和国反不正当竞争法》第十二条规定：“经营者销售商品，不得违反购买者的意愿搭售商品或者附加其他不合理的条件。”（该法中的“商品”包括“营利性服务”。）依据《中华人民共和国国际海运条例》第二十四条的规定，航运市场经营者不得有滥用优势地位，以歧视性价格或者其他限制性条件给交易对方造成损害以及其他损害交易对方或者国际海上运输市场秩序的行为。货损货差自负等免责条款属于承运人滥用其优势地位，附加的不合理交易条件，造成了相对方的财产损害（如使货方丧失了向保险人获取赔偿的权利），构成违反上述经济管理法规的行为，应承担相应的行政法律责任。

五、依法主张海上保险代位求偿权——海上保险代位求偿的问题与建议

（一）保险人代位求偿的范围问题

在一起船舶碰撞损害责任纠纷中，A保险公司承保的散货船B轮靠泊挖泥船C

轮右舷协助其进行水下采沙作业，在作业过程中两轮发生碰撞，导致B轮沉没。事故发生时B轮的船舶价值为123万元，因打捞B轮产生打捞费26万元。碰撞发生后，两轮船东达成调解协议并签署了《水上交通事故民事纠纷调解协议书》，约定B轮对事故承担70%责任，C轮承担30%责任。之后，A公司根据保险合同向B轮船东赔付了84.6万元保险赔款，并取得权益转让书。A公司将C轮船东诉至法院，要求C轮赔偿其损失36.9万元（即船舶全损价值123万元的30%）。C轮就损失金额提出抗辩。法院认为，A公司只能在其赔付金额范围（84.6万元）内取得代位求偿权，于是判决C轮赔偿25.38万元（即84.6万元的30%）。A公司表示服判息诉。

《海商法》第二百五十二条第一款规定了海上保险的代位求偿制度，但未明确规定保险人行使代位求偿权的范围。《中华人民共和国保险法》（以下简称《保险法》）第六十条第一款对此明确规定："因第三者对保险标的的损害而造成保险事故的，保险人自向被保险人赔偿保险金之日起，在赔偿金额范围内代位行使被保险人对第三者请求赔偿的权利。"这一规定将保险人代位求偿的范围限定在赔偿金额范围内，表明了保险人取得代位求偿权的基础在于其向被保险人支付了保险赔款，保险人只有在支付保险赔偿后，才能取得代位求偿所对应的权利，而且这种支付应是实际支付。保险人超出代位求偿权的范围主张赔偿既损害了被保险人的诉权，也违背了代位求偿权的法理基础即法定债权转让。因为在债权让与中，债权关系的内容通常不作改变，受让人（保险人）不能取得优于前手（让与人即被保险人）的权利，因而保险人只能在已赔偿金额范围内向债务人请求赔偿。

我们建议，保险人在行使代位求偿权时，应严格在赔偿金额范围内主张权利。对于保险人超出代位求偿范围的诉讼请求，即使其主张是代替被保险人主张权利并承诺将多得部分返还给被保险人，也将得不到法院支持。被保险人在同保险人签订权益转让书时，也应将转让债权限定在赔偿金额范围；对于未获赔偿的部分，仍可根据《保险法》第六十条第三款的规定，向责任人请求赔偿。上述案件中，被保险人即B轮船东遭受的损失为123万元，保险人仅赔付了84.6万元的损失，未获得保险赔偿的部分［(123－84.6)×30%＝11.52万元］，被保险人仍可以向C轮船东要求赔偿。

（二）被保险人处分赔偿请求权的效力问题

在一起水路货物运输合同纠纷中，实际承运人A公司所属的船舶承运钢材从天津某港往广东某港，被保险人B公司（即契约承运人）就涉案货物向C保险公司投保国内水路运输保险综合险。在货物运抵目的港后，B公司发现部分货物被海水浸泡锈蚀受损。之后，B公司与货主达成赔偿协议，支付货损赔偿41.8万元。经C公司委托的保险公估公司评估，该票货物损失金额共计29万元。据此，C公司向B公司如数支付货损赔款。C公司随后提起代位求偿之诉，以A公司为被告，B公司为第三人诉至法院。法院经审理查明，B公司在涉案货损事故发生后，保险理赔之前，已与A公司达成和解协议，约定由A公司赔偿其损失2万元，该款项从海运费中扣除，且放弃对A公司的索赔权利。法院认为C公司请求代位求偿的权利已经丧失，其向B公司支付的29万元构成不当得利，于是判决B公司向C公司返还29万元。

《保险法》第六十一条第一款规定："保险事故发生后，保险人未赔偿保险金之前，被保险人放弃对第三者请求赔偿的权利的，保险人不承担赔偿保险金的责任。"虽然保险人此时尚不享有保险代位求偿权，但如果被保险人放弃对第三者的请求赔偿权利，势必会影响将来保险人代位求偿权的行使，严重损害保险人利益。同时，在此情形下，保险人受偿比例降低，保险人责任加大，相当于保险合同成立后被保险人的危险突然增大，对保险人而言有失公平。本案中，被保险人在保险事故发生后，保险人理赔之前，与责任人A公司达成了和解协议，放弃了对A公司请求赔偿的权利，保险人C公司可不承担赔偿责任。在C公司不知情且已赔付了保险金的情况下，其可以依据《保险法》第六十一条第三款的规定，向B公司主张返还已支付的保险金29万元。

我们建议，保险人应明晰不同情形下被保险人放弃对第三者赔偿请求权的法律后果，并尽量避免承保此类保险。保险合同签订前被保险人放弃的，在投保人如实告知后保险人同意承保的情形下，若发生保险事故，保险人应赔付保险金，但无权代位求偿；保险合同签订后被保险人放弃的，保险人同意继续承保的，若发生保险事故，保险人赔付保险金后，亦无权代位求偿。此外，被保险人在发生保险事故后，不要与责任人达成放弃索赔权的协议，以防止遭受不必要的损失。因为依据《保险法》第六十一条，保险人将最终不承担赔偿保险金的责任。此时，依据被保险人与责任人之间的和解协议，亦无法向责任人请求损害赔偿，被保险人获得赔偿的愿望将两头落空，最终得不到法律保护。

（三）协议约定由被保险人保留索赔权的效力问题

在一起船舶碰撞损害赔偿纠纷中，A公司所属的船舶"M"轮与B公司所属的"N"轮发生碰撞，导致"N"轮及其装载的C公司托运的钢板沉没。另案中，法院生效判决确定"N"轮对事故承担60%的责任，"M"轮对事故承担40%的责任。C公司作为投保人及被保险人，向D保险公司投保了本案货物运输保险综合险，保险金额为1069万元。保险事故发生后，D公司向C公司预付保险赔款450万元。双方在事后签订的《预付保险赔款协议书》中约定，由被保险人一方向责任人索赔全部损失，被保险人向责任人索赔的案件结案后，双方根据保险合同再进行赔款结算，最终按多退少补原则进行支付。之后，C公司将A公司、B公司诉至法院，要求两被告按比例承担其货款、运费、保费等损失，两被告抗辩称上述预付保险赔偿应从可得赔偿中扣除，且原告无权以其名义就该450万元索赔。法院判决认为，C公司对其已获得450万元保险赔付所对应的损失不具有索赔的权利，应在损失中扣除。

依据C、D公司之间签订的《预付保险赔款协议书》，该预先支付的450万元款项为预付保险赔款，“预付”是定语，性质还是“保险赔款”。《保险法》第二十六条规定了先行赔付制度，C、D公司之间关于“预付保险赔款”的约定符合该制度的基本特征。本案中，当事人对涉案保险事故的发生、保险责任的成立等并无异议，而仅因为货物具体损失金额无法确定，C公司在收到责任方应付的赔款之后进行结算、实行多退少补，表明该款项属于实际支付，不存在D公司于日后收回的可能。在缺乏证据证明C、D公司之间除履行保险赔付责任外，尚存在其他合理、合法的商业安排的情况下，宜认定这450万元为保险赔款，C公司关于其为预付款的主张缺乏证据支持。依照《海商法》第二百五十二条第一款、《保险法》第六十条第一款、《中华人民共和国海事诉讼特别程序法》（以下简称《海事诉讼特别程序法》）第九十三条的规定，自保险人支付保险赔款时起，相应的索赔权即转移至保险人，D公司可代位C公司行使索赔权利，要求A、B公司予以赔偿。此种索赔权转移为法定的债权转移，C、D公司之间关于由被保险人行使索赔权的约定不符合法律规定，应不予支持。

在保险实务中，保险人与被保险人之间约定预付保险赔款的情形并不鲜见。保险人利用被保险人急于获取资金的心理，预付一定数额的保险赔款给被保险人，并由被保险人自行向责任人索赔。这一做法虽降低了自身一时的商业风险和资金占用率，但违反了我国法律关于先行支付及保险代位求偿制度的相关规定，将得不到法律保护。我们建议，保险人不得利用其优势地位与被保险人拟定类似的索赔权保留条款，而应积极履行保险合同项下的保险赔付责任，并在已赔付的保险赔款范围内积极行使代位求偿权，向责任人求偿以挽回损失。被保险人在保险事故发生后，也应尽快收集相关证据，积极督促保险人履行赔付义务，依法维护自身的正当权益。

六、依法规范船舶抵押借款法律关系——航运贷款融资中的问题与建议

（一）船舶抵押借款案件的管辖问题

在一起金融借款合同案件中，贷款人A银行与借款人B签订借款合同，约定由A向B发放1200万元贷款，贷款用途为造船，贷款本息及相关费用的担保按最高额抵押合同执行；对于相关争议，双方选择向A银行所在地有管辖权的法院起诉。同日，借款人B作为抵押人与A银行签订最高额抵押合同，抵押物为M船，对于相关争议，双方选择向A银行所在地有管辖权的法院起诉解决。此外，B还请求自然人C、D、E为其1200万元债务提供担保。保证人C、D、E与债权人A银行签订的保证合同记载，三位保证人愿意为B提供连带责任保证；相关争议选择向A银行所在

地有管辖权的法院起诉。借款合同期间届满，借款人 B 逾期不偿还借款本息，A 银行遂将借款人 B 和保证人 C、D、E 诉至法院。被告 C 提出管辖权异议，认为本案为借款合同纠纷，海事法院对案件没有管辖权，本案应裁定移送地方法院审理。法院裁定，驳回被告 C 的管辖权异议。

本案包括三个法律关系，即借款合同关系、船舶抵押合同关系和保证合同关系。依据《民事诉讼法》第三十四条，A 银行与 B 在借款合同中约定有关合同争议向 A 银行所在地有管辖权的法院起诉，该协议管辖条款有效，对双方均具有约束力。依照《海事诉讼特别程序法》第二条和《最高人民法院关于适用〈中华人民共和国海事诉讼特别程序法〉若干问题的解释》第十条，以船舶为抵押物的借款合同纠纷，应由海事法院专门管辖。A 银行的住所地处于 G 海事法院所辖地域范围内，A 银行在 G 法院就借款合同纠纷提起诉讼，符合合同双方当事人之间的约定，G 法院对涉案借款合同纠纷具有管辖权。根据《最高人民法院关于海事法院受理案件范围的若干规定》第二条第十五项有关“船舶抵押合同纠纷案件”规定，船舶抵押合同纠纷由海事法院专门管辖，又因 A 与 B 在最高额抵押合同中的协议管辖条款有效，G 法院对涉案船舶抵押合同纠纷亦有管辖权。根据《最高人民法院关于适用〈中华人民共和国担保法〉若干问题的解释》第一百二十九条，A 银行同时就借款合同纠纷和保证合同纠纷合并提起起诉，因 G 法院对涉案借款合同纠纷具有管辖权，故对保证合同也具有管辖权。因此，被告 C 的异议不符合合同约定和法律规定，不能成立，应予驳回。

在船舶抵押借款纠纷中，当事人经常以借款合同纠纷不属于海事法院管辖为由提出管辖权异议，以此为由拖延诉讼进程，给对方当事人增加诉累。然而，依据我国法律规定，无论是船舶抵押合同纠纷，还是借款合同纠纷本身都属于海事法院的收案范围，当事人据此提出的管辖权异议将不被采纳。我们建议，船舶抵押借款纠纷的当事人应谨慎行使手中的诉讼权利，不轻易提出管辖权异议；其诉讼代理人也应正确提供诉讼指引，减少或避免不必要的诉累。

（二）逾期罚息是否计算复利的问题

在一起船舶抵押借款合同纠纷中，A 银行与 B 航运公司签订借款合同，约定 B 向 A 借款 700 万元，借款期限 3 年，月利率为 5.4‰；B 若不按约定偿还到期贷款本金，A 有权自逾期之日起按约定利率加收 50% 作为罚息利率，计收逾期利息；B 在贷款期限内不能按期支付利息，应按合同约定的贷款利率计收复利，贷款逾期后仍未支付的利息，应按前述约定罚息利率计收复利。同日，A 银行与 B 公司签订《抵押合同》，约定 B 公司以其所有的两艘船舶为 700 万元借款承担抵押担保责任。在 A 银行依约向 B 公司发放 700 万元贷款后，B 公司因经营情况恶化，无法偿还全部借款本金及利息。A 银行到法院起诉，要求 B 公司偿还本金 214 万元，欠付利息、罚息 29317.37 元，复利 218.67 元。B 公司抗辩认为其未恶意拖欠借款本息，罚息不应计算复利。法院认为 B 公司的抗辩合理，判决对逾期罚息不再计收复利。

依照中国人民银行《关于人民币贷款利率有关问题的通知》第三条第二款规定，不能按时支付的利息可按罚息利率计收复利。“不能按时支付的利息”是否包括逾期罚息？从文义上看，上述规定区分了利息、逾期罚息、复利三个概念，不能解释出“不能按时支付的利息”包括逾期罚息。逾期罚息本质上属于惩罚性违约金，已经起到了制裁违约方、补偿守约方的作用，在罚息利率的基础上再计收复利是双重处罚，与合同法的立法精神相悖。最高人民法院《关于信用卡透支利息可否计算复利问题的批复》明确指出，中国人民银行《信用卡业务管理暂行办法》对透支利率的规定已含有惩罚性质，所以信用卡透支利息不应当再计算复利。参照该批复的精神，对同样具有惩罚性质的逾期利息也不应再计算复利。广东省高级人民法院《关于审理金融机构借贷纠纷案件的指导意见》第二十一条第三款也规定“逾期罚息不再计收复息”。

在船舶抵押借款交易中，金融机构为降低自身的借贷风险、提高相对方的违约成本，通常在借款合同中约定对利息计收复利。借贷双方在合同中对复利进行约定的情况下，对于贷款期内不能按期支付的利息计收的复利，法院一般予以支持以作违约制裁；而对于逾期贷款仅支持按照罚息利率计收罚息，不支持按照罚息利率再计收复利。对此，我们建议借贷双方应按照我国法律规定进行资金融通行为，对利息、逾期罚息、复利的约定应当符合我国合同法的基本精神及金融监管的相关法律规定，自觉遵守和维护金融市场秩序。

（三）船舶作为抵押物的特殊法律风险问题

近年来，广州海事法院审理了数宗大额诉讼标的的船舶抵押合同纠纷案件。例如 2013 年，广州海事法院审理的某银行与某航运公司船舶抵押合同纠纷案，涉案标的就达 6 亿元人民币。由于近年来航运市场不景气，航运企业的盈利能力和偿债能力明显下降，一些中小企业陷入经营困境或破产边缘，在贷款期限届满后无法偿还全部本息，其资产无法全部满足银行、船员、港口经营人等债权人的受偿请求。金融机构在发放贷款时，往往要求债务人以其所有的船舶作为抵押担保，认为此举就足以降低其放贷风险，进而疏忽了对信贷风险的监控，导致巨额贷款到期无法收回。2012 年，广州海事法院审理的某船舶抵押合同纠纷案，作为债务人的某民营船公司破产，广州海事法院拍卖了其所有的 27 艘船舶，船舶成交价款在支付拍卖费用和船舶优先权后，已所剩无几，金融机构的债权受偿率较低。

一些金融机构近年来在船舶抵押借款业务中遭受了较大损失，一个重要原因是其未充分认识到船舶作为抵押物的特殊法律风险，而将其作为一般抵押物进行管理。具体而言，一是未意识到船舶的流动性所引发的法律风险。依照我国法律规定，在船舶抵押关系中，抵押权人（金融机构）并不占有船舶，抵押人（船公司）占有船舶并负责船舶的实际运营。船舶的流动性导致抵押权人无法及时准确掌握船舶的营运状态，而船舶的四处流动又将产生一系列新的债务，如船员工资、海上人身损害、港口规费等，这些新增债务附着于船舶之上，进而增加了金融机构的受偿风险。二是船舶价值通常被严重高估。在设定船舶抵押权时，抵押人为获取高额贷款，有意虚高船舶价值，而参与评估的资产评估公司通常又缺乏船舶评估的专业方法与资质，单纯采用重置成本加折旧等评估方式，导致船舶价值在抵押权设立之日就被高估。之后，金融机构又忽略了船舶与其他设备的区别，以传统的计算方法计提折旧，导致对船舶的资产减值所做的会计处理与船舶的实际价值严重背离，导致船舶的剩余价值被再次高估。三是未充分认识到船舶优先权、船舶留置权的潜在影响。如《海商法》第二十一条至第三十条规定了船舶优先权制度，船舶优先权担保的债权优先于船舶抵押权担保的债权受偿。由于船舶优先权具有秘密性，船舶在运营中新增的债务始终附随于船舶之上，优先于船舶抵押权受偿。2014 年，广州海事法院审理的以某航运公司为被告的案件，就有 434 名船员对其船上工资主张船舶优先权，申请进行债权登记和确权诉讼。这导致船舶拍卖价款在偿付司法拍卖费用、船舶优先权所担保的债权之后，无法全部偿付金融机构的债权。

我们建议，金融机构在进行船舶抵押贷款融资时，应正确评估船舶作为抵押物的特殊法律风险，加强对其信贷资产的风险管理。在设定船舶抵押权时，金融机构应当实地查验船舶的基本情况，将与船舶入级、检验等相关的技术资料作为贷款发放的审核要点，选择专业的资产评估机构，采用科学的评估方法合理确定船舶价值，引导债务人提供足额担保，合理确定授信额度和放贷比例。在船舶抵押权设立之后，也应加强对船舶经营状态的持续监控，要求债务人随时报告船舶的经营情况，并通过船讯网和船舶识别号及时查询船舶动态信息，在新增债务超过一定数额或比率后，及时要求对方追加担保，通过新增抵押物或提供保证人等方式降低风险。在船公司经营状况严重恶化，贷款存在难以收回之虞时，可通过行使不安抗辩权保护自身权益，在对方不能提供担保时解除合同，提前收回贷款本息。

七、依法主张船舶油污案件下的诉讼请求——当事人提起船舶油污损害赔偿纠纷的问题和建议

（一）渔民如何举证证明捕捞损失等收入损失

近年广州海事法院受理的船舶油污损害赔偿纠纷主要有：渔民请求捕捞损失、养殖损失等收入损失和有形财产损失，海事局请求清污费用，海洋与渔业局代表国家索赔渔业资源的直接经济损失和恢复费用等。而在审理相关案件时，我们发现由

于证据在形式上和内容上的欠缺，导致相关主体的诉讼请求无法获得支持。

在多起因船上燃油泄漏导致附近海域污染的案件中，所在作业海域受到污染的渔民请求漏油船舶所有人赔偿其捕捞船的捕捞损失以及交通船、收鲜船、养殖船的停产损失。渔民为证明上述损失提供了船舶所有权证书、捕捞许可证、捕捞辅助船许可证以及损失证明表格。其中，损失证明表格由渔民所属的村民委员会制作、镇政府审核，该表格记载了船名、船舶功率、日平均捕捞产量收入、日平均成本支出、日平均净收入、停产期间、捕捞损失总计等项目，并注明日平均捕捞产量收入与日平均成本支出，为事故发生前三年同期该渔船生产经营日平均捕捞产量及日平均成本支出额。该表格的数据由渔民自报，并经村民委员会和村民代表开会讨论后，按渔民的自报数取平均数确定。虽然渔民提供的上述损失证明表格在形式上符合最高人民法院《关于审理船舶油污损害赔偿纠纷案件若干问题的规定》（以下简称《船舶油污损害赔偿规定》）第十六条第一款规定的要求，但表格中的数据都是由渔民自报并取平均数而得来，没有证据证明村民委员会和镇政府如何客观确定和审核上述数据，因此，该损失证明表格明显缺乏客观证据和事实佐证，法院无法根据该表格认定渔民主张的停产收入损失。

鉴于《船舶油污损害赔偿规定》第十六条规定：“受损害人主张因其财产受污染或者因环境污染造成的收入损失，应以其前三年同期平均净收入扣减受损期间的实际净收入计算，并适当考虑影响收入的其他相关因素予以合理确定。按照前款规定无法认定收入损失的，可以参考政府部门的相关统计数据和信息，或者同区域同类生产经营者的同期平均收入合理认定”，我们建议，渔民应对渔船每月的收入和支出情况做好记录；有关渔业行政管理部门、统计部门应对在不同海域作业的不同种类、功率的渔船的日平均捕捞产量收入、日平均成本支出、日平均净收入等渔船生产经营的数据做好统计工作，并定期发布统计数据，为渔民主张合法权益提供数据支持。

（二）海事局如何举证证明清污费用

海事局负有处理船舶污染事故的职责，油污事故发生后，为防止油污损害扩大，海事局会派出其所有的船舶并组织具有清污能力的公司和个人开展清污工作。在海事局请求清污费用的案件中，泄漏油船的所有人一般会以清污时间过长、其不清楚海事局与清污公司或个人签订的合同为由，提出清污费用数额过高的抗辩，法院在案件审理过程中需对清污费用的合理性依法进行审查。我们建议，海事局在委托清污公司或个人进行清污工作时，尽职审查清污船舶所属公司或个人提出的船舶租金的数额；在开始清污前，通知泄漏油船的所有人到清污现场；在清污过程中，做好证据保全工作，例如，清污船舶租赁合同、购买清污工具的收据和发票均可以证明清污实际发生的费用，而船舶的航海日志、现场照片或录像可以证明清污持续的时间。同时，泄漏油船的所有人应积极参与清污工作的各环节，包括主动参与到海事局与清污公司签订合同的活动中、全程监督海事局与各清污公司的实际清污工作等。

（三）渔业生物资源的损失鉴定

油污泄漏必然导致海洋生态受到损害，行使海洋环境监督管理权的部门依法有权代表国家向漏油船舶所有人索赔破坏海洋生态给国家造成的损失。由于污染范围、污染程度和赔偿金额均依赖于损失鉴定，损失鉴定报告就成为责任方抗辩的重点。

《民事诉讼法》第七十八条规定："当事人对鉴定意见有异议或者人民法院认为鉴定人有必要出庭的，鉴定人应当出庭作证。经人民法院通知，鉴定人拒不出庭作证的，鉴定意见不得作为认定案件事实的根据；支付鉴定费用的当事人可以要求返还鉴定费用。"一方当事人对对方提供的鉴定报告有异议时，可以申请作出鉴定报告的鉴定人出庭作证、接受质询。同时，根据该法第七十九条的规定，当事人还可以申请有专门知识的人出庭，就鉴定人作出的鉴定意见或者专业问题提出意见。

关于损失数额的评估。《渔业污染事故经济损失计算方法》（GB/T21678－2008）规定在计算渔业资源的经济损失时，应考虑天然渔业资源的恢复费用，原则上不低于直接经济损失额的3倍。在审判实务中，多数鉴定报告在估算天然渔业资源损失时，以渔业资源直接经济损失乘以3倍算出损失金额，广州海事法院在《船舶油污损害赔偿规定》出台前是予以支持的。但是，该规定出台后，其第十七条对环境损害的赔偿作出了明确规定："船舶油污事故造成环境损害时，对环境损害的赔偿应限于已实际采取或者将要采取的合理修复措施的费用。恢复措施的费用包括合理的监测、评估、研究费用。"据此，我们建议，鉴定报告中关于天然渔业资源的恢复费用，应具体列出已实际采取或者将要采取的合理修复措施的费用，以利于相关权利主体在诉讼中能有效运用评估鉴定意见证明其诉讼请求。

八、依法参加海事行政诉讼——海事行政机关被诉行政行为的问题和建议

（一）行政机关在船舶登记中的审查义务问题

在一起船舶登记行政纠纷中，原告A以涉案船舶的实际所有权人身份，主张某海事局根据船舶原登记所有人B与船舶受让人C申请所颁发的船舶所有权登记证书违法，请求法院确认该颁证行为违法并予以撤销。法院审理查明：原告A与B签订船舶买卖合同，A以518万元的价格购买B名下的涉案船舶，支付了部分购船款，并交付了船舶，但尚未办理过户登记。后A向C借款846万元，并与C就涉案船舶达成协议，约定A将涉案船舶的所有权转让给C，转让后船舶仍由A占有、使用，C拥有涉案船舶所有权仅作为A向C借款的担保；A全部清偿C的债务后，C将涉案船舶的所有权转回A。在A的配合下，B与C签订了船舶买卖协议和船舶交接证

明，并将涉案船舶过户至C名下。在申请船舶所有权过户过程中，B向被告海事局提交了身份证明材料和船舶注销登记申请书等材料；C向某海事局提交身份证明材料、船舶所有权和国籍登记申请书、船舶名称核定申请书等资料；B、C共同向某海事局提交船舶买卖合同书（约定C向B购买涉案船舶，船款300万元）和船舶交接证明书。某海事局审查B和C提交的上述资料后，出具了涉案船舶的船舶注销登记证明书、无抵押权登记证明和船舶名称核定使用通知书，准许C办理船舶所有权登记手续，并向C颁发《船舶所有权登记证书》。A认为某海事局存在违法向C颁发相关登记证书的事实，提起上述行政诉讼。法院审理后认为，B与C提交的船舶过户申请资料符合《船舶登记条例》的规定，被告海事局对此进行了审核并办理过户登记有事实和法律依据，依法驳回原告诉讼请求。

根据《船舶登记条例》第十三条“船舶所有人申请船舶所有权登记，应当向船籍港船舶登记机关交验足以证明其合法身份的文件，并提供有关船舶技术资料和船舶所有权取得的证明文件的正本、副本”的规定，就购买取得的船舶申请船舶所有权登记的，应当提供下列文件：（1）购船发票或者船舶的买卖合同和交接文件；（2）原船籍港船舶登记机关出具的船舶所有权登记注销证明书；（3）未进行抵押的证明文件或者抵押权人同意被抵押船舶转让他人的文件。根据《船舶登记条例》的相关规定，在本案中，重点审查B是不是涉案船舶的所有人以及船舶买卖合同和船舶交接证明书的形式是否真实，至于船舶买卖合同约定的购船价款是否真实合理、买受人是否已实际支付船款、双方是否实际办理了船舶交接手续等，被告对此不负有实质审查义务。

我们认为，船舶登记机关对于船舶登记申请资料应当尽到合理审慎的形式审查义务，具体应该包括以下内容：一是应该审查当事人提交的材料是否齐全，是否符合法定形式；二是应该审查当事人提交的材料形式上是否真实，是否符合法律规定；三是要尽到合理的注意义务，注意申请材料是否存在形式上不合法、不真实或相互矛盾的情况。由于是形式审查，故无需对物权变动基础法律关系的真实性进行审查。另外，现实中船舶登记所有人与实际所有人相分离的情况较为常见，对于这种情况下的船舶权属纠纷，船舶实际所有人从节省时间和诉讼成本的角度考虑，应该优先选择通过民事诉讼解决纠纷。

（二）海事行政处罚合法性的证明问题

在一起原告不服被告行政处罚行政纠纷中，原告认为被告海事行政机关作出的行政处罚没有充分的事实依据，请求法院撤销该行政处罚决定书。在诉讼中，为证明所认定的原告海事行政违法行为成立，被告提交了当事船员询问笔录、水上交通肇事船舶认定书、事故调查报告、水上交通事故调查结论书、鉴定报告、海上搜救中心办公室《关于涉案船舶沉没险情的报告》等证据材料。法院审理后认为，水上交通肇事船舶认定书、事故调查报告、水上交通事故调查结论书均为被告依据调查搜集的证据结合专业知识所作的分析认定，虽非认定海事行政违法行为的直接、客观证据，但其结论是基于事故调查过程中收集的客观证据根据专业分析得出；结合询问笔录中当事船员对事故发生时段该轮与渔船会遇情况的陈述以及鉴定报告的鉴定结论，可以形成完整的证据链认定原告船舶为涉案事故的肇事船舶；再结合被告对值班驾驶员的询问笔录，处罚决定书认定事故发生当时驾驶员未保持正规瞭望、避让措施不当等过失是导致事故发生的主要原因有事实依据。原告并无证据推翻被告在行政处罚决定书中认定的事实，故原告关于处罚决定书对事故事实认定有误、原告船舶并非肇事船舶的诉讼理由缺乏证据支持，依法不成立。

在海事行政处罚中，海事行政机关作出处罚最主要和最直接的依据一般就是海事调查报告，因此，有被诉海事机构认为向法院提交海事调查报告就完成了对被诉海事行政处罚合法性的举证，这种认识必须纠正。海事调查报告不能单独作为证明海事行政处罚合法性的证据，理由在于：海事调查报告是海事行政机关依据调查搜集的证据结合专业知识所作的分析认定，其认定的责任及结论具有一定的主观性，并非认定海事行政违法行为的直接、客观证据，单独将其作为被告作出行政处罚的事实证据，并不充分。海事行政处罚的合法既要求事实清楚、证据确凿，还要求程序合法以及适用法律法规正确，所以被告行政机关仅仅提交海事调查报告证明其行政处罚的事实依据，尚不足以证明该行政处罚合法。

我们建议，在原告不服被告海事行政处罚决定提起的行政诉讼中，被告应当全面提交海事行政处罚前收集的所有证据以及相关材料以证明被诉行政行为的合法性。具体来说，分为三个方面：一是要提交作为被诉海事行政处罚行为的事实依据的各项证据，即除了海事调查报告以外，还应当对作出海事调查报告的证据材料一并提交，以形成一个完整的事实证据链；二是要提交证明海事行政处罚程序合法的相关证据；三是要提交行政处罚所适用的法律法规，以证明其法律适用正确。

（三）海事行政处罚法律依据的正确引用问题

在一宗原告不服被告海事行政处罚的案件中，原告向他人购买渔船船号，套用到原告原来购买的“三无”渔船进行经营，被告以原告渔船的相关船证是通过欺骗等不正当手段取得为由予以撤销，原告以被告撤销船证的具体行政行为造成其损失为由提起行政诉讼。法院审理查明，被告作出的行政处罚决定所依据的事实清楚，但在适用法律方面，被告在适用《中华人民共和国渔业船舶登记办法》（以下简称《渔业船舶登记办法》）时，将其写成《中华人民共和国船舶登记办法》，遗漏“渔业”两字，存在瑕疵；被告引用了《渔业船舶登记办法》第三十九条关于行政机关可以依法撤销以贿赂、欺骗等不正当手段所取得的渔业船舶国籍的规定，同时引用了第三十六条关于“渔业船舶所有人申请注销登记，应当填写渔业船舶注销登记申请表，并提交相关材料”的规定，这与被告作出的行政处罚决定无关，且与被告引用该法第三十九条作出的行政处罚决定在适用条件和性质上完全不同。因此，法院认定被告作出行政处罚决定适用法律错误，依法撤销了被告作出的《行政处罚决定书》。

被诉行政处罚行为适用法律、法规是否正确，是法院审查行政行为合法性的重要方面。一般来说，适用法律与认定的事实不可分割，关于当事人对适用法律是否准确的争议，主要有两种情况：一是当事人对行政行为认定的事实有争议，对适用法律存在争议；二是当事人对行政行为认定的事实没有争议，仅对适用法律存在争议。法院在判断海事行政机关适用法律、法规是否正确时，主要从以下几个方面进行审查：第一，拥有相关海事行政处罚职权的法律依据；第二，关于处罚程序的法律规定；第三，法律规范设定该海事行政处罚的具体条款；第四，作出海事行政处罚的其他法律依据。

在海事行政诉讼中，我们发现海事行政机关在引用法律、行政法规和规章时，存在不准确甚至错误引用的情况，对此应当坚决予以纠正。我们建议，海事行政机关在出具行政处罚决定等行政文书过程中，应强化责任意识，正确引用具体法律条款；在处罚决定送达后，如果发现引用法律错漏的，海事行政机关应当根据《中华人民共和国行政处罚法》第五十四条第二款的规定，主动予以改正。

【最新司法解释】

最高人民法院关于海事诉讼管辖问题的规定

《最高人民法院关于海事诉讼管辖问题的规定》已于 2015 年 12 月 28 日由最高人民法院审判委员会第 1674 次会议通过，现予公布，自 2016 年 3 月 1 日起施行。

最高人民法院

2016 年 2 月 24 日

最高人民法院关于海事诉讼管辖问题的规定

（法释〔2016〕2 号）

为推进“一带一路”建设、海洋强国战略、京津冀一体化、长江经济带发展规划的实施，促进海洋经济发展，及时化解海事纠纷，保证海事法院正确行使海事诉讼管辖权，依法审理海事案件，根据《中华人民共和国民事诉讼法》《中华人民共和国海事诉讼特别程序法》《中华人民共和国行政诉讼法》以及全国人民代表大会常务委员会《关于在沿海港口城市设立海事法院的决定》等法律规定，现将海事诉讼管辖的几个问题规定如下：

一、关于管辖区域调整

1. 根据航运经济发展和海事审判工作的需要，对大连、武汉海事法院的管辖区域作出如下调整：

（1）大连海事法院管辖下列区域：南自辽宁省与河北省的交界处、东至鸭绿江口的延伸海域和鸭绿江水域，其中包括黄海一部分、渤海一部分、海上岛屿；吉林省的松花江、图们江等通海可航水域及港口；黑龙江省的黑龙江、松花江、乌苏里江等通海可航水域及港口。

（2）武汉海事法院管辖下列区域：自四川省宜宾市合江门至江苏省浏河口之间

长江干线及支线水域，包括宜宾、泸州、重庆、涪陵、万州、宜昌、荆州、城陵矶、武汉、九江、安庆、芜湖、马鞍山、南京、扬州、镇江、江阴、张家港、南通等主要港口。

2. 其他各海事法院依据此前最高人民法院发布的决定或通知确定的管辖区域对海事案件行使管辖权。

二、关于海事行政案件管辖

1. 海事法院审理第一审海事行政案件。海事法院所在地的高级人民法院审理海事行政上诉案件，由行政审判庭负责审理。

2. 海事行政案件由最初作出行政行为的行政机关所在地海事法院管辖。经复议的案件，由复议机关所在地海事法院管辖。

对限制人身自由的行政强制措施不服提起的诉讼，由被告所在地或者原告所在地海事法院管辖。

前述行政机关所在地或者原告所在地不在海事法院管辖区域内的，由行政执法行为实施地海事法院管辖。

三、关于海事海商纠纷管辖权异议案件的审理

1. 当事人不服管辖权异议裁定的上诉案件由海事法院所在地的高级人民法院负责海事海商案件的审判庭审理。

2. 发生法律效力的管辖权异议裁定违反海事案件专门管辖确需纠正的，人民法院可依照《中华人民共和国民事诉讼法》第一百九十八条规定再审。

四、其他规定

本规定自 2016 年 3 月 1 日起施行。最高人民法院以前作出的有关规定与本规定不一致的，以本规定为准。

最高人民法院关于海事法院受理案件范围的规定

《最高人民法院关于海事法院受理案件范围的规定》已于2015年12月28日由最高人民法院审判委员会第1674次会议通过，现予公布，自2016年3月1日起施行。

最高人民法院

2016年2月24日

最高人民法院关于海事法院受理案件范围的规定

（法释〔2016〕4号）

根据《中华人民共和国民事诉讼法》《中华人民共和国海事诉讼特别程序法》《中华人民共和国行政诉讼法》以及我国缔结或者参加的有关国际条约，结合我国海事审判实际，现将海事法院受理案件的范围规定如下：

一、海事侵权纠纷案件

1. 船舶碰撞损害责任纠纷案件，包括浪损等间接碰撞的损害责任纠纷案件；

2. 船舶触碰海上、通海可航水域、港口及其岸上的设施或者其他财产的损害责任纠纷案件，包括船舶触碰码头、防波堤、栈桥、船闸、桥梁、航标、钻井平台等设施的损害责任纠纷案件；

3. 船舶损坏在空中架设或者在海底、通海可航水域敷设的设施或者其他财产的损害责任纠纷案件；

4. 船舶排放、泄漏、倾倒油类、污水或者其他有害物质，造成水域污染或者他船、货物及其他财产损失的损害责任纠纷案件；

5. 船舶的航行或者作业损害捕捞、养殖设施及水产养殖物的责任纠纷案件；

6. 航道中的沉船沉物及其残骸、废弃物，海上或者通海可航水域的临时或者永久性设施、装置，影响船舶航行，造成船舶、货物及其他财产损失和人身损害的责任纠纷案件；

7. 船舶航行、营运、作业等活动侵害他人人身权益的责任纠纷案件；

8. 非法留置或者扣留船舶、船载货物和船舶物料、燃油、备品的责任纠纷案件；

9. 为船舶工程提供的船舶关键部件和专用物品存在缺陷而引起的产品质量责任纠纷案件；

10. 其他海事侵权纠纷案件。

二、海商合同纠纷案件

11. 船舶买卖合同纠纷案件；

12. 船舶工程合同纠纷案件；

13. 船舶关键部件和专用物品的分包施工、委托建造、订制、买卖等合同纠纷案件；

14. 船舶工程经营合同（含挂靠、合伙、承包等形式）纠纷案件；

15. 船舶检验合同纠纷案件；

16. 船舶工程场地租用合同纠纷案件；

17. 船舶经营管理合同（含挂靠、合伙、承包等形式）、航线合作经营合同纠纷案件；

18. 与特定船舶营运相关的物料、燃油、备品供应合同纠纷案件；

19. 船舶代理合同纠纷案件；

20. 船舶引航合同纠纷案件；

21. 船舶抵押合同纠纷案件；

22. 船舶租用合同（含定期租船合同、光船租赁合同等）纠纷案件；

23. 船舶融资租赁合同纠纷案件；

24. 船员劳动合同、劳务合同（含船员劳务派遣协议）项下与船员登船、在船服务、离船遣返相关的报酬给付及人身伤亡赔偿纠纷案件；

25. 海上、通海可航水域货物运输合同纠纷案件，包括含有海运区段的国际多式联运、水陆联运等货物运输合同纠纷案件；

26. 海上、通海可航水域旅客和行李运输合同纠纷案件；

27. 海上、通海可航水域货运代理合同纠纷案件；

28. 海上、通海可航水域运输集装箱租用合同纠纷案件；

29. 海上、通海可航水域运输理货合同纠纷案件；

30. 海上、通海可航水域拖航合同纠纷案件；

31. 轮渡运输合同纠纷案件；

32. 港口货物堆存、保管、仓储合同纠纷案件；

33. 港口货物抵押、质押等担保合同纠纷案件；

34. 港口货物质押监管合同纠纷案件；

35. 海运集装箱仓储、堆存、保管合同纠纷案件；

36. 海运集装箱抵押、质押等担保合同纠纷案件；

37. 海运集装箱融资租赁合同纠纷案件；

38. 港口或者码头租赁合同纠纷案件；

39. 港口或者码头经营管理合同纠纷案件；

40. 海上保险、保赔合同纠纷案件；

41. 以通海可航水域运输船舶及其营运收入、货物及其预期利润、船员工资和其他报酬、对第三人责任等为保险标的的保险合同、保赔合同纠纷案件；

42. 以船舶工程的设备设施以及预期收益、对第三人责任为保险标的的保险合同纠纷案件；

43. 以港口生产经营的设备设施以及预期收益、对第三人责任为保险标的的保险合同纠纷案件；

44. 以海洋渔业、海洋开发利用、海洋工程建设等活动所用的设备设施以及预期收益、对第三人的责任为保险标的的保险合同纠纷案件；

45. 以通海可航水域工程建设所用的设备设施以及预期收益、对第三人的责任为保险标的的保险合同纠纷案件；

46. 港航设备设施融资租赁合同纠纷案件；

47. 港航设备设施抵押、质押等担保合同纠纷案件；

48. 以船舶、海运集装箱、港航设备设施设定担保的借款合同纠纷案件，但当事人仅就借款合同纠纷起诉的案件除外；

49. 为购买、建造、经营特定船舶而发生的借款合同纠纷案件；

50. 为担保海上运输、船舶买卖、船舶工程、港口生产经营相关债权实现而发生的担保、独立保函、信用证等纠纷案件；

51. 与上述第 11 项至第 50 项规定的合同或者行为相关的居间、委托合同纠纷案件；

52. 其他海商合同纠纷案件。

三、海洋及通海可航水域开发利用与环境保护相关纠纷案件

53. 海洋、通海可航水域能源和矿产资源勘探、开发、输送纠纷案件；

54. 海水淡化和综合利用纠纷案件；

55. 海洋、通海可航水域工程建设（含水下疏浚、围海造地、电缆或者管道敷设以及码头、船坞、钻井平台、人工岛、隧道、大桥等建设）纠纷案件；

56. 海岸带开发利用相关纠纷案件；

57. 海洋科学考察相关纠纷案件；

58. 海洋、通海可航水域渔业经营（含捕捞、养殖等）合同纠纷案件；

59. 海洋开发利用设备设施融资租赁合同纠纷案件；

60. 海洋开发利用设备设施抵押、质押等担保合同纠纷案件；

61. 以海洋开发利用设备设施设定担保的借款合同纠纷案件，但当事人仅就借款合同纠纷起诉的案件除外；

62. 为担保海洋及通海可航水域工程建设、海洋开发利用等海上生产经营相关债权实现而发生的担保、独立保函、信用证等纠纷案件；

63. 海域使用权纠纷（含承包、转让、抵押等合同纠纷及相关侵权纠纷）案件，但因申请海域使用权引起的确权纠纷案件除外；

64. 与上述第 53 项至 63 项规定的合同或者行为相关的居间、委托合同纠纷案件；

65. 污染海洋环境、破坏海洋生态责任纠纷案件；

66. 污染通海可航水域环境、破坏通海可航水域生态责任纠纷案件；

67. 海洋或者通海可航水域开发利用、工程建设引起的其他侵权责任纠纷及相邻关系纠纷案件。

四、其他海事海商纠纷案件

68. 船舶所有权、船舶优先权、船舶留置权、船舶抵押权等船舶物权纠纷案件；

69. 港口货物、海运集装箱及港航设备设施的所有权、留置权、抵押权等物权纠纷案件；

70. 海洋、通海可航水域开发利用设备设施等财产的所有权、留置权、抵押权等物权纠纷案件；

71. 提单转让、质押所引起的纠纷案件；

72. 海难救助纠纷案件；

73. 海上、通海可航水域打捞清除纠纷案件；

74. 共同海损纠纷案件；

75. 港口作业纠纷案件；

76. 海上、通海可航水域财产无因管理纠纷案件；

77. 海运欺诈纠纷案件；

78. 与航运经纪及航运衍生品交易相关的纠纷案件。

五、海事行政案件

79. 因不服海事行政机关作出的涉及海上、通海可航水域或者港口内的船舶、货物、设备设施、海运集装箱等财产的行政行为而提起的行政诉讼案件；

80. 因不服海事行政机关作出的涉及海上、通海可航水域运输经营及相关辅助性经营、货运代理、船员适任与上船服务等方面资质资格与合法性事项的行政行为而提起的行政诉讼案件；

81. 因不服海事行政机关作出的涉及海洋、通海可航水域开发利用、渔业、环境与生态资源保护等活动的行政行为而提起的行政诉讼案件；

82. 以有关海事行政机关拒绝履行上述第 79 项至第 81 项所涉行政管理职责或者不予答复而提起的行政诉讼案件；

83. 以有关海事行政机关及其工作人员作出上述第 79 项至第 81 项行政行为或者行使相关行政管理职权损害合法权益为由，请求有关行政机关承担国家赔偿责任的案件；

84. 以有关海事行政机关及其工作人员作出上述第 79 项至第 81 项行政行为或者行使相关行政管理职权影响合法权益为由，请求有关行政机关承担国家补偿责任的案件；

85. 有关海事行政机关作出上述第 79 项至第 81 项行政行为而依法申请强制执行的案件。

六、海事特别程序案件

86. 申请认定海事仲裁协议效力的案件；

87. 申请承认、执行外国海事仲裁裁决，申请认可、执行香港特别行政区、澳门特别行政区、台湾地区海事仲裁裁决，申请执行或者撤销国内海事仲裁裁决的案件；

88. 申请承认、执行外国法院海事裁判文书，申请认可、执行香港特别行政区、澳门特别行政区、台湾地区法院海事裁判文书的案件；

89. 申请认定海上、通海可航水域财产无主的案件；

90. 申请无因管理海上、通海可航水域财产的案件；

91. 因海上、通海可航水域活动或者事故申请宣告失踪、宣告死亡的案件；

92. 起诉前就海事纠纷申请扣押船舶、船载货物、船用物料、船用燃油或者申请保全其他财产的案件；

93. 海事请求人申请财产保全错误或者请求担保数额过高引起的责任纠纷案件；

94. 申请海事强制令案件；

95. 申请海事证据保全案件；

96. 因错误申请海事强制令、海事证据保全引起的责任纠纷案件；

97. 就海事纠纷申请支付令案件；

98. 就海事纠纷申请公示催告案件；

99. 申请设立海事赔偿责任限制基金（含油污损害赔偿责任限制基金）案件；

100. 与拍卖船舶或者设立海事赔偿责任限制基金（含油污损害赔偿责任限制基金）相关的债权登记与受偿案件；

101. 与拍卖船舶或者设立海事赔偿责任限制基金（含油污损害赔偿责任限制基金）相关的确权诉讼案件；

102. 申请从油污损害赔偿责任限制基金中代位受偿案件；

103. 船舶优先权催告案件；

104. 就海事纠纷申请司法确认调解协议案件；

105. 申请实现以船舶、船载货物、船用物料、海运集装箱、港航设备设施、海洋开发利用设备设施等财产为担保物的担保物权案件；

106. 地方人民法院为执行生效法律文书委托扣押、拍卖船舶案件；

107. 申请执行海事法院及其上诉审高级人民法院和最高人民法院就海事纠纷作出的生效法律文书案件；

108. 申请执行与海事纠纷有关的公证债权文书案件。

七、其他规定

109. 本规定中的船舶工程系指船舶的建造、修理、改建、拆解等工程及相关的工程监理；本规定中的船舶关键部件和专用物品，系指舱盖板、船壳、龙骨、甲板、救生艇、船用主机、船用辅机、船用钢板、船用油漆等船舶主体结构、重要标志性部件以及专供船舶或者船舶工程使用的设备和材料。

110. 当事人提起的民商事诉讼、行政诉讼包含本规定所涉海事纠纷的，由海事法院受理。

111. 当事人就本规定中有关合同所涉事由引起的纠纷，以侵权等非合同诉由提起诉讼的，由海事法院受理。

112. 法律、司法解释规定或者上级人民法院指定海事法院管辖其他案件的，从其规定或者指定。

113. 本规定自2016年3月1日起施行。最高人民法院于2001年9月11日公布的《关于海事法院受理案件范围的若干规定》（法释〔2001〕27号）同时废止。

114. 最高人民法院以前作出的有关规定与本规定不一致的，以本规定为准。

最高人民法院关于审理发生在我国管辖海域相关案件若干问题的规定（一）

《最高人民法院关于审理发生在我国管辖海域相关案件若干问题的规定（一）》已于2015年12月28日由最高人民法院审判委员会第1674次会议通过，现予公布，自2016年8月2日起施行。

最高人民法院

2016年8月1日

最高人民法院关于审理发生在我国管辖海域相关案件若干问题的规定（一）

（法释〔2016〕16号）

为维护我国领土主权、海洋权益，平等保护中外当事人合法权利，明确我国管辖海域的司法管辖与法律适用，根据《中华人民共和国领海及毗连区法》《中华人民共和国专属经济区和大陆架法》《中华人民共和国刑法》《中华人民共和国出境入境管理法》《中华人民共和国治安管理处罚法》《中华人民共和国刑事诉讼法》《中华人民共和国民事诉讼法》《中华人民共和国海事诉讼特别程序法》《中华人民共和国行政诉讼法》及中华人民共和国缔结或者参加的有关国际条约，结合审判实际，制定本规定。

第一条　本规定所称我国管辖海域，是指中华人民共和国内水、领海、毗连区、专属经济区、大陆架，以及中华人民共和国管辖的其他海域。

第二条　中国公民或组织在我国与有关国家缔结的协定确定的共同管理的渔区或公海从事捕捞等作业的，适用本规定。

第三条　中国公民或者外国人在我国管辖海域实施非法猎捕、杀害珍贵濒危野生动物或者非法捕捞水产品等犯罪的，依照我国刑法追究刑事责任。

第四条　有关部门依据出境入境管理法、治安管理处罚法，对非法进入我国内水从事渔业生产或者渔业资源调查的外国人，作出行政强制措施或行政处罚决定，行政相对人不服的，可分别依据出境入境管理法第六十四条和治安管理处罚法第一百零二条的规定，向有关机关申请复议或向有管辖权的人民法院提起行政诉讼。

第五条　因在我国管辖海域内发生海损事故，请求损害赔偿提起的诉讼，由管辖该海域的海事法院、事故船舶最先到达地的海事法院、船舶被扣押地或者被告住所地海事法院管辖。

因在公海等我国管辖海域外发生海损事故，请求损害赔偿在我国法院提起的诉讼，由事故船舶最先到达地、船舶被扣押地或者被告住所地海事法院管辖。

事故船舶为中华人民共和国船舶的，还可以由船籍港所在地海事法院管辖。

第六条　在我国管辖海域内，因海上航运、渔业生产及其他海上作业造成污染，破坏海洋生态环境，请求损害赔偿提起的诉讼，由管辖该海域的海事法院管辖。

污染事故发生在我国管辖海域外，对我国管辖海域造成污染或污染威胁，请求损害赔偿或者预防措施费用提起的诉讼，由管辖该海域的海事法院或采取预防措施地的海事法院管辖。

第七条　本规定施行后尚未审结的案件，适用本规定；本规定施行前已经终审，当事人申请再审或者按照审判监督程序决定再审的案件，不适用本规定。

第八条　本规定自2016年8月2日起施行。

最高人民法院关于审理发生在我国管辖海域相关案件若干问题的规定（二）

《最高人民法院关于审理发生在我国管辖海域相关案件若干问题的规定（二）》已于2016年5月9日由最高人民法院审判委员会第1682次会议通过，现予公布，自2016年8月2日起施行。

最高人民法院

2016年8月1日

最高人民法院关于审理发生在我国管辖海域相关案件若干问题的规定（二）

（法释〔2016〕17号）

为正确审理发生在我国管辖海域相关案件，维护当事人合法权益，根据《中华人民共和国刑法》《中华人民共和国渔业法》《中华人民共和国民事诉讼法》《中华人民共和国刑事诉讼法》《中华人民共和国行政诉讼法》，结合审判实际，制定本规定。

第一条　当事人因船舶碰撞、海洋污染等事故受到损害，请求侵权人赔偿渔船、渔具、渔货损失以及收入损失的，人民法院应予支持。

当事人违反渔业法第二十三条，未取得捕捞许可证从事海上捕捞作业，依照前款规定主张收入损失的，人民法院不予支持。

第二条　人民法院在审判执行工作中，发现违法行为，需要有关单位对其依法处理的，应及时向相关单位提出司法建议，必要时可以抄送该单位的上级机关或者主管部门。违法行为涉嫌犯罪的，依法移送刑事侦查部门处理。

第三条　违反我国国（边）境管理法规，非法进入我国领海，具有下列情形之一的，应当认定为刑法第三百二十二条规定的“情节严重”：

（一）经驱赶拒不离开的；

（二）被驱离后又非法进入我国领海的；

（三）因非法进入我国领海被行政处罚或者被刑事处罚后，一年内又非法进入我国领海的；

（四）非法进入我国领海从事捕捞水产品等活动，尚不构成非法捕捞水产品等犯罪的；

（五）其他情节严重的情形。

第四条　违反保护水产资源法规，在海洋水域，在禁渔区、禁渔期或者使用禁用的工具、方法捕捞水产品，具有下列情形之一的，应当认定为刑法第三百四十条规定的“情节严重”：

（一）非法捕捞水产品一万公斤以上或者价值十万元以上的；

（二）非法捕捞有重要经济价值的水生动物苗种、怀卵亲体二千公斤以上或者价值二万元以上的；

（三）在水产种质资源保护区内捕捞水产品二千公斤以上或者价值二万元以上的；

（四）在禁渔区内使用禁用的工具或者方法捕捞的；

（五）在禁渔期内使用禁用的工具或者方法捕捞的；

（六）在公海使用禁用渔具从事捕捞作业，造成严重影响的；

（七）其他情节严重的情形。

第五条　非法采捕珊瑚、砗磲或者其他珍贵、濒危水生野生动物，具有下列情形之一的，应当认定为刑法第三百四十一条第一款规定的“情节严重”：

（一）价值在五十万元以上的；

（二）非法获利二十万元以上的；

（三）造成海域生态环境严重破坏的；

（四）造成严重国际影响的；

（五）其他情节严重的情形。

实施前款规定的行为，具有下列情形之一的，应当认定为刑法第三百四十一条第一款规定的“情节特别严重”：

（一）价值或者非法获利达到本条第一款规定标准五倍以上的；

（二）价值或者非法获利达到本条第一款规定的标准，造成海域生态环境严重破坏的；

（三）造成海域生态环境特别严重破坏的；

（四）造成特别严重国际影响的；

（五）其他情节特别严重的情形。

第六条　非法收购、运输、出售珊瑚、砗磲或者其他珍贵、濒危水生野生动物及其制品，具有下列情形之一的，应当认定为刑法第三百四十一条第一款规定的“情节严重”：

（一）价值在五十万元以上的；

（二）非法获利在二十万元以上的；

（三）具有其他严重情节的。

非法收购、运输、出售珊瑚、砗磲或者其他珍贵、濒危水生野生动物及其制品，具有下列情形之一的，应当认定为刑法第三百四十一条第一款规定的“情节特别严重”：

（一）价值在二百五十万元以上的；

（二）非法获利在一百万元以上的；

（三）具有其他特别严重情节的。

第七条　对案件涉及的珍贵、濒危水生野生动物的种属难以确定的，由司法鉴定机构出具鉴定意见，或者由国务院渔业行政主管部门指定的机构出具报告。

珍贵、濒危水生野生动物或者其制品的价值，依照国务院渔业行政主管部门的规定核定。核定价值低于实际交易价格的，以实际交易价格认定。

本解释所称珊瑚、砗磲，是指列入《国家重点保护野生动物名录》中国家一、二级保护的，以及列入《濒危野生动植物种国际贸易公约》附录一、附录二中的珊瑚、砗磲的所有种，包括活体和死体。

第八条　实施破坏海洋资源犯罪行为，同时构成非法捕捞罪、非法猎捕、杀害珍贵、濒危野生动物罪、组织他人偷越国（边）境罪、偷越国（边）境罪等犯罪的，依照处罚较重的规定定罪处罚。

有破坏海洋资源犯罪行为，又实施走私、妨害公务等犯罪的，依照数罪并罚的规定处理。

第九条　行政机关在行政诉讼中提交的于中华人民共和国领域外形成的，符合我国相关法律规定的证据，可以作为人民法院认定案件事实的依据。

下列证据不得作为定案依据：

（一）调查人员不具有所在国法律规定的调查权；

（二）证据调查过程不符合所在国法律规定，或者违反我国法律、法规的禁止性规定；

（三）证据不完整，或保管过程存在瑕疵，不能排除篡改可能的；

（四）提供的证据为复制件、复制品，无法与原件核对，且所在国执法部门亦未提供证明复制件、复制品与原件一致的公函；

（五）未履行中华人民共和国与该国订立的有关条约中规定的证明手续，或者未经所在国公证机关证明，并经中华人民共和国驻该国使领馆认证；

（六）不符合证据真实性、合法性、关联性的其他情形。

第十条　行政相对人未依法取得捕捞许可证擅自进行捕捞，行政机关认为该行为构成渔业法第四十一条规定的“情节严重”情形的，人民法院应当从以下方面综合审查，并作出认定：

（一）是否未依法取得渔业船舶检验证书或渔业船舶登记证书；

（二）是否故意遮挡、涂改船名、船籍港；

（三）是否标写伪造、变造的渔业船舶船名、船籍港，或者使用伪造、变造的渔业船舶证书；

（四）是否标写其他合法渔业船舶的船名、船籍港或者使用其他渔业船舶证书；

（五）是否非法安装挖捕珊瑚等国家重点保护水生野生动物设施；

（六）是否使用相关法律、法规、规章禁用的方法实施捕捞；

（七）是否非法捕捞水产品、非法捕捞有重要经济价值的水生动物苗种、怀卵亲体或者在水产种质资源保护区内捕捞水产品，数量或价值较大；

（八）是否于禁渔区、禁渔期实施捕捞；

（九）是否存在其他严重违法捕捞行为的情形。

第十一条　行政机关对停靠在渔港，无船名、船籍港和船舶证书的船舶，采取禁止离港、指定地点停放等强制措施，行政相对人以行政机关超越法定职权为由提起诉讼的，人民法院不予支持。

第十二条　无船名、无船籍港、无渔业船舶证书的船舶从事非法捕捞，行政机关经审慎调查，在无相反证据的情况下，将现场负责人或者实际负责人认定为违法行为人的，人民法院应予支持。

第十三条　行政机关有证据证明行政相对人采取将装载物品倒入海中等故意毁灭证据的行为，但行政相对人予以否认的，人民法院可以根据行政相对人的行为给行政机关举证造成困难的实际情况，适当降低行政机关的证明标准或者决定由行政相对人承担相反事实的证明责任。

第十四条　外国公民、无国籍人、外国组织，认为我国海洋、公安、海关、渔业行政主管部门及其所属的渔政监督管理机构等执法部门在行政执法过程中侵害其合法权益的，可以依据行政诉讼法等相关法律规定提起行政诉讼。

第十五条　本规定施行后尚未审结的一审、二审案件，适用本规定；本规定施行前已经终审，当事人申请再审或者按照审判监督程序决定再审的案件，不适用本规定。

第十六条　本规定自2016年8月2日起施行。

《中国海事审判》约稿函

《中国海事审判》由广州海事法院主办，其前身是《海事审判》季刊，创刊于1989年，1999年改为年刊。刊物以其务实和探索精神，致力于总结海事审判经验，交流海事审判信息，探索海商法理论和海事审判实践中的问题，深受海商法界的欢迎，成为国内较有影响的海事诉讼专业刊物。

目前，《中国海事审判》2017年度的组稿工作已经开始，欢迎大家踊跃投稿。论文要求字数在8000字以内，内容翔实精彩，观点新颖正确，引用规范，针对目前学界关注的热点、难点问题的论文将优先采用。案例要求具有一定的典型性，注重对重大复杂疑难案件的审判分析。稿件请在2017年9月30日前邮寄或发电子邮件给我们。衷心感谢大家的支持。

地址：广州市新港西路鹭江西街6号广州海事法院研究室《中国海事审判》编辑部

邮编：510300

电话：020－34063316

传真：020－34063316

Email：hsspnk@163.com

2017年5月30日